资助项目：

国家社会科学基金青年项目"中等收入阶段矿产资源收益的国家治理研究"(14CJL036)

山西省"1331工程"提质增效建设计划项目（012003010021）

中等收入阶段
矿产资源收益的国家治理

张　波◎著

中国财经出版传媒集团

经济科学出版社

Economic Science Press

图书在版编目（CIP）数据

中等收入阶段矿产资源收益的国家治理/张波著
. －－北京：经济科学出版社，2023.4
ISBN 978 - 7 - 5218 - 4652 - 2

Ⅰ.①中⋯　Ⅱ.①张⋯　Ⅲ.①矿产资源管理－研究－
中国　Ⅳ.①F426.1

中国国家版本馆 CIP 数据核字（2023）第 054079 号

责任编辑：周国强
责任校对：王肖楠
责任印制：张佳裕

中等收入阶段矿产资源收益的国家治理

张　波　著

经济科学出版社出版、发行　新华书店经销
社址：北京市海淀区阜成路甲 28 号　邮编：100142
总编部电话：010 - 88191217　发行部电话：010 - 88191522
网址：www. esp. com. cn
电子邮箱：esp@ esp. com. cn
天猫网店：经济科学出版社旗舰店
网址：http://jjkxcbs. tmall. com
固安华明印业有限公司印装
710×1000　16 开　15.75 印张　270000 字
2023 年 4 月第 1 版　2023 年 4 月第 1 次印刷
ISBN 978 - 7 - 5218 - 4652 - 2　定价：98.00 元

目　录

第一章

引　言

第一节　问题的提出

　　矿产资源是工业化发展过程中必不可少的基础物资，关乎每个工业国家的经济安全和经济效率。对于矿产资源丰富的国家和地区而言，经济的快速持续发展通常都伴随有巨额矿产收益的存在。据世界银行测算，1970～2002 年 30 余年的时间内，我国的矿产租金占 GDP 的比重基本控制在 10%～60% 之间，2004 年之后该比值迅猛上升，在短短四年的时间就达到峰值 236%，在2009 年短暂回落（比值仍高达 99.6%）之后，又在 2011 年第二次达到峰值 233%，此后两年比值逐渐回落，2013 年仍占到 GDP 比值的 60%[①]，2015 年后矿产租金占 GDP 的比值稳定在 20% 左右，相较于美国、欧盟（平均未到 10%）等发达经济体仍处较高水平。具体如图 1-1 所示。

---

　　① 根据世界银行网站数据计算得出。

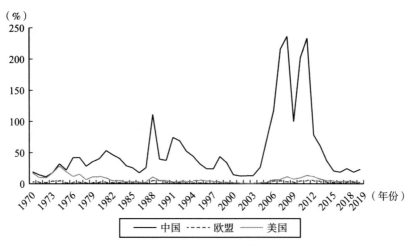

图1-1 1970~2019年中国、欧盟、美国矿产租金（占GDP的百分比）

注：矿产租金是世界银行按照国际价格计算的矿产存量的生产价值与其生产总成本之间的差别。此处纳入计算的矿产包括锡、金、铅、锌、铁、铜、镍、铝土岩和磷块石。

资料来源：根据世界银行的《改变国富论：衡量可持续发展的新千年方法》（2011年）的数据和方法的预估。

再以未列入矿产租金测算范围但在我国矿产消费中居重要地位的煤炭为例。根据国家统计局各地区的年度统计数据，在2002~2012年的"煤炭黄金十年"期间，煤炭价格持续上涨，各煤炭大省（除个别年份）的规模以上工业企业利润总额年均增长率都保持两位数以上，其中，山西19.4%、内蒙古38%、陕西29%。[①] 2013年后，随着国家对生态环境保护愈发重视，能源绿色转型的势头不断增强，煤炭和选洗业规模以上工业企业的发展受到一些影响，此后的三年企业利润总额不断下跌，但2015年后开始回升，2015~2017企业利润年增长率分别为186%、154%。此后的两年随着煤炭价格回升，煤炭和选洗业规模以上工业企业的利润总额稳定在2850亿元左右[②]，已经达到"煤炭黄金十年"时期后五年的平均水平，具体如图1-2所示。

---

① 根据各省份历年度统计年鉴提供的数据计算得出。
② 历年《中国统计年鉴》。

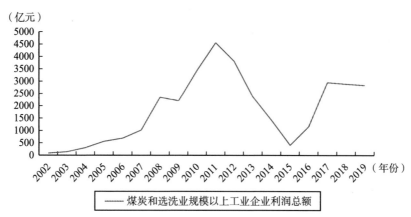

图1-2 2002~2019年煤炭和选洗业规模以上工业企业利润总额

资料来源：历年《中国统计年鉴》。

矿产收益之所以有必要引起关注，是因为其形成过程与一般制造业不同，存在三大特点：

第一，矿产资源是天然形成，具有不可再生性质的生产要素，其生产活动的实质是搬运而非生产，关系到后代利益得失。通常意义的工业生产是将资本、劳动、土地等生产要素转化为各种具有使用价值的商品的过程，是"从无到有"的创造与再制造，但是开采活动仅是将天然已经形成的矿产资源从地下转移到地上，这种过程不创造产品，只会减少矿产在人类存续期的存量，涉及当代人与后代之间的利益博弈，或者说当代人要对后代人所作的补偿。

第二，矿产开采不具备自我演化升级的能力，对生态环境的破坏具有长期性和持续性。发达国家的工业化历史表明，现代工业通常都会经历从"劳动力驱动—资本驱动—技术及人力资本驱动"的自然演化进程，与环境的关系会逐步从对抗走向和谐。矿产开采业的特殊性在于，既可以是以资本为主导的现代工业部门，也可以是脱离资本独立发展的生产部门（刘易斯，1954）。在矿产开采行业，企业的产品竞争力主要取决于矿产自身的天然属性，与开采方式、开采设备的先进性并无太大关系，导致企业发展很难像制造业那样走上持续资本积累的道路，也就自然不会随着工业化进程的推进实现跃迁和升级，自动与环境实现和谐共处。因而，很多能源主产区的生态环境问题如不借助外力改善，将会有持续恶化的趋势。

第三，矿业开采存在明显的负外部性，影响地区经济社会发展。一般意义的工业制造和生产对地区经济社会发展的作用都是积极的，例如，可以壮大地区经济总量、催生新产业、提供新的就业机会等，即使有外部性也是对个别产业的影响。矿产开采业则不然，科登和内里（1982）的研究表明，资源开发将会在矿区所在地引起支出效应和要素转移效应，压制其他产业的发展，从而使整个地区陷入产业结构单一、发展动力不足、波动性大、外部依赖性强、人口就业机会少、收入差距大、物价水平高的"资源诅咒"之中，给地区的经济发展和居民的就业生活产生诸多不利影响。

以上分析表明，矿业开采活动较之于一般的生产制造牵涉的主体更多，不仅有企业、政府，还有后代、矿区环境与居民。这些主体在矿产收益的形成过程中都作出了不同程度的贡献或者牺牲，因而在分配环节也必然要求得到相应的价值补偿。这意味着，矿产收益不能再按照传统的要素分配原则，仅在资本、劳动力、土地等生产要素上进行分配，而应立足不同的利益主体在更广阔的范围，通过对后代的补偿、对资源所在地环境的补偿和资源所在地居民的补偿，实现企业、后代、资源地区三方收益共享。只有相关利益主体各得其所，矿产收益分配关系才能理顺，矿产开采才能取得最大的经济效益和社会效益。

第二节 矿产资源收益管理的文献综述

当前，国外学界对国家支配矿产资源收益的必要性已经达成共识，均认为矿产资源丰富的地区是否能够对矿产资源收益进行有效的管理和使用，关乎其是否可以走出资源诅咒、实现经济长期稳定增长（Gunton，2004；Van der Ploeg，2011；Amany，2011；Sambit and Collier，2011；Collier and Venables，2011；Mendoza，2012；Gilberthorpe and Papyrakis，2015；Venables，2016；Van der Ploeg and Poelhekke，2017；Havranek et al.，2016；Badeeb et al.，2017）。概括而言，国外学者对矿产资源收益管理使用的研究可分为两类：第一类研究以发达市场国家的体制环境为背景，侧重研究如何避免矿产资源收益对发达国家经济的均衡运行状态造成干扰。这类研究通常以 Hotelling 定律和 Hartwick-Solow 准则为基础，分析矿产资源收益在理想市场环境下的跨期最优配置问题。其基本观点是：在矿产资源与资本完全可替代的假设前提下，矿产资源收益管理应以永久收入假说为理论依据，主要用于平滑代际间的消费，主张政府将矿产资源收益大部分用于建立财富基金，对海外资产进行投资，并将投资的净回报用于各代人的消费支出（Auty，2001；Barnett and Ossowski，2003；Leigh and Olters，2006；Olter，2007；Basdevant，2008）。第二类研究抓住了矿产资源收益的波动性和暴利性特征，以发展中国家资本稀缺的现实情况为背景，侧重研究尚未达到均衡状态的发展中国家如何利用矿产资源收益实现经济的更快增长。研究成果揭示了永久收入假说在中低收入国家的不适用性，研究了资本稀缺情况下矿产资源收益的跨期最优配置，认为该收益应当优先使用在当代，主张政府将其主要投资于国内经济，特别是在提高本国的资本积累能力方面（Collier et al.，2010；Ploeg and Venables，2011，2012；Van der Ploeg，2011，2012；Bremer and Ploeg，2013；Van der Ploeg and Poelhekke，2017）。下面我们结合国内外有关文献研究成果，对一国为何和如何对矿产收益进行管理的有关观点做一总结。

一、矿产资源收益管理的原因和必要性

在大多数文献中，矿产资源收益都被视为一种意外收入。弗雷德里安和安东尼（Frederick and Anthony，2011）认为意外收入极易变动，自然资源依赖性、制度质量的高低、不稳定的商品价格、国际资本的自由流动、闭塞和种族冲突等都可能导致意外收入的波动，从而抑制经济增长。巴奈特和奥索斯基（Barnett and Ossowski，2002）认为自然资源价格具有波动性，资源收入大部分来自海外，不易掌控。科登（Cordon，1982）和内里（Neary，1984）认为外汇形式的意外之财会带给非贸易部门额外的拓展需求和压力，并且会伴随着非贸易品的价格上涨（实际汇率的升值）以及劳动力和资本从贸易部门到非贸易部门的转移。弗雷德里克（Frederick，2016）认为如果矿产意外之财务管理和利用不当，就会抑制其他部门的发展，造成工业、制造业萎缩，本土资本积累缓慢，资源收入投资回报率低等问题。科登和皮特（Cordon and Peter，1982）指出资源繁荣部门的存在会引起一些传统工业部门走下坡路的现象，主要表现为对资源分配、要素收入分配和实际利率的影响。最终会导致制造业产出和就业率的下降、制造业贸易平衡恶化以及制造业部门特

殊要素实际回报率下降。弗雷德里克（Frederick，2011）认为对于许多发展中国家来说，资源收益问题引发的制造业发展落后，与暂时缺乏人力资本并无太大关系，而在于非贸易部门没有足够的能力满足本土的资本需求。

二、矿产资源收益管理规避"荷兰病"的四个渠道

有效的矿产收益管理可以使矿产丰裕的国家和地区规避"资源诅咒"带来的发展困扰，获取更好的经济绩效。目前，学术界已对矿产收益如何规避"荷兰病"的机理进行了深入研究，概括来说包括如下四个渠道：

（一）消费渠道

在很多矿产资源丰富的国家，资源的出口往往伴随着政府和国民收入的快速增长，膨胀的收入使国家财政开支也同步上升，出现消费奢靡和过度进口等不经济行为。同时，政府可能会立即开展一些耗资巨大的、周期长的项目，这往往会造成国内总需求的扩张，一旦资源价格发生回落，政府又会陷入财政危机和需求的紧缩，造成国民经济的大起大落。因而，对矿产收益进行管理，事实上就是对消费进行调节，具体存在如下两个途径：

其一，通过矿产收益管理平衡代际消费，降低资源供应不稳定性的影响。科利尔和维纳布斯（Collierr and Venables，2008）基于永久收入假说，认为资源收入应以储蓄为主权财富基金，以基金的利息维持每期消费的缓慢增长，从而使整个期间的消费尽量保持平稳。贝格和波蒂略（Berghe and Porttillo，2012）认为将资源收益作为主权财富基金的储蓄方式可以将资源的不稳定性降到最低，为后代保存财富，平衡代际消费。其二，通过矿产收益管理平衡公共和私人消费。范德普勒格（Van der Ploeg，2016）提出，基于永久收入假说来制定用于管理资源暴利的政策有利于平滑跨时期的实际利率，平衡公共和私人消费，限制生产要素在部门间配置的大幅度摆动。

（二）储蓄渠道

范德普勒格（Van der Ploeg，2010）提出，储蓄率是衡量一个国家经济增长速度的重要指标，很多自然资源丰富的发展中国家无法将其丰裕的自然财富转化为储蓄等其他形式的财富。早期文献研究表明，政府可以通过对储

蓄率的宏观把控来合理分配矿产资源财富，避免"荷兰病"现象的出现，规避"资源诅咒"的风险。诸如挪威将石油和天然气的收入储蓄基金每年大约4%的资金用于当前公共支出或减税，再按一定比例留给后代（Van der Ploeg，2012）。范德普勒格和维纳布斯（Van der Ploeg and Venables，2011）认为，当发展中国家存在吸收约束时，可以采用基金的方式，将资源财富暂时放到海外，等到国内有需求时再将这部分财富转移回来。科恩（Cohen，2009）通过对主权财富基金接受国的内部经济效应分析，认为吸纳主权财富基金可以增加国内储蓄、提高国内储蓄率，弥补外部赤字。而且，主权财富基金比私人资本具有更好的长期投资视野与策略，可以抵御短期波动冲击，稳定国内金融市场。

（三）投资渠道

投资是一个国家或地区拉动经济增长的主要手段，是实现经济结构合理化的必备工具，同时也是加速社会进步、保证经济持续增长的主要驱动力。如何通过矿产资源收益管理进行有效投资，成为规避"荷兰病"的重要途径。研究表明，矿产资源收益管理通过增加公共投资刺激私人资本的投资。范德普勒格和维纳布斯（Van der Ploeg and Venables，2010）认为资源收入可以使公共投资增加，从而为私人投资的增加提供一条新的路径。范德普勒格和维纳布斯（Van der Ploeg and Venables，2011）认为发展中国家应该将矿产收益投在国内，扩大国内的公共投资，诸如公共基础设施投资等刺激私人资本投资。范德普勒格（Van der Ploeg，2010）认为政府利用矿产收益增加公共投资是有利的。一方面，公共投资的增加会为私人投资提供良好的环境；另一方面，政府对教育、创新等的投资使人力资本增加，通过充足的人力资本和持续技术创新促使资源富集地区摆脱"资源诅咒"。

三、矿产资源收益管理的制度环境

现有国外文献普遍认为矿产资源收益管理效果很大程度上和政府治理水平有关。科利尔（Collier，2007）和戈德里奇（Goderis，2008）研究发现在政府治理比较好的国家已经成功通过矿产商品的繁荣来促进产出的持续增加。麦伦姆（Mehlum，2007）和博斯基尼（Boschini，2008）等通过实证研究也得出类似的结论：拥有良好制度的国家会从资源依赖中获得适度的增长效应，而制度不佳的国家则受到不利影响。佩尔松和塔伯里尼（Persson and Tabellini，2003）通过使用跨国数据分析指出："资源诅咒"出现在总统制的国家而非议会制度的国家，议会制体系能够更好管理资源收入，并且促进经济的发展；而在总统制国家，资源收益刺激了官僚和政客腐败的滋生，对社会资本产生挤出效应，甚至会引发武装冲突和内战。科利尔和霍芙勒（Collier and Hoeffler，2008）发现民主与资源租金的不匹配现象：资源收益匮乏的国家比较民主，资源富集的国家往往对应独裁政府，后者应加强对政府权力的制衡，避免资源收益落在少数人手里。

麦伦姆等（Mehlum et al.，2006）和博斯基尼（Boschini，2007）在实证研究中发现，若将自然资源出口占国内生产总值的比率提高 10 个百分点，具有良好制度的国家（每个指标的加权指数从 0～1）可继续保持国民生产总值的增长，但制度不好的国家则会下降。埃费特等（Eifert et al.，2002）针对石油输出国经济表现不佳的现象，从长期储蓄、经济稳定、石油租金的有效使用三个方面来研究，分析了不同政治制度下石油租金的不同管理方式。研究结果显示，多党派制度下，政策的制定会受到利益相关者的左右；一党制国家对意外之财的利用更依赖于管理层的智慧；而少数精英利用宗教进行管理的国家，对财富的使用更多体现了管理者的政治利益。马丁和苏布兰马尼安（Martin and Subramanian，2003）认为在治理不善的国家，重要的是尽可能快地将矿产收益投放到政府范围之外。艾塔克等（Aytac et al.，2016）界定了不良民主治理会通过两种主要渠道使自然资源成为"诅咒"。第一种叫作"税收效应"，即在政府减税或降费时会导致公民对政府问责制和民主的兴趣减少。第二种是"支出效应"，通常在政府使用资源租金来对抗反对派时出现。阿比乌（Abiwu，2017）以加纳共和国为例，说明了强有力的治理机构和良好的治理实践是矿产丰裕国家和地区取得良好经济绩效的关键，并指出矿产收益的治理不仅包括建构政治制度层面的民主治理，还包括改进矿产部门的内部治理。安萨西等（Anshasy et al.，2017）的研究也指出，尽管矿产收益和经济增长在长期往往存在着负相关关系，但矿产收益治理结构的改进有助于降低矿产收益波动给经济增长带来的不利影响。阿米里等（Amiri et al.，2019）通过设定制度变量，实证检验了制度环境对 28 个资源丰裕国家和地区的贸易部门和非贸易部门经济绩效所产生的影响，结果显示，良好的制度环境可以促使矿产租对制造业部门产生正向推动作用。

四、矿产资源收益管理方式的差异性

文献研究普遍认为，处在不同发展水平和阶段的经济体在矿产资源收益管理方式上会存在明显差异。对发达国家来说，意外收入主要投资于国外，但是对于资源丰富的发展中国家来说，却应将部分意外收入主要投资于国内（Van der Ploeg，2016）。具体观点如下：

第一，发展水平较高的国家更倾向于建立主权财富基金进行外国资产投资。发达国家拥有较完善的金融制度，资本充裕，在面对突如其来的资源收益时，应该基于永久收入假说制定用于管理自然资源暴利的政策，通过利用金融工具将短暂的资源收益平滑到各个时期，降低对国民经济的冲击（Collier and Venables，2008；Van der Ploeg and Venables，2011）。

第二，发展水平较低的国家应将资源收益投资于国内。发展中国家相对来说经济体量小，更容易受到资源收益波动的影响，且自身资本匮乏，当代民众相对于未来民众更为贫穷，增加当前消费相对于增加未来消费效用更高（Collier，2008）。在存在投资调整成本的经济体中，矿产暴利应该被用来给贫穷人口增加消费，以及增加公共投资和偿还债务（Van der Ploeg，2012）。

五、影响和制约矿产资源收益管理效果的因素

各个国家都希望能够对矿产资源的收益进行合理分配，避免落入"资源诅咒"的陷阱。但这并非易事，迄今为止只有博茨瓦纳、挪威等少数几个国家能够管理好自己的矿产资源收益，并成功规避"资源诅咒"。而其他许多国家并没能成功地利用矿产资源财富来促进经济增长和发展，原因主要在于存在影响和制约矿产资源收益管理效果的因素，使其未能转化为经济发展的助推器。

（一）资本丰裕度影响自然资源收益管理政策的选择

科利尔和普勒格（Collier and Ploeg，2010）等认为资本富裕的资源丰富经济体和资本匮乏的发展中经济体应采取不同的资源收益管理政策。科利尔

和维纳布斯（Collier and Venables，2008）认为发展中国家正处于快速发展阶段，资本稀缺，当期消费需求大，无法借贷到无限量的外国资金，国内投资依赖于资源收入，这些特点决定着发展中国家应采用不同于永久收入政策的资源收益管理政策。

（二）政治腐败和制度质量低下会降低自然资源收入储蓄率和投资率

哈特韦尔（Hartwell，2016）的研究表明，丰富的自然资源易诱发寻租行为，政治腐败和制度质量低下又会影响资源收益管理政策的效果，降低自然资源的利用效率。阿尔扎基和普勒格（Arezki and Ploeg，2010）认为制度不良和贸易开放程度低的国家，资源诅咒会特别严重。范德普勒格和维纳布斯（Van der Ploeg and Venables，2011）认为政治腐败会通过影响公共财政支出的数量和质量，导致资源收益无法投入生产用途，同时政府的不恰当决策也会影响私人投资的质量。托内尔和莱恩（Tornell and Lane，1999）认为在资源繁荣时期，政治团体会"贪婪"地耗尽公共资产，从而降低资源收入的投资率和经济增长率。

（三）资源收入具有高度的不确定性和波动性

艾森曼和马里恩（Aizenman and Marion，1999）认为波动对于经济增长是不利的，对投资、收入分配、贫困和教育程度也是不利的。罗斯和施皮格尔（Rose and Spiegel，2009）认为资源丰裕国家可能会因金融发展不足而经历更大的宏观经济波动。范德普勒格和波耶克（Van der Ploeg and Poelhekke，2009）认为大的经济波动会使资源收入无法对经济增长产生任何积极影响，特别是在金融系统不良、国际资本流动不畅和存在贸易壁垒的国家。

（四）吸收约束会降低发展中国家国内投资的效率

范德普勒格（Van der Ploeg，2012）认为发展中国家增加公共投资会遇到持续增加的无效率、本土生长公共资本的缓慢调整、贸易部门的收益难以渗透到公共投资部门等三个吸收约束瓶颈问题，从而影响公共投资的效率。为避免吸收约束造成的上述问题，很多学者提出通过建立海外离岸停泊基金的方式予以解决（Van der Ploeg，2012；Van der Ploeg and Venables，2013；Venables and Wills，2016；Araujo et al.，2016）。

六、矿产资源收益的分配和管理策略

虽然对矿产资源收益进行合理分配促进经济发展并非易事，但"资源诅咒"并非不可避免。相关研究表明，税收体系的完善及主权财富基金的建立将有助于矿产资源收益合理分配，弥补各要素的不平衡发展并促进经济增长。

（一）分配方式

巴内特和奥索夫斯基（Barnett and Ossowski，2002）认为石油生产国家的政府应该在石油生产时期积累大量的金融资产。范德普勒格（Van der Ploeg，2010）提出应将矿产资源的意外收入存放于主权财富基金，实现矿产资源收益的全民共享。范德普勒格（Van der Ploeg，2011）还基于生产要素和资本动态调整重新研究了"荷兰病"，指出资源丰富的发展中经济体更可能遇到非贸易部门的吸收约束问题，针对此种情况，将部分资源收益暂时存放在主权财富基金中是最佳选择。

（二）管理策略

范德普勒格和维纳布斯（Van der Ploeg and Venables，2011）提出储蓄决策应考虑不同时代矿产资源收益的波动问题，应对收入波动进行有效管理。巴内特和奥索夫斯基（Barnett and Ossowski，2002）认为政府在制定财政政策时应考虑到矿产资源收益的波动问题，从整体、长期的角度考虑对其进行协调。范德普勒格（Van der Ploeg，2016）和布雷默和范德普勒格（Bremer and Van der Ploeg，2013）进一步指出，鉴于矿产资源收益的波动性，可以用三项基金——代际基金、流动性基金和投资基金来管理矿产资源的意外收益。其中，代际基金可以用来平衡几代人之间的收益，实现长期财富转移；流动性基金用来对冲矿产资源价格的波动；当存在资本短缺时可以将一部分意外收益存放于投资基金以支持经济的多元化发展。

七、矿产资源收益的使用范围及领域

在现有文献中，不同学者根据矿产资源收益所在国家的具体经济情况，对政府应该将矿产收益用在哪些方面提出了不同的看法，总体来说包括投资、消费、偿还外债、稳定价格等方面，其中关于矿产收益投资用途的研究成果尤为丰富。

（一）投资

大量实证研究成果表明，丰富的矿产资源本身并不是"诅咒"，关键是自然资源财富的利用方式是否适当。现有研究成果关于对所获得资源收益如何进行有效投资，可分为如下两类：

1. 投资外国资产

基于永久收入假说，资源收益应该储存在主权财富基金，投资于国际金融资产（Barnett and Ossowski, 2003；Bems and de Carvalho Filho, 2011）。布雷默和范德普勒格（Bremer and Van der Ploeg, 2012）提出，对于资源富裕的国家，如果资本市场完善，能够较好地融入国际资本市场为国内社会建设项目融资，可考虑建立主权财富基金，平衡代际收入和稳定资源价格波动。范德普勒格和维纳布斯（Van der Ploeg and Venables, 2013）进一步明确了资源收益用于投资外国资产的界限，提出对于外汇资产的投资力度，要适应国内消费和投资的增加程度，不应盲目投资外国资产。布雷默和范德普勒格（Bremer and Van der Ploeg, 2013）认为投资海外资产是为了有效应对资源价格波动导致财政收入的震荡，减轻对国内经济的干扰。

2. 投资国内建设

部分学者认为资源收益应首先用在国内投资和推动经济增长方面，资源收入在国内的投资可以打破公共投资和私人投资匮乏的困境，给经济发展带来持续动力，因而不建议将资源收益用来建立长期的主权财富基金（Collier, 2008）。贝格和波尔蒂洛（Berghe and Porttillo, 2012）认为虽然将资源收益作为主权财富基金的储蓄方式可以将资源的不稳定性降到最低，但是这种方式忽视了存在资本短缺和制度、信用缺失等问题的发展中国家的国内投资需求。范德普勒格（Van der Ploeg, 2010）提出因为自然资源收益不稳定，政府应该谨慎地增加消费，不能将这笔不确定的收入用于国内消费，但可以用于解决本国面临的资本稀缺问题。布雷默和范德普勒格（Bremer and Van der Ploeg，2012）认为对存在资本短缺和在国际市场上有融资约束的国家可以考虑设立投资基金，将资源收益投资于国内。范德普勒格和维纳布斯（Van der Ploeg and Venables，2013）在考虑发展中国家经济社会的发展对国内投资建设吸收能力不足问题的基础上，提出要将资源收益投资于国内非贸易商品部门和经济增长较慢的消费部门。范德普勒格和波耶克（Van der Ploeg and Poelhekke，2010）对阿尔及利亚、安哥拉、利比亚、尼日利亚和苏丹等非洲国家的数据分析结果显示，可观的自然资源收入并没有使这些国家摆脱贫困，它们的共同之处在于没有将自然资源收入进行国内投资。科利尔和戈德利斯（Collier and Goderis，2007，2008）研究非洲典型的大宗商品出口国时发现，在政府治理比较好的国家，已经成功通过资源繁荣来促进产出的持续增加，而这些国家治理的主要方面在于将自然资源收入用于国内投资。莱查特等（Deléchat et al.，2015）以中西非地区拥有丰富矿产但经济较为脆弱的国家为研究对象，构建了包含投资、增长和自然资源在内的 DIGNAR 模型，分析了资源财富的最佳分配状态，研究结果显示，矿产收益用于生产性的公共投资最有助于提升经济效益，而分配部分资源用于转移支付则有助于增强脆弱国家经济运行的安全性。

关于将发展中国家充足的资源收益具体投资于哪些领域，大多研究认为资源收益应作为公共投资资金，投资于国内基础设施和教育、医疗等社会公共资源和服务。伯格、杨淑春和赞纳（Berg，Yang and Zanna，2011）以一个资源丰富的小型开放型经济体作为基础建立模型为研究对象，将自然资源丰富的发展中国家面临的资本短缺、吸储困难及国内公共资本投资不足等问题作为影响因子全部归入模型，从家庭、企业、政府以及有对外贸易的企业入手进行分析，指出了公共投资对经济发展的重要作用。经过模型论证得出结论：社会公有资本按比例稳定地增加，投资于社会公共建设会产生持久较高的公共资本收益，可以提高私有资本的边际生产率，从而提高社会生产力水平和社会整体的财富水平。模型结论还表明，当公共投资以较小的规模按比例扩大时，不仅缓解了社会存在的资本短缺问题，而且长期依靠自然资源发展经济而产生的"荷兰病"问题和经济发展的不稳定问题会被逐渐消除。科利尔（Collier，2008）的研究发现，自然资源租金能被用于经济领域"基本"能力的建设，例如用于改善医疗保健、基础教育的基础设施。

除公共投资外，矿产收益还可用于多元产业发展方面的投资。范德普勒格（Van der Ploeg，2010）认为，制造业中存在"干中学"效应，即知识积累的外部性，应利用矿产收益加大对制造业部门的投资力度。沙赫巴兹等（Shahbaz et al.，2018）的实证研究揭示了自然资源丰富度与金融发展之间存在正向相关关系，指出金融业发展是矿产租收入有效支撑经济增长的重要渠道（Karl and Chen，2011；Law and Moradbeigi，2017）。

（二）消费

矿产资源具有可耗竭性和不可再生性，资源收益的使用不仅要满足当代人的需求，还必须考虑后代人的利益。索洛（Solow，1974）针对可耗竭资源的可持续发展，提出了代际公平的原理，认为对于各代人来说，必须保持人均消费水平不变。奥蒂（Auty，2001）、巴内特和奥索夫斯基（Barnett and Ossowski，2003）以及巴德旺（Basdevant，2008）以 Hotelling 定律和 Hartwick-Solow 准则为基础，分析了矿产资源收益在理想市场环境下的跨期最优配置问题。其基本观点是：在矿产资源与资本可完全替代的假设前提下，矿产资源收益管理应以永久收入假说为理论依据，主要用于平滑代际间的消费，并提出矿产收益用于消费应坚持 PIH 准则或 BIH 准则。科利尔、范德普勒格和维纳布斯（Collier, Van der Ploeg and Venables，2010）指出，利用资源收益来增加消费有两种方式。一种是发展中经济体可以追求高消费水平和人均收入水平，例如，将部分收益用于贫困人口，以实现当期消费的增加；另一种是将收益用于进行高回报投资，实现未来消费水平的增加。最佳跨期消费取决于不同时期和不同世代对消费价值的看法，以及通过推迟消费和投资不同类型的资产可以获得的回报率。

（三）偿还债务

范德普勒格（Van der Ploeg，2010）指出，发展中国家在面临资本稀缺的情况下，应将资源收益用于偿还债务和降低利率以促进私人投资和国内资本积累。范德普勒格和维纳布斯（Van der Ploeg and Venables，2011）还指出，政府可以利用资源收益偿还债务或向私营部门提供补贴，以改变其债务净值。

（四）平抑价格波动

矿产品价格的大幅度波动是资源丰富的发展中经济体经常面临的问题，因而也有很多学者建议将矿产收益储蓄起来建立价格稳定基金（Van der Ploeg，2010；Bremer and Van der Ploeg，2013；Bems and de Carvalho Filho，2011；Cherif and Hasanov，2013；Berg et al.，2013）。范德普勒格和维纳布斯（Van der Ploeg and Venables，2011）指出，应对价格波动性的策略有套期保值和建立稳定基金。如果资源价格并没有被套期保值完全稳定下来，可以通过建立稳定基金的方式消除对经济的不利影响。范德普勒格（Van der Ploeg，2016）进一步指出，发展中国家进入未来市场和金融衍生品的机会较少，应该更多地利用稳定基金和预防性储蓄来应对商品价格随机波动。范德普勒格、维纳布斯和科利尔（Van der Ploeg，Venables and Collier，2010）还共同提出另一种解决办法，即政府通过建立主权流动资金（SLF）来平衡波动，即当价格偏高时，SLF 将用于投资，当价格偏低时则减少投资。塞缪尔（Samuel，2018）对价格稳定基金的使用提出了不同看法，认为在矿产价格下跌时，政府因无法确知矿产价格何时能够回升，不应将全部基金全部用于救市，而应用其中一部分来调节消费，平滑代际消费。

第三节　研究内容和研究思路

长期以来，国内学界更多关注矿产资源的可持续利用问题，却忽视对矿产资源收益的管理和使用及其对宏观经济的影响，主要考虑到中国虽是资源大国，却并未出现资源产业一支独大的现象，也不存在整体意义的"资源诅咒"。但事实上，通过对国外研究成果的剖析可以发现，一国矿产资源收益中只要存在可能破坏市场机制、导致资源配置扭曲的不合理租值收入，就有必要通过对矿产资源收益在时间上的重新配置进行宏观治理，以推进经济的可持续发展。

在当前中国，矿产资源收益的不合理租值收入不仅大量存在，而且远比国外文献所论述的内容复杂，它不仅包括由矿产资源不可再生所引发的霍特林（Hotelling）意义上的稀缺租，还包括经济结构非均衡发展所导致的超额收益。中国自步入中等收入国家行列以来，实物资本积累量高速增长，而劳动报酬、人力资本等与终端购买力密切相关的因素总体变化并不明显。快速的实物资本积累对处在产业最上游的矿产部门产生了大量需求，进而给矿产部门带来了相当规模的超额收益。这些收入如果不加以控制和管理而任由市场规律发挥作用，将会在非均衡的经济结构中再次转变为实物资本，造成资本过剩和产能过剩。

由此可见，中国虽然不存在整体意义的"资源诅咒"，但是在中等收入阶段潜藏的生产过剩隐患，会使资源部门收益中含有加剧经济风险的不合理部分，有必要将其纳入国家治理范畴。至于如何进行治理，国外目前的两大类研究成果均不足以给出正确答案。第一，中国作为市场机制尚不健全的国家，不具备永久收入假说成立所需的前提条件，建立财富基金对资源收益进行管理明显不切合实际。第二，中国虽然是发展中国家，但已经步入中等收入国家行列，面临的主要问题不是资本稀缺，而是资本过剩，因而资源收益应当如何在当期和未来之间进行分配也不能照搬国外研究结论。

基于上述考虑，围绕中国在中等收入阶段经济结构中面临的突出问题和矛盾，对矿产资源收益的管理使用问题进行专门的理论研究十分必要，不仅可以作为案例丰富该领域的研究成果，而且将为提高矿产领域国有资本收益上缴财政比例提供新的理论依据，并为国家规避结构性风险、促进产业转型、推进动能转化、实现高质量发展等提供新的调控手段。具体研究内容如下：

一、中等收入阶段的理论内涵界定

首先需要明确中等收入阶段的特定内涵，以及相较于低收入和高收入阶段而言该阶段经济增长的主要特征。有鉴于此，为了明确中等收入阶段经济运行的主要特点，我们揭示了新古典主义主流经济学在刻画中等收入发展阶段内涵特征方面的局限，使用了马克思主义经济学的分析框架，回归到现代市场经济增长的本源——资本积累问题，在马克思对实物资本积累一般规律认知的基础上，构建了有助于把握中等收入阶段经济运行特点的认知体系，建立起研究资本积累进程和经济增长关系的理论分析框架，进而对中等收入阶段作出了明确的理论界定。

二、矿产资源收益国家治理的必要性分析

根据中等收入阶段的理论内涵，立足中国社会主义市场经济不同于资本主义经济的根本之处，明确中国步入中等收入阶段的准确时期，并总结中国步入中等收入阶段经济发展的典型特征。运用马克思的扩大再生产模型，构建包括矿产部门在内的再生产理论模型，通过对矿产部门资本积累特殊性的考察，具体分析在中等收入阶段矿产收益将会对整个资本积累系统造成的影响，揭示中等收入阶段中国式资本积累的内在矛盾，分析矿产超额收益给经济增长所带来的风险，以此说明国家治理矿产收益的必要性和迫切性。

三、矿产资源收益国家治理范畴的界定

在矿产开发活动的特殊性考察和矿产收益性质分析的基础上，对矿产资源超额收益的内涵进行理论分析，明确矿产超额收益应纳入国家宏观治理范畴。结合中国自步入中等收入阶段以来与矿产超额收益相关的体制安排和市场表现，考察我国矿产超额收益形成和发展的演变历史，并对矿产超额收益达到的规模进行估算。

四、政府职能转变与矿产资源收益最优分配与使用

在我国传统政府职能认知和实践的基础上，结合世界各资源富集国家或地区的矿产收益治理经验，展现一种新型的政府与市场的关系，并在此基础上明确政府作为顶层设计者为治理好我国的矿产资源收益在职能上所需完成的转变。在政府管控矿产收益的前提下，从资源收益使用的角度建立一般均衡模型，研究矿产收益如何分配能够避免资源开发对经济的负面影响，增强矿产收益对经济增长的积极推动作用。

五、矿产资源收益国家治理体系构建与政策安排

具体研究矿产超额收益如何通过政府、市场、社会三个方面的协作配合，

实现有效的治理效果。明确矿产收益国家治理的基本目标和总体架构，并从宏观、中观和微观三个层面就矿产超额收益增量和存量部分如何治理分别进行了研究。结合世界各国在矿产资源收益管理方面的成果经验，明确我国建立矿产收益共享制度的必要性和紧迫性，并在分析政府、企业和社会三方面关系基础上，就矿产收益如何进行征收、管理和使用等问题进行具体研究。提出为消除矿产超额收益产生的体制根源需要在电力市场化改革中进一步推进的改革举措。研究为消化矿产超额收益存量需要应对的金融风险防范和产能管理问题。最后从微观上探讨了创新培育问题，旨在通过资本积累的高阶跃迁，从根本上消除矿产超额收益对经济发展的不利影响。

第四节　核心观点与主要结论

一、核心观点

中国自 2000 年前后步入中等收入阶段以来，在中国特色的资本积累系统内长期存在一个具有"增量不增殖"特性的矿产部门，不仅为以数量扩张为主的经济增长方式起到了积极的正向推动作用，也为煤炭等矿产部门获取超额收益提供了机会和空间。理论证明，矿产超额收益的存在会破坏社会总资本扩大再生产的平衡条件，导致部类之间的发展失衡，产生资本过剩问题。

矿产资源部门的超额收益使用是否得当关系到中等收入阶段中国特有的资本积累进程所固有的资本过剩矛盾是否会被激化。因而，对于以煤炭行业为代表的重点供应能源的矿产开采部门而言，无论其兴盛还是衰落，都往往与国家更高层次的战略安排有着密切的关系，不能简单用市场供求关系变化来解释。无论是以煤炭为主的矿产开采部门，还是矿产开采部门集中的资源型地区的发展，都不是几个行业、几个市场、几个地区的一隅之事，也不能任由处在明显失灵状态下的市场进行低效率的配置，必须以矿产收益的治理为纽带纳入国家宏观治理层面，作为工业化战略的有机组成部分整体推进，统筹实施。在中国经济步入新常态后，虽然能源矿产部门已无力再产生更多的超额收益，但并不意味着数量扩张型的资本积累的内在矛盾就此消失。无论当前的矿产部门亏损还是获益，国家都应对过去产生和未来不可避免仍会产生的矿产超额收益进行宏观治理，以确保在向质量型增长跃迁的转型过程中，能够从根源上避免社会扩大再生产固有矛盾的激化而导致中国经济掉入中等收入陷阱。

矿产资源收益中的超额收益来自中国工业化进程发展需要，是中国特色社会主义制度下资本积累在中等收入阶段不得不面对的客观存在，需要通过国家顶层设计构建一个包括政府、市场、社会在内的综合治理体系。矿产资源收益国家治理体系的构建是为缓解中国在中等收入阶段资本积累特定的内在矛盾，规避中等收入陷阱而在国民经济社会各个层面全方位推进的系统工程，是中国特色社会主义市场经济在中等收入阶段持续健康发展的客观需要。其目标不在局部地区、局部领域的兴盛，而在于为全国整体经济迈向新的发展阶段提供保障和支撑。其覆盖的领域也不限于矿业部门自身，而是国民经济的各部门。治理的内容也不局限在能源领域，而会涉及宏观层面的矿产收益共享制度设计，中观层面的产能管理和金融风险防范，以及微观层面的生产要素结构转化和新动能再造。

二、主要结论

（1）新古典主流经济学由于忽视了商品的二重性，混淆了使用价值和价值，在增长的动力和源泉问题上陷入了不可知的现象漩涡。回归马克思政治经济学基本原理，运用马克思的商品经济价值规律和资本运动规律，是认知中等收入阶段发展问题时较为可行的理论通道。

（2）中等收入阶段是资本快速发展和壮大的时期。在这个阶段，资本在量上不仅达到了一定的规模，不再像低收入阶段那样是稀缺要素，而且在范围上也扩大到了整个生产领域，并且越来越多向生产资料部门集中，以机器制造和使用为核心的产业体系不断健全、产业链不断延伸。资本积累倾向朝着不断节约劳动的方向发展，对资本系统外部市场的依赖降低，资本的自循环能力明显增强。该阶段经济增长的特点归结为如下几点：第一，工业体系的完备化和产业结构重型化；第二，以投资为主的内需驱动；第三，资本密集型产业占主导；第四，相对人口过剩，收入差距拉大。中等收入阶段经济增长通常会遇到如下三个方面的困难：一是生产过剩或资本过剩；二是土地、矿产等资源条件制约导致资本循环难以为继；三是遭遇到不具备相关机器制造能力的技术瓶颈。

（3）中国作为社会主义市场经济国家，资本和资本积累的属性已发生重大改变，与资本主义国家的资本积累存在本质区别。相较于典型资本主义国家经济增长在中等收入阶段的表现，中国经济运行在此阶段存在如下四个方面的关键特征：第一，经济增长由国有部门和非公有制企业两大主体支配的"双资本积累系统"支撑。第二，土地、货币、矿产、劳动力等基本生产要素正处在逐步市场化过程中，价格"双轨"现象仍然局部存在。第三，国内资本积累系统与国际资本积累系统相互交织。第四，政府对资本积累系统的运转具有较强的主导和控制能力。

（4）在中国渐进性改革思路指导的特殊体制安排下，矿产部门的资本积累相较于其他部门而言有两大特殊之处：第一，生产过程并不一定是价值增殖过程。第二，矿产收益中存在带有租性质的超额收益。在超额收益存在的情况下，社会总资本的扩大再生产并不具有持续稳定进行下去的客观条件，最终会以第一和第二部类资本的相对过剩而终止，这是以公有制为主导的中国在中等收入阶段资本积累所存在的内在矛盾。自步入中等收入阶段相当长一段时期，中国为应对和缓解这一矛盾，借助全球化带来的红利，逐步走上了以数量扩张和资源依赖为主的资本积累道路。虽然这种积累方式可以在短期内缓解资本过剩问题，却给未来积聚了更大的发展隐患，增加了中国在外需无力支撑的情况下掉入发展陷阱的可能性。

（5）矿产资源超额收益应当纳入国家治理范畴。改革开放以来，矿产超额收益主要存在于煤炭行业，本书估算结果显示，2001～2005年是煤炭行业超额收益初步形成并呈现突发性增长的时期，超额收益的总量规模大约在3000多亿元，而且大约有50%以上通过煤炭企业的投资或购买活动流向了煤炭行业之外的生产部门及金融系统。2006～2012年，中国的煤炭采选业在特定的体制背景和市场大环境下，在实现自身规模快速扩张的同时又实现了2.2万亿元的超额收益，其中在这2.2万亿元的超额收益中，又有一半左右通过煤炭企业的投资和购买行为转移到了与之相关的资本积累部门以及金融系统，并在这些部门的资本增殖活动中壮大着自身的规模，如果将上一阶段煤炭超额收益累积到2012年，则到2012年底，中国的煤炭超额收益规模约3万亿元，已经可以占到当年国内生产总值（54万亿元）的5.6%左右。2013～

2018 年，煤炭超额收益基本处在增长停滞状态，但存量规模到 2018 年底已接近 4 万亿元。

（6）国家对煤炭行业超额收益进行管控，是中国步入中等收入阶段后为确保资本积累顺利进行而需要具备的一项新职能。该职能一方面与政府传统的通过税收进行宏观调节的再分配职能有本质区别；另一方面又与我国政府在经济领域的特殊职能一脉相承，是出于国家总体利益考虑再次以参与者而不是管理者的身份介入市场中，对以煤炭企业为代表的市场主体经营活动所进行的一种深度、有效而且必要的干预。我国资源收益最优的分配原则是当代优先，后代次之。矿产收益最佳使用方式是将矿产收益转化为矿业部门之外的投资与生产；次优的使用方式是偿还政府债务。

（7）矿产超额收益国家治理应遵循三个目标：第一，推进资源能源节约；第二，推进高质量发展；第三，化解经济运行风险。总体架构有三个层次：宏观层面在于构建矿产资源收益共享制度；中观层面在于推进能源革命和产能管理；微观层面在于增强企业创新意愿与能力。

第二章

中等收入发展阶段的内涵界定：基于马克思主义资本积累理论的分析框架

"中等收入"最初是世界银行为了对不同发展阶段和水平的国家进行分组而得出的一个概念，具体还可分为"中低收入阶段"和"中高收入阶段"，与之相对应的有"低收入阶段"和"高收入阶段"。不同收入阶段划分主要依据各国人均国民总收入（GNI）水平。每一年，世界银行都依据价格指数的变动，动态更新所在统计年度划分不同发展阶段国家的人均 GNI 标准（见表 2 - 1）。

世界银行对中等收入等发展阶段的界定，主要出于对各国经济发展绩效进行量化评估的考虑，注重结果比较，并不涉及数字背后的成因。因而，中等收入这一概念在最初提出时，还只是一个统计概念，并不构成一个学术问题。在发展经济学理论中，关于不发达经济体的研究也并未专门出现有关中等收入阶段发展问题的研究，相反低收入阶段的贫困问题却一直是理论研究的重点，无论是罗斯托的起飞理论、莱宾斯坦的最小临界努力理论、还是纳克斯的贫困恶性循环论、纳尔逊的

表 2-1　　2012～2022 年世界银行不同年份划分高、中、低收入的标准　　单位：美元

年份	低收入	中低收入	中高收入	高收入
2012	≤1035	1036～4085	4086～12615	>12615
2013	≤1045	1046～4125	4126～12745	>12745
2014	≤1045	1046～4125	4126～12735	>12735
2015	≤1025	1026～4035	4036～12475	>12475
2016	≤1005	1006～3955	3956～12235	>12235
2017	≤995	996～3895	3896～12055	>12055
2018	≤1025	1026～3995	3996～12375	>12375
2019	≤1035	1036～4045	4046～12535	>12535
2020	≤1050	1051～4100	4101～12695	>12695
2021	≤1046	1047～4096	4097～12695	>12695
2022	≤1035	1036～4085	4086～12615	>12615

资料来源：世界银行统计数据库。

低水平均衡陷阱理论、缪尔达尔的循环累积因果论，都成为研究落后经济体经济发展的理论基石。而中等收入阶段和高收入阶段，理论界通常认为依托新古典经济学的假设以及相关延伸，即可解决不同阶段的发展问题，没有必要如贫困阶段那样通过特定的假设和分析框架做专门研究。

中等收入阶段的发展问题再后来之所以会引起理论界的关注，始于世界银行在 2006 年的一份题为《东亚经济发展报告》的文章，在其中提到了一个称为"中等收入陷阱"的概念，该报告指出，很多发展中国家当处在世界银行所界定的中等收入阶段时，各种经济矛盾和风险通常会集中爆发，导致经济增长出现波动甚至停滞的现象，后续增长乏力，难以向更高收入水平迈进。

在此之后，这一普遍现象开始受到理论界的重视和关注，不同学派从各自角度对"中等收入陷阱"出现的原因进行了研究，并得出了很多有价值的结论。然而，在对"中等收入陷阱"问题研究中，几乎没有学者对中等收入阶段进行专门的理论界定，而是直接采用了世界银行对中等收入阶

段划分的标准，先入为主地给定了研究国家所处的发展阶段。这种基于统计数据的判定方法，忽视了各国经济总量的构成来源以及经济结构上的差异，给很多国家科学判断自身所处的工业化阶段造成了很大的干扰。例如，世界上有很多石油储量丰富的国家，经济发展对石油出口的依赖非常强，人均GNI的变动与国际原油价格的变动相关度极高，当国际原油价格上涨时，这些国家的人均GNI也会随之上升，在行情出现持续走高的时期，可以很轻易步入世界银行所说的中等收入国家行列，甚至是高收入国家行列。但事实上这些国家在依托海外需求不断增加本国货币财富的同时，并没有出现先进的生产要素，也没有经济结构的升级，仍然处在与低收入阶段毫无差异的生产方式和条件下。再比如，一些小国经济，在经济发展上高度依赖国外市场，只要有国际资本涌入，人均GNI就可以快速提升，而本国的劳动生产率则长时间处在较低水平。还有一些大国经济，总量规模很大，即使没有经济结构的调整和产业升级，也单纯通过量的积累跨过中等收入阶段。可见，仅靠人均GNI这一统计指标对世界各国进行分组，只具有国别比较和评估价值，不足以成为中等收入阶段相关研究的理论认知基础。

中等收入阶段是工业化进程中一个十分重要的阶段，在发展的型式上具有其他阶段不具备的理论特质，要分析中等收入阶段的种种经济问题，首先需要明确中等收入阶段的特定内涵，以及相较于低收入和高收入阶段而言该阶段经济增长的主要特征。在本章中，我们将回归现代市场经济增长的本源——资本积累问题，在马克思对实物资本积累一般规律认知的基础上，从世界工业化进程中探索中等收入阶段资本积累的主要问题，进而对中等收入阶段进行理论内涵的界定。

第一节　国内外学界对中等收入阶段的基本认识及主要观点

2008年，中国人均国内生产总值超过3000美元，步入世界银行所划分的中等收入国家行列，关于中国是否掉入"中等收入陷阱"的争论在接续的几年中不断升温，引发了学术界的深度研究和热烈讨论，形成了很多有价值的研究成果。通过归纳整理，这些研究对中等收入陷阱问题的认识可概括为三类观点。

一、发展战略与方式和现有的经济发展阶段不匹配导致"中等收入陷阱"

格拉韦等（Glawe et al.，2016）认为中等收入经济体如不及时转换增长动力，很难跨向高收入行列。孔泾源（2011）认为拉美国家实行进口替代战略使国内产业缺乏创新动力，进口替代部门大量进口设备，所需外汇靠初级产品出口难以满足，不得不大量对外举债，导致宏观经济的不稳定性加剧。郑秉文（2011）通过详细分析拉美国家在20世纪30年代以及80～90年代的两次转型，认为拉美国家经济转型失败导致拉美地区发展中国家跌入"中等收入陷阱"。刘伟（2011）指出一个国家处于低收入阶段和中等收入阶段时，所面临的发展难题和增长难题的差异很大，用于突破"贫困陷阱"的发展战略完全不适宜实现从中等收入到高收入的迈进，发展战略使用不当将导致其跌入"中等收入陷阱"。权衡（2010）和贝拉吉奥（Bellagio，2002）认为，进入中等收入阶段的国家，其经济发展仍然过分依赖外在因素，不能顺利实现发展方式的转变，导致新的增长动力特别是内生动力不足，经济因此停滞徘徊。胡鞍钢（2011）认为经济发展模式转型失败带来的"收入差距陷阱"将会导致消费不足，进而无法实现消费需求和产业结构的升级，无力向高收入阶段跃迁。陈亮（2011）从"比较优势理论的困境"这一角度证明了发展模式会导致发展中国家陷入"中等收入陷阱"：按照比较优势理论，发展中国家应该着重发展具有要素禀赋优势的劳动密集型产业，而企业产品换代升级可以通过从发达国家技术引进、模仿、实践积累知识和产业转移的方式获得，但是这将使得发展中国家陷入技术"引进—落后—再引进—再落后"的恶性循环，成为技术的追随者；同时，发展中国家的产业链出现"木桶效应"，整体竞争力难以提升，抑制产业升级换代与经济发展方式的转变。瞿亦玮等（2018）的研究结果表明，中等收入阶段需求结构会出现从生存型需求主导向发展型需求主导转变，倘若需求结构长期滞留在生存型需求状态，则容易出现经济发展的失衡。

二、现有的体制机制与经济发展阶段出现错位导致"中等收入陷阱"

诺斯（North，1993）指出制度因素是经济发展的关键，制度的变迁会引起经济的增长，"中等收入陷阱"本质上是一种制度陷阱，能够提供有效激励的制度是保证经济增长的决定性因素。周文和孙懿（2012）认为，"中等收入陷阱"问题所包含的本质上的因果逻辑关系为：经济和政治体制僵化会导致社会经济结构不匹配，从而使经济发展方式转型困难，最后步入"中等收入陷阱"。孔泾源（2011）认为唯有深化体制改革和制度创新，改善制度供求关系和供给质量，加快推进经济发展方式的转变，才能顺利跨越"中等收入陷阱"。李月和周密（2012）认为陷入"中等收入陷阱"的发展中国家要果断摒弃之前的旧制度政策，通过制度的调整才能使其逐步走出"中等收入陷阱"。胡鞍钢（2011）从政治转型的失败而导致"中等收入陷阱"这一角度进行分析，认为许多发展中国家在经济起飞阶段都始于威权政府阶段，而经济持续的增长使其进入中等收入的行列后，政府开始进行民主政治转型，但是在这个过程中如果没有及时发展出独立的法律体系和透明的政府机构，就会导致"街头民主"诉求的无序膨胀，出现"民主乱象"，从而掉进"民主陷阱"之中。齐传钧（2018）通过对智利的历史经验回顾指出，经济增长到一定阶段后，必须及早并持续地进行经济转型，这就需要一个威权政府来突破既有利益集团的阻挠，将经济制度向好的方向变迁，从而获得新的经济增长力。

三、未找到与新阶段经济发展相匹配的驱动要素，致使经济增长停滞

第一，劳动力和研发成本过快增长，导致产业升级受阻，以及人口老龄化问题造成"中等收入陷阱"。伍业君、张其仔和王磊（2012）认为如果中等收入经济体企业在升级过程中新产品跳跃能力不足或劳动力和研发等成本增速过快，可能造成产业升级断档和经济增长停滞，形成"中等收入陷阱"。郭正模（2012）认为发展中国家依靠剩余劳动力形成的"人口红利"进入

中等收入阶段，然而当人口结构变化而面对劳动力短缺的"刘易斯拐点"时，难以解决人口老龄化等问题而失去经济增长动力，从而跌入"中等收入陷阱"。

第二，中等收入国家经济持续增长的关键在于能否实现向效率或创新转化。吴敬琏（2008）把经济增长划分为"起飞"前阶段、早期经济增长、现代经济增长或知识经济时代，认为"中等收入陷阱"处在早期经济增长向现代经济增长过渡阶段，如果未能实现从资本或投资驱动向效率或创新驱动转换，就会导致经济发展陷入"中等收入陷阱"。郑秉文（2011）提出，如果要超越"中等收入陷阱"，一国经济发展模式的驱动要素需要由市场和要素驱动转向效率和创新驱动。马岩（2009）、刘伟（2011）、张德荣（2013）指出随着经济发展水平的提高，经济增长对原创性技术进步更加敏感，只要通过人力资源和科研的投入来换取创新能力的提升，适时转换经济增长动力机制，发展中国家可顺利跨过"中等收入陷阱"。蔡昉（2011）和阿格诺和卡努托（Agenor and Canuto，2015）认为"中等收入陷阱"问题的本质在于无法及时从资源驱动型增长向生产率驱动型增长转换，认为经济体只有实现生产要素投入的资源重新配置，在创新基础上实现劳动生产率和全要素生产率的全面提高，才能跨越"中等收入陷阱"。吴（Wu，2014）、徐永慧（2017）通过实证研究发现，相比于成功跨越"中等收入陷阱"的国家而言，滞留在中等收入阶段的经济体的全要素增长率和技术进步率对于经济的贡献都更小，技术进步效应的差异将对中等收入经济体提升全要素生产率，进而跨越"中等收入陷阱"发挥关键作用。

第三，还有一些学者认为收入分配是中等收入阶段国家急需解决的问题。蔡昉（2008）的研究发现，在中等收入国家的经济增长早期阶段适当的收入差距不仅不会阻碍经济的发展，反而会起到一定的激励作用；但是随着经济的持续增长和随之而来的收入差距持续扩大将会伤害经济激励和社会稳定，使得人均收入不能持续提高。刘伟（2016）认为当前中国已进入"上中等收入"国家，消费需求疲软的背后更深层次的原因是国民收入分配结构不合理，要破解"中等收入陷阱"的难题要从转型与体制改革等角度优化收入分配格局。蔡昉（2016）认为加速收入分配体制改革和预防福利化过度，提升产业竞争力，才能尽快走出"中等收入陷阱"。

第四，另有一些学者认为社会福利、社会流动性是跨越中等收入重要的驱动要素。樊纲和张晓晶（2008）、郑秉文（2011）以拉美国家为例，证明了过于超前的社会福利体系也不利于发展中国家跨越"中等收入陷阱"，即所谓的"福利赶超陷阱"。蔡洪滨（2011）认为社会流动性低、社会利益结构被固化，将导致长期经济增长的停滞。因此，避免"中等收入陷阱"的关键，不是人们通常关注的某些结构性因素，而是保持一个合理的高社会流动性。此外还有学者从教育质量不高（高世辑和卓贤，2011）、城市化过度（田雪原，2011）、社会资本建设滞后（蔡昉，2008；马岩，2009；宋宇和杨佩卿，2014）等视角对"中等收入陷阱"问题进行研究。

综合各类研究文献的观点，学者们以发展方式、政治经济体制、驱动要素三个维度作为分析视角对"中等收入陷阱"进行研究，从中得出许多和"中等收入陷阱"有关的影响因素。这些影响因素虽然在不同层面触及了中等收入阶段的某些特定问题，但是由于角度不一、涉及的领域过广，不免使"中等收入陷阱"问题的讨论泛化，无法辨识哪些是"中等收入陷阱"出现的根本原因，哪些是直接原因，哪些是结果，哪些是表现，从而弱化了"中等收入陷阱"现象背后的规律探索，自然也无法对中等收入阶段的发展特征形成统一的认识。因此，当前关于"中等收入陷阱"的研究只是掀开了中等收入阶段发展问题的"冰山一角"，在纷繁复杂的影响因素背后，仍待挖掘可以支配这些变量更为根本的关键要素和作用机制。

第二节 "中等收入陷阱"问题再认识

"中等收入陷阱"虽然可以表现为一个国家增长动力的缺失、经济结构的失衡、收入差距的拉大、金融体系的脆弱、国际贸易分工的弱势地位或者过度外部依赖性等，但从根本而言，都是以人均 GNI 或人均 GDP 为代表的经济总量在增长到一定规模后无法或无力继续保持一定增长速度。所以，"中等收入陷阱"问题首先仍然是一个有关总量的经济增长问题，属于现代宏观经济学的传统问题。有所不同的是，"中等收入陷阱"是经济动态变动过程中在某个阶段出现的特定问题。因此，对"中等收入陷阱"的认识必须建立在把握中等收入阶段发展特征的基础上。

一、"中等收入陷阱"是经济总量已经达到一定规模之后出现的系统性问题，不是"贫困的烦恼"，而是"小康的烦恼"

陷入"中等收入陷阱"的国家一般都不是穷国，而是经济总量都具有相当规模的发展中国家。其一，处于中等收入阶段的国家，其农业已基本实现机械化，丰富的农业产品可以为工业发展提供充足的原料供应。农业机械化水平的不断提高既可以转移出大量的劳动力，也可以降低工业原料的价格成本，进而为工业产值在这一时期的快速增长提供有力支撑。农业实现机械化的过程不仅反映出农业生产过程中资本投入的增加（即日渐充裕的资本开始替代劳动，使农业也由劳动密集型产业向资本密集型产业过渡），而且改变了进入中等收入阶段国家的居民收入结构，使要素收入配比不断向资本倾斜。其二，进入中等收入阶段的国家往往具备了一定的工业发展基础。这些工业基础不一定涵盖所有的工业门类，但其中必须包含有一定的特色鲜明的重工业份额，并且相关的重工业技术和规模往往都可以达到一定的层次与水平。其三，服务业在中等收入阶段的国家已达到一定规模。这是因为，更好质量的工农业产品及更好的工农业生产工艺使工农业的发展过程需要更多的生产性服务业，而居民收入的增长也使生活性服务业获得了较大的发展。以上三点说明，多数陷入"中等收入陷阱"的国家均具备较为雄厚的国内产业基础，而这些产业基础也为这些国家带来了较强的再投资能力，即这些国家拥有较多的资本存量、较好的投资机会、较优的生产能力，这些都是经济总量达到一定规模的特征体现。这一特征与资本匮乏、缺乏投资机会、缺少产业体系的"贫困陷阱"国家迥然不同，说明"中等收入陷阱"问题有着自己独有的因果关系和逻辑规律。

二、"中等收入陷阱"不是资本难以形成的问题，而是资本积累到一定阶段难以为继的问题

"中等收入陷阱"问题虽然包罗万象，但本质是一个总量增长问题。从马克思主义政治经济学的视角看，经济增长的实质是价值增殖，价值增殖又

来自资本的意志，因而经济增长的一切奥秘便可以通过资本的运动逻辑加以理解。前已说明，"中等收入陷阱"是经济总量达到一定规模后出现的经济问题，相较于低收入国家，此阶段产业体系较为完备，收入和投资的水平都不低，不存在因收入过低所致的储蓄不足、投资能力有限等问题。从资本运动的角度来看，这意味着前期需垫付的预付货币是相对充裕的，中期需要进行价值生产的相关设备、工艺和技术条件是具备的，后期确保价值实现的需求也是强劲的。而且，资本在产生时所需要流通环境、货币存量和有关市场交换的制度基础与条件，中等收入阶段的国家也都可以满足。因此，"中等收入陷阱"问题不再是罗斯托、莱宾斯坦、纳克斯、纳尔逊等所强调的如何增加储蓄、调动资金来集聚资本，进而推动资本形成的问题，而是在资本已经形成并具有一定存量基础的情况下，资本在运动过程中因为一些原因所导致的资本价值增殖过程的中断。因此，"中等收入陷阱"是和"贫困陷阱"问题相并行的另一重大理论问题，有着明确与特定的理论研究内涵，并且与"贫困陷阱"有着泾渭分明的理论界限："贫困陷阱"理论重在解决资本如何形成的问题，"中等收入陷阱"理论则重在研究资本形成后如何实现持续的积累。

第三节　中等收入发展阶段界定的理论基础：对资本积累与经济增长关系的梳理

陷入"中等收入陷阱"国家所暴露出的种种问题主要聚焦在资本运动的持续性上，即资本积累的受阻或停滞。资本一旦失去或减弱增殖的能力将会萎缩，而资本的萎缩将使得市场经济中的各类要素失去彼此联系的纽带，从而造成供给的下滑和生产的停滞。这表明，资本在形成之后，在自我繁衍壮大的过程中也并非一帆风顺，资本积累过程中还存在诸多可能使剩余价值无法生产或者实现，进而成为资本增殖的障碍和困难。所以，资本在运动发展的过程中，也要根据时间、地点和条件的变化，不断寻求新的价值增殖方式。在经济发展的漫长岁月里，资本不可能一成不变地保持某种单一的积累方式，必然要经过几次重大的变革和调整，才能为自身的增殖找到出路。为了能够清晰地知晓资本在积累过程中究竟会遇到哪些困难和障碍，并找出在此情况下如何找寻新的资本增殖路径，我们需要对马克思关于资本积累的经典理论进行再次回顾与梳理，进而建立起研究资本积累进程和经济增长关系的理论分析框架。

一、核心概念

（一）资本

资本是现代经济学的基本概念，从亚当·斯密以来一直被经济学家研究和使用。但是关于资本内涵的认识，在不同流派的经济学家之间会有程度不一的差异，最大的分歧出现在"效用学派"之后的各类西方经济学流派和坚持劳动价值论的马克思主义经济学流派。以新古典经济学派为代表，现代主流西方经济学普遍认为，资本是与劳动相并行的独立生产要素。资本的来源是投资，即由不同时期的投资累积而成，每个时间点上的投资量均由追求利润最大化的厂商在做产量决策时决定，最终厂商将在资本的边际产出价值等于市场利率时确定最优的投资需求量。市场利率提高时，厂商将减少投资需求，反之则增加，投资与市场利率呈现负相关关系。厂商的投资需求并不一定由厂商自身的收入来满足，根据欧拉定理，完全竞争市场下厂商的利润将被分配完尽，只获取零利润，所有的收入都被劳动和资本要素所有者获得，所以厂商的投资需求是由各类要素所有者提供的储蓄资源来满足的。储蓄作为收入的一部分，需要收入所有者基于效用最大化目标确定当期和未来的最优消费量，以此确定当前收入应该有多余部分用于储蓄。均衡分析结果显示，市场利率越高时，人们愿意进行越多的储蓄，反之则越少，储蓄与市场利率呈现为正相关关系。基于资本供求两方面的分析，西方经济学给出了最优资本量的决定。如图 2-1 所示，基于储蓄行为的资本供给曲线和基于投资需求的资本需求线相交于 E 点，E 点对应的资本量为最优资本量，对应的市场利率为最优利率，这被认为是可以达到帕累托最优的配置状态。

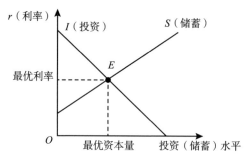

图2-1 利率和投资（储蓄）水平的变动关系

　　基于上述的理论认知，以新古典学派为代表的西方经济学认为资本是拥有一定收入的消费者出于更长远利益考虑所做出的"节欲"行为的结果，在一定的利率水平下，总有人不愿意花光他所有的收入，而是愿意暂时压制自己的消费欲望，将这部分收入留存下来形成储蓄，从而为资本的形成创造供给储备。另外，资本被认为和劳动一样，可以独立地贡献产值，也有边际产出率和边际产出价值，因而厂商必然产生对资本的需求。供给和需求都具备，资本就可以和其他要素或商品一样，在市场中实现高效配置，实现最有效率的供给和使用。

　　由此可见，在对资本内涵的认识上，西方主流经济学秉承了萨伊提出的"三位一体"说，认为资本就是追逐利息的一种存在，是劳动之外所有生产资料（原材料、厂房、机器设备等）的一个总称，它来自人们的节欲，同时具备和劳动一样的生产力。马克思曾对这种观点进行了明确的否定和批判："生产资料本身不是资本，像金和银本身不是货币一样。"[①] 他指出，"资本不是任何物，而是一定的、社会的、属于一定历史社会形态的生产关系，它体现在一个物品上给这个物品一种独特的社会性质"[②]，"生产资料是活的劳动力的产品和实现条件，但已经和这种活的劳动力独立分离，通过这种对立人格化为资本了"[③]。在资本概念的认识上，西方经济学再次因不区分价值与使用价值，混淆生产过程和价值创造过程，只能"逃避到资本的物质实体，逃避到资本作为劳动生产条件、机器、原料等所有的使用价值中去"[④] 对资本

　　①③　马克思：《资本论》第三卷，郭大力、王亚南译，人民出版社1975年版，第956页。

　　②　马克思：《资本论》第三卷，郭大力、王亚南译，人民出版社1975年版，第955页。

　　④　马克思：《资本论》第三卷，郭大力、王亚南译，人民出版社1975年版，第960页。

的表象进行研究，掩盖了价值创造的真实过程，弱化了作为价值创造最重要的支配者——资本在社会生产中的地位，也必然干扰了人们对经济现象背后客观规律的正确把握和认识。

马克思从亚当·斯密以来的古典政治经济学所论述的复杂的经济要素中，敏锐地发现资本在社会经济发展中非同寻常的地位，专门将前期已成型的手稿《政治经济学批判》命名为《资本论》，足见马克思本人对资本概念之重视，也足见资本概念在马克思政治经济学体系中的地位之高。相较于西方主流经济学，马克思对资本概念的认识有三大贡献：

第一，揭示了资本概念的历史性。不同于现代西方经济学，马克思认为资本的出现是商品交换关系发展到一定程度，将劳动力也纳入交易范围后所经历的一次自我否定，即商品货币流通公式 $W-G-W$ 演变成了带有增殖性质的 $G-W-G'$，劳动力成为商品使货币转化成为资本。所以，资本并不是人们节约美德的产物，更不是原料、设备、工艺这些生产资料本身，资本只是劳动者和其劳动成果分离后的一种新的价值创造活动的产物。在劳动力成为商品之前的时代，无论人们如何节约，原料、设备在生产中的作用多么重要，都不会出现资本，也不会出现价值增殖和扩大再生产。同样，资本也不会像西方经济学家描述的那样永恒存在，当劳动者和自身的劳动成果再次回归一体时，资本作为价值创造的一个参与者和支配者也会退出历史舞台。正如马克思所言，"纺纱机是纺棉花的机器。只有在一定的关系下，它才成为资本。脱离了这种关系，它也就不是资本了，就像黄金本身并不是货币，砂糖并不是砂糖的价格一样"①。资本概念的历史性告诉我们，对资本的理解一定要突破现代经济学的供求分析框架，紧扣资本与劳动在价值创造中的对立统一关系，密切结合价值运动的过程，在价值运动规律中把握资本运动变化的规律和方向。

第二，揭示了资本概念的运动性。在《资本论》中，马克思运用唯物辩证法对资本这一本体的变化过程进行了全面研究，刻画了资本作为自在自为的生命体进行运动变化的规律。他的理论告诉我们，资本不是一成不变的"死"物，资本是一个需要不断成长的"活"物，是自在、自为的生命体，它因剩余价值而获得自身的规定性，并在与劳动的对立统一关系中自觉地壮大自己。资本从产生伊始，就在一刻不停地追求价值增殖，如同"滚雪球"

---

① 《马克思恩格斯选集》第一卷，人民出版社1972年版，第362页。

一般势必要确保每一次的资本投入都可以换来比预付价值量更大的价值。所以，剩余价值就是资本的生命线，资本存在的唯一意义就是永无止境的增殖，增殖活动一旦停止，资本即告消亡。资本概念的运动性表明，资本并不停留在西方经济学所言的储蓄和投资上，资本在增殖过程中，会为剩余价值的实现与获取而不断更新积累方式，资本不仅仅出现在生产的投入环节，而是贯穿在生产过程的始终，并最终决定生产的型式。现代西方经济学正是因为没有认识到资本的这种强烈的主动自我增殖意识，以及资本运动的单向性和不可逆性，才将资本作为一种普通的生产要素与劳动、土地等相并列，基于供求的静态分析做最优化问题研究，将经济增长问题蜕变成了由不同要素组合实现最大效率的工程学问题，自然难以认清经济增长的真正推手和真实过程。

第三，揭示了资本概念的社会性。在《1844 经济学哲学手稿》中，马克思将人和自身劳动成果的分离即异化，视为人在生产实践中的一次自我否定，其结果便是私有财产的出现，私有财产通过商品形式与他人交换而获得发展，正因如此，马克思才将商品作为第一个概念进行展开辩证推理，提出货币、资本等一系列重要概念。可见，在马克思概念体系中，无论是商品、货币还是资本，都不仅仅是一个物的概念，它们的存在从根源上与人在一定社会实践中的存在方式有关，资本刻画的正是人在无法支配自身劳动的异化状态下如何展开其生命运动。所以，资本的表现是原料、设备和工艺，实质反映的是人与自身劳动的关系，以及人与人之间的关系。资本并不是与劳动相并行的独立存在，相反它就是劳动本身，"资本的所有组成部分都是劳动的创造物，劳动的产品，积累起来的劳动。作为进行新生产的手段的积累起来的劳动就是资本"①。"资本作为一种独立的社会力量，即作为一种属于社会一部分的力量，借交换直接的、活的劳动而保存下来并增殖起来。……资本的实质并不在于积累起来的劳动是替活劳动充当进行新生产的手段，它的实质在于活劳动是替积累起来的劳动充当保存自己并增加其交换价值的手段。"② 因此，对资本的认识，不能像现代西方经济学资本那样作为经济工程中的普通砖瓦，而要作为社会经济活动的主体——人在某一阶段以特定形式存在的化身，探寻因其发展所导致的社会关系的变化以及由此引起的社会变革。

---

① 《马克思恩格斯选集》第一卷，人民出版社 1972 年版，362 页。
② 《马克思恩格斯选集》第一卷，人民出版社 1972 年版，364 页。

（二）资本积累

顾名思义，资本积累意指资本存量如何一步步从小到大，从少到多，如何在前期已有基础上继续形成新的存量，是一个明显的动态概念，需要随着时间的变动进行考察。从马歇尔到萨缪尔森的漫长年代里，现代西方经济学基于效用、均衡、供求以及边际革命所带来的数理分析工具，对经济活动的研究长期采用的是静态分析方法，一直到索洛、罗默、卢卡斯等开创的新古典经济增长理论，才开始关注资本在时间路径上的动态积累问题，尤其是拉姆齐引入变分法后，动态最优理论广泛应用于现代宏观经济学，形成出了很多有影响力的宏观经济学模型。但无论这些模型的假设如何不同，使用的方法和工具有多复杂，在对资本积累相关问题的回答上始终是一致的。

第一，资本积累源于人的欲望和效用。现代经济增长理论无一例外地认为，资本积累是为了使消费者在一定的约束条件下实现效用最大化。现代宏观经济增长模型都是基于个人或社会效用最大化的微观主体行为进行的研究，包括资本在内的所有经济变量的变动都是来自对效用最大化的追求。只要人们存在对某物消费的欲望，资本等要素和商品就会在市场规则下自动配置。所以，在欲望产生的一瞬，资本便开启了积累征程，只要人的欲望是无限的，资本积累就永远没有停止的那一刻。

第二，资本不具备主动进行自我积累的能力。现代经济增长理论在研究资本动态增长路径过程中，无一例外地坚持新古典经济学一直奉行的均衡思想，无论做何种复杂程度的模型构建和数理推导，最终都要落到关于稳态的研究上，即要确定经济系统是否存在稳定点。在稳定点下，所有的内生变量都保持在相对静止的状态，除非发生外力作用（通过外生变量或参数的变化），否则将会固定在某一数值永不改变。均衡分析方法虽然是新古典经济学揭示经济变量之间因果关系的一种有效方法，但是分析稳态的存在意味着资本如不受外力持续作用（无论是消费，还是其他宏观经济变量），终究将会停止积累的步伐，按照某个固定的最优资本量一直存在下去。例如，在索洛模型中，若人口增长率、储蓄率、技术进步率和折旧率均为零，人均资本将会在 $sf[k(t)]=(n+g+\delta)k(t)$ 的位置停止积累，实现最优资本存量 k^*。此时，除非模型中的相关参数出现变化，如人口出现增长或储蓄倾向提高等，否则资本将不继续积累。索洛之后的经济增长模型，尽管在假设和构建模型方面不断更新，但均衡稳态分析始终是必不可少的环节。这表明，当经济系统其他变量均处在相对静止状态时，资本便失去了继续积累的动力和能力而陷于"沉寂"，它的积累是其他因素被动推动或相互联动作用的结果，不具有主动性。

第三，资本积累的轨迹具有可逆性和不确定性。在新古典经济学分析框架中，均衡（稳态）分析是研究经济变量之间因果关系和动态变动轨迹的重要途径和手段。概览卢卡斯等创立的各种经典的宏观动态模型不难发现，这些模型无论在假设方面做多少变换和采用多么复杂的数理工具，通常都会在基于效用最大化目标函数的动态最优求解后做关于状态变量和控制变量的稳态分析。这种分析方法得出的资本增长路径有两个特点：一是具有可逆性。资本在下一刻会增加还是会减少，并不由其自身决定，而是要看相关参数的变动情况。仍以索洛模型为例，要知晓资本存量的变动轨迹，首先，需使储蓄率、人口增长率等模型中提到的重要的外生变量或参数发生改变；其次，要分析这些因素变化会使原来的均衡状态受到什么样的影响。以储蓄率变动为例，如图 2-2 所示，横轴代表人均资本存量 k，纵轴为人均产出 $y=f(k)$，当储蓄率提高，即储蓄曲线从 sy 移动到 s_1y 时，原有的均衡状态被打破，此时的储蓄在供应了原有的最优资本存量后，还有一个余额，这个余额可以在人口增长率不变的情况下，增加人均资本的投入量，从而使人均最优资本存量从 k_0^* 右移至 k_1^*，在这一过程中，资本积累出现了正的增长率；相反，当储蓄率下降，即储蓄曲线从 sy 移动到 s_2y 时，储蓄因无法供应原均衡状态下的资本存量，将会导致人均资本量的萎缩。由此可见，在新古典经济增长模型中，资本是正向积累还是负向积累可以随时通过参数的改变来进行调整，因而在时间轴上可以重现过去曾出现过的状态。

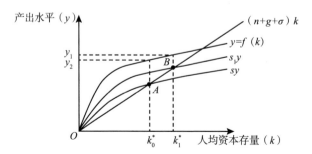

图 2-2　产出水平和人均资本存量的变动关系

二是具有不确定性。首先，动态宏观经济学非常强调初始点位置，不同的初始状态将导致资本不同的运动方向。以拉姆齐模型为例，根据稳态分析的结果，当消费为零时，资本积累的轨迹用 $g(k)$ 线来表示，它表示在资本存量较小时，资本存量和消费呈同向变动关系，当达到一定规模后，又和消费呈反向变动关系。对于图 2-3 象限中的 A 点［即 $g(k)$ 和 $g(c)$ 交点］之外的任何一点，资本在下一刻做何种运动要看该点在由 $g(k)$ 和 $g(c)$ 所划分的四个区域中的位置，倘若初始点位于图中的第一象限和第二象限（即 $g(c)$ 线的左侧），资本存量 k 将会向左移动，表现为资本存量的收缩；反之，如果落在第三象限和第四象限，资本存量 k 将向右移动，表现为资本存量的增加。此外，对于在第二和第四象限接近 $g(k)$ 和 $g(c)$ 附近的点，资本运动的轨迹都会向 k^* 的位置移动，移动到该点后，资本积累即告结束，资本存量增长率变为零。可见，动态宏观经济学所描述的资本轨迹在理论上有了向任何方向变动的可能性，其最终走向要取决于经济系统所处的初始状态。其次，由于新古典经济学家将资本视为没有自我主动积累能力的变量，因而经济系统内任何相关变量和参数的变动，比如索洛模型中人口增长率和储蓄率的变动，拉姆齐模型中消费的变动，都会引起资本相应的变化。至于资本会增加还是会减少，要看当时状态资本和其他变量的关系。所以，只要资本之外的相关变量是随机变动的，资本的变动方向也就充满了不确定性。正是因为这个原因，新古典经济学必须走上实证的道路，才能让理论研究和它所描述的具体世界建立起真实可靠的联系。

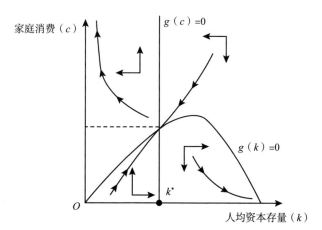

图 2-3 家庭消费和人均资本存量的变动关系

总之，资本积累在以新古典经济增长理论为代表的现代西方经济学中并不构成独立的理论研究问题，它内含于基于某种特定假设的经济增长过程，在与其他相关的经济变量相互作用下决定自身的走势。这种认知自然有其科学性与合理性，但是在界定中等收入发展阶段、了解中等收入阶段发展问题方面难有作为。这是因为，将资本积累的原因归结为欲望的存在，相当于将资本积累贯穿在了自从有人类活动以来的整个时期，而且可逆性意味着资本积累在不同的历史时期有重复出现的可能，不确定性又意味着资本积累走势将主要取决于当时经济发展的具体情况，并无固定规律可循。

因而，以新古典经济增长理论为代表的现代西方经济学对资本积累的认识还远未触及这个问题的实质，必须透过这层"工程学"的迷雾进一步厘清资本积累的动力、原因、过程、机制和结果。马克思在《资本论》第一卷第七篇中，专门对资本积累的进程进行了详尽的阐述，相较于现代西方经济学提出了更为本质性的如下观点：

第一，资本积累是资本增殖意志下的自我支配和自我决定过程。前已说明，在马克思的辩证逻辑体系中，资本概念是一个自在自为的生命体，它自己找寻生存和发展出路，不受其他经济因素和变量支配，相反会将其他因素的变化纳入自身的运动发展过程中，通过影响这些变量的走势反映出自己在不同时期的特点。以宏观经济模型不可或缺的两个重要变量——储蓄和消费为例。首先，储蓄并不能影响资本在下一阶段积累的规模，相反它只是资本积累过程中出现的一个阶段性结果。西方经济学认为，资本来自投资活动，而投资来自储蓄，只有依靠人的节约，资本才能实现积累。但是运用马克思的理论可以很轻易地揭示出这种认识的肤浅性：在资本积累过程中，愿意付出垫付货币的人，并不是要主动降低自身的消费水平，追求一种所谓的"上进"，而是要通过购买劳动力这个特殊商品来获取更多的价值，这个不断滚动壮大的价值将使其具有越来越大的使用和享受物的权力。所以资本积累，非但不是人们节欲的结果，反而是人们贪欲的表征，是掌握一定货币数量的人希望通过无偿占有他人劳动，从而可以支配更多价值的更大贪欲使然。而这个贪欲的结果，便是储蓄。资本家作为人格化的资本，进行积累并不是个人可以决定的主观行为，与个人的消费习惯和节约美德没有任何必然的联系。正如马克思所言，"竞争会把资本主义生产方式的内在规律，当作外部的强制规律，统治着每一个资本家。它强迫每一个资本家为维持他所有的资本而不断地去扩大他所有的资本，但资本的扩大只有借助累进的积累"①。这个积累的结果在现实中的表现就是储蓄，即待投入下一期生产的垫付货币。其次来看资本和消费的关系。在动态宏观模型中，无论是稳态的消费还是不稳态的消费，只要消费的变动率不同，资本的动态积累路径就会出现形态各异的变化。但是在马克思看来，消费只是资本积累所创造的价值从商品形态回归货币形态的一个必备环节，消费的大小由劳动力价值和剩余价值中用于消费的部分决定，其数额的大小至少要保证资本积累可以继续进行下去。因而，资本积累只会制造一个能够让它持续下去的消费，而不会让消费反过来去撼动其自身的积累进程。

　　第二，资本积累是基于增殖为目标的单向运动，具有不可逆性和确定性。马克思明确指出，资本积累就是"剩余价值当作资本来用，或剩余价值再转化为资本"② 所以，资本积累总量就是由不同资本在不同时期所实现的剩余价值的加总而已，由于每次的资本运动都不可能制造一个负的剩余价值（即不变资本和可变资本超过垫付货币），因而资本总量必然是以一定正的速度不断攀升的量，也就是说，资本存量只会确定性地增大，绝不会原地滞留，更不会倒退。在有关相对剩余价值生产的阐述中，马克思深刻地揭示了资本主义竞争以及追求超额剩余价值所导致的社会劳动生产率不断提高的必然性，再次保证了剩余价值只会正向积累。基于影响资本积累各因素的考察，马克思在回答资本积累的趋势上提出了与西方经济学截然相反的观点：资本积累不会走随其他变量变化而变化的随机路径，而是走向一种确定的必然性结果，即社会生产率的提高会使"生产资料的总量和让它活动起来的劳动力的总量相比而言增大"。③ 从而使"资本积累会在资本构成不断发生性质变化的情况下，牺牲它的可变部分而不断扩大它的不变部分。"④ 在这种情况下，不变资本即劳动需要会随总资本增大而累进减少。"资本主义积累会不断产生出，并且正好是比例于它的力量和数量，不断产生出一个相对的，超越于资本平均价值增殖需要，从而过剩或过多的劳动人口。"⑤ 总之，相较于现代西方经

① 马克思：《资本论》第一卷，郭大力、王亚南译，人民出版社 1975 年版，第 649 页。
② 马克思：《资本论》第一卷，郭大力、王亚南译，人民出版社 1975 年版，第 634 页。
③ 马克思：《资本论》第一卷，郭大力、王亚南译，人民出版社 1975 年版，第 686 页。
④ 马克思：《资本论》第一卷，郭大力、王亚南译，人民出版社 1975 年版，第 691 页。
⑤ 马克思：《资本论》第一卷，郭大力、王亚南译，人民出版社 1975 年版，第 692 页。

济学，马克思没有局限在使用价值量如何增长的有关物的问题上，而是透过这一物的表象，基于商品交换过程中人与人之间存在的价值交换关系的自然演进，洞察到了背后所潜藏的社会关系变革，从而揭示了机器大工业（即资本到来的时代）以来资本主义社会经济增长的真正推手和动力源泉。他的研究表明，经济增长的历程并非一成不变，潜藏于下的资本会以最大限度追求剩余价值为目标，根据时间、地点和条件的变化，不断克服可能导致资本无法实现增殖的各种障碍，通过积累方式的不断跃迁而使经济增长呈现出不可逆的阶段性特征。

综上分析，马克思对资本积累的认知有助于我们厘清中等收入阶段的内涵界定问题：第一，它还原了时间的不可逆性，既然时间不可倒流，时光无法逆转，经济增长在过去、现在和将来所各自呈现出来的特点都要清晰地刻画在时间轴上，因此，中等收入阶段作为经济增长中的一个不可或缺时期就具有了理论界定的可能性；第二，它还原了经济增长的可知性，经济增长不再是西方经济学所描述的无数个变量共同决定的随机游走，而是受资本增殖意志支配在确定的轨道上行进，因而，只要遵循资本运动的逻辑，就可对经济增长完整历史进程（不仅包括过去、现在，而且包括将来）形成确定性认知并进行分析，从而具有了从理论上认知中等收入阶段的可行性。由此可见，马克思关于资本及其积累的认识理论对研究中等收入阶段发展问题更为有效，是我们分析中等收入阶段发展问题的可用理论。

二、机理研究：基于资本循环三阶段的分析

在马克思的理论体系中，经济增长作为一个纯粹使用价值量的概念并不是值得特别关注的问题，它不构成独立的研究对象，只是从属于价值运动特别是剩余价值运动的考察过程中，作为一种现象或结果而存在。因此，在分析经济增长有关问题上，马克思并没有给出现成的理论分析框架，需要在掌握其主要思想和方法上进行进一步的提炼和延伸，以构建研究中等收入发展问题的理论分析框架。

现代经济学意义上的经济增长，是一个可以贯穿人类整个历史发展进程的研究对象，并没有在时间上作出任何的限定。但是用马克思的观点来看，他们所研究的经济增长实际上主要集中在人类进入机器大工业为主导的资本

主义社会时期。因而下文研究的经济增长，仅指采用机器大工业生产方式以来的资本主义社会的经济增长，不包括马克思所说的原始积累及之前更久远的时期。

根据马克思的理论，机器大工业以来的经济增长，资本主义社会和之前时代的一个重要区别，就是雇佣劳动关系以及资本的出现。所以，要回答资本主义社会经济增长究竟是如何起步以及发展的，只需沿着资本运动的轨迹进行考察即可。根据马克思的货币资本循环公式

$$G - W \cdots P \cdots W - G'$$

资本在一次运动中将经历三个阶段。第一阶段，即 $G - W$，是资本处在流通领域的货币资本形态阶段，在该阶段，"资本家以购买者的资格出现于商品市场和劳动市场，将他的货币转化为商品"。第二阶段，即 $W \cdots P \cdots W$，是资本处在生产领域的生产资本形态阶段，"资本家用购进的商品从事生产的消费……他的资本通过生产过程形成一种商品，它的价值比各种生产要素的价值更大"。第三阶段，即 $W - G'$，是资本将生产的商品再次投放到流通领域时的商品资本形态，"资本家以售卖者的资格回到市场，它的商品被转化为货币"[①]。否则资本增殖的受阻必然导致资本的退出，相应地导致购买原材料、生产商品和销售商品等价值生产活动停顿下来，进而使使用价值的生产也无法实现。

因而，在考察以商品交换为基础的经济活动所创造的经济增长现象时，关键要资本运动的三个阶段彼此相继，相互呼应，缺一不可，无法跳跃，不能颠倒。因而，经济要实现增长，即所创造的使用价值量至少以不减的速度增长，就一定要保证资本顺利地走过这三个阶段，使价值增殖活动持续下去。因此，有必要厘清资本在循环运动过程中，若要顺利实现在三个形态上的转化，究竟需要具备哪些基础和条件。下面我们就按照资本形态转化出现的先后顺序逐一进行研究。

（一）货币向资本的转化（货币资本的形成）

资本运动的开端始于一定数量货币的投入，没有这个一般性的交易媒介，商品交换的种类、范围和频率都会大受限制，从而使商品经济的发展无法达

---

① 马克思：《资本论》第二卷，郭大力、王亚南译，人民出版社1975年版，第5页。

到资本出现的条件。所以，是否存在投向生产领域的货币，成为开启资本运动的首要条件。

在工业革命之前的漫长岁月里，货币投入生产领域的情况只有一种，就是劳动者在生产自己能够生产的商品时，必须购买一些原材料或工具配合自身劳动来完成生产，至于当时的"有钱人"，货币大多用于消费或者投在流通领域，即使有一些生产性投入，也只会采用借贷收租的方式从劳动者应得收入中"分一杯羹"。总之，由于缺乏价值增殖的机制，工业革命之前的货币用于生产性投入的数量主要取决于该劳动者和他人劳动成果交换的需求有多大。需求越大，需要生产的商品越多，投入量就越大，反之则越少。但是众所周知，那些时代的劳动者多是农民和手工业者，他们的需求多局限在温饱层面，需求的品种和数量都十分有限，意味着生产性投入的货币数量也一定是有限的、偶然的。因而，要使货币中相当大的一部分稳定地用于投资生产，而不是消费，仅靠个人的意愿和喜好是做不到的，必须建立在马克思所说的机器大工业生产方式基础上，这种生产方式的特点是：

第一，机器作为重要的生产工具在社会中被广泛使用。只有一个社会进入机器化时代，劳动者借助机器获得的日益提高的生产力才能在单位时间内创造出替代乃至超越手工劳动的使用价值，这意味着借助机器进行商品生产所需的劳动时间会比手工劳动所需的时间更少。最终，机器工厂产出的产品价值也必然低于手工工厂产出的产品价值，手工生产的产品在流通经济的竞争环境中只能被淘汰。此时，新生的机器生产方式便具备了摧毁整个传统手工业生产方式的能力。更重要的是，传统手工业的没落使得许多原有的手工劳动者无以为生，只有将劳动的使用权和劳动者自身相互剥离，即让劳动者转变为资本雇佣劳动中的一员，才能维系他们自己的生计。于是，在资本家的要素采购清单中出现了除机器以外的另一种特殊商品——劳动力，其特殊性在于资本主义雇佣关系不仅使劳动者可以创造出新的价值，还要使其创造出大于劳动力本身交换价值以外的价值。一切正如马克思所说，"像其他一切发展劳动生产力的方法一样，机器是要使商品便宜，是要缩短工人为自己花费的工作日部分，以便延长他无偿地给予资本家的工作日部分。机器是生产剩余价值的手段"① 这表明资本支配下的与机器搭配的雇佣劳动关系才是

① 马克思：《资本论》第一卷，郭大力、王亚南译，人民出版社 1975 年版，第 394 页。

符合资本增殖需要的新的劳动关系。"因为机器就其本身来说缩短了劳动时间，而它的资本主义应用却延长了工作日；因为机器本身减轻了劳动，而它的资本主义应用提高了劳动强度；因为机器本身是人对自然力的胜利，而它的资本主义应用使人受自然力奴役；因为机器本身增加了生产者的财富，而它的资本主义应用使生产者变成需要救济的贫民，如此等等"① 马克思在这段话中鲜明地指出，机器在资本主义生产方式中被运用的最终目的是最大限度地获得剩余价值以实现资本增殖。这一目的彻底地重塑了已有的生产关系，劳动的时间、强度、对象、工具、节奏乃至财富分配，都不再取决于劳动者自己的意志，而是必须完全服从于劳动与劳动的使用权相分离这一进程的需要，也必须完全服从于资本增殖进程的需要。机器大工业时代使这两个进程结合在一起，并成为这两个进程不断发展的共同推进器。

第二，存在足够量的超额货币。所谓的超额，即社会中的货币量要超过当时流通商品的价值量。马克思的货币流通公式表明，一个社会的货币流通量总是与商品的价值总量相一致，所以要产生超额货币，必须要求有一部分货币来自这个以商品交换为主的经济体外部，在工业发展史上，超额货币来自两个途径。第一个途径是重商主义时代从他国掠夺而来的大批金银。这些金银被商人或扶植其海外贸易的政府所有和控制，在机器生产呈现出数十倍甚至百倍于人工的巨大生产效率的情况下，这些货币持有人会惊奇地发现，他们会因为拥有机器而具有摧毁整个传统手工业的能力，这个摧毁的结果便是一个空间巨大的市场空白的出现。众所周知，开拓未知的领域、占领未开发的市场是商人的天性，面对如此巨大的商机，商人必然一改农业经济时代的投资策略，纷纷投向机器工业，转向实物商品的生产而非商品的贩运。在这个转变过程中，已经处于流通经济下的商人不仅会主动购买机器设备和原材料，也同样会主动购买劳动力，形成雇佣关系。所以，从商人购买机器起，资本主义生产关系便具备了使其存在和发展的所有要素和细胞，相伴而来的新的价值增殖机制便会源源不断地吸引更多的货币进入生产领域。由此可见，重商主义时期积累下的大批金银是机器大工业生产和资本主义生产关系产生的重要支撑条件，它帮助资本完成了马克思所说"原始积累"阶段，也就是货币向资本的转化。历史上货币资本出现的第二个途径是通过建立现代银行

---

① 《马克思恩格斯选集》，第五卷，人民出版社1972年版，第205页。

体系来创造派生货币。在资本主义生产关系建立的历史进程中，以英国为代表的老牌资本主义国家（包括被其殖民后又独立的美国）依靠海外贸易积累的金银步入机器大工业时代，而德国、日本等在第二次科技革命后才诞生的后进资本主义国家，由于没有经历重商主义时期的对外贸易活动，国内没有足够的储备金银，资本积累所需的"第一桶金"主要靠现代银行的货币创造职能来完成。现代商业银行以信用依托，通过吸收存款和创造派生货币，在商品生产和价值实现之前，在价值增殖系统之外额外提供当期暂不与实物相对应的货币，以满足工业生产和价值创造的资金垫付需要。所以，现代银行体系是机器大工业产生和发展的另一支撑力量。

（二）货币资本向生产资本的转化

当社会中出现大批可以稳定投入生产领域的货币后，货币要发挥交换媒介功能，购买各种所需的生产材料。因而，货币是否可以买到这些生产资料就成为货币资本是否可以顺利向生产资本转化的关键问题。

在这个环节，货币要购买的生产资料包括三类：一是机器、设备、土地、厂房等带有固定投入性质的生产资料以及矿产资源等天然形成的生产资料；二是流动性消耗品；三是活劳动，即可以创造出新价值的劳动力。对于第一类生产资料而言，由于机器设备是工业生产的前提，而且也是预付资本的主要吸收器，在货币资本出现后，它是最容易转化成为生产资本的部分，就它而言唯一可能的阻碍便是当前技术条件下没有生产和制造机器设备的能力；土地和厂房是对生产空间的占用，只要未达到客观自然条件所决定的使用上限便可购买。第三类生产资料活劳动的情况与机器设备基本相同，同作为资本产生的条件而存在，在货币资本出现后，必然已经伴随着自由劳动力的存在，所以货币资本一定可以到市场上买到所需的劳动力。此时，唯一可能的障碍是劳动力的供给速度无法满足不断扩张的资本积累的需要，对此马克思曾这样分析："资本的积累需要，能够超越于劳动力或劳动人数的增加，对劳动者的需要，也能够超越于劳动者的供给。"① 这将会引起劳动价格的上涨，但这种上涨的幅度一定会被控制在保证资本可持续积累的范围内，"劳动价格随资本积累而提高的现象，实际不过表示工资雇佣劳动者为自己锻造

---

① 马克思：《资本论》第一卷，郭大力、王亚南译，人民出版社1975年版，第674页。

的金链已经有这样粗这样重，略微放松一点也无妨而已。……不管劳动力的售卖条件怎样于劳动者有利，其中总包含劳动力不断再卖的必要，包含财富当作资本不断扩大的再生产。"① "工资的增大至多不过表示劳动者必须提供的没有报酬的劳动在数量上已经有所减少，这种减少绝不能进行到威胁这种制度本身的程度。"② 这里的"制度"显然便是指资本主义生产方式中实现资本积累的方式。并且，"资本主义资本积累的性质，排除着任何一种会严重危机资本关系不断再生产和规模不断扩大再生产的劳动剥削程度的减低，或劳动价格的提高。"③ 由此可见，在货币资本向生产资本转化的过程中，由剩余价值规律支配下的工资机制总是可以为资本找到合适数量的劳动力。

对于第二类生产资料而言，在扩大再生产过程中，货币要顺利购买所需的流动性消耗品就要满足一些制度和机制方面的条件。在一定时期内，机器大工业时代的资本循环系统所生产的产品往往会多于系统内的当期消费需求，进而形成由剩余劳动所提供的剩余产品。这些剩余产品必须在系统外寻得售卖市场，才能将其转化为剩余货币。而剩余货币便是新的资本循环过程中货币资本扩大的源泉，更是资本主义扩大再生产的动力。也就是说，社会要实现扩大再生产，需要这个社会存在由剩余劳动所生产的剩余产品。正如马克思所说，"资本（剩余价值）被资本家用来购买那些商品，那些商品使他能够重新开始他的商品生产，并且这一回还是按扩大的规模重新开始。不过，要买到那些商品，他必须发现它们已经在市场上。"④ 这意味着"年剩余劳动的一部分，必须被用来生产追加的生产资料和生活资料，让他们的产量，超出补偿垫付资本必要的数量，有一个余额。" "一句话，剩余价值转化为资本，只是因为在剩余产品中已经包含有一个新的资本的物质成分。"⑤ 可见，一个社会要顺利实现扩大再生产，必须已经存在一个"资本主义化"的生产资料（即中间产品）生产部门，使生产资料的生产也是被资本所雇佣的劳动来实现的，正是这些雇佣劳动贡献了剩余劳动和剩余产品。然而众所周知，在工业化发展史上，资本大规模进入中间品生产的领域是在第二次科技革命

---

① 马克思：《资本论》第一卷，郭大力、王亚南译，人民出版社1975年版，680~681页。
② 马克思：《资本论》第一卷，郭大力、王亚南译，人民出版社1975年版，第681页。
③ 马克思：《资本论》第一卷，郭大力、王亚南译，人民出版社1975年版，第683页。
④ 马克思：《资本论》第一卷，郭大力、王亚南译，人民出版社1975年版，第635页。
⑤ 马克思：《资本论》第一卷，郭大力、王亚南译，人民出版社1975年版，第636页。

之后，在此之前的漫长时期里，资本多集中在生活资料生产部门（如棉纺织品工业等）。按照马克思的理论，追求剩余价值的中间品部门的出现和繁荣，是建立在生活资料部门资本充分竞争的基础上的。资本为了在竞争中获取超额剩余价值和相对剩余价值，会不断节约可变资本，而增加不变资本的比重，从而催生出一个可以与生活资料（第二部类）相并行的生产资料部门（第一部类）。所以，一个"资本主义化"的中间品部门要大规模出现，需要资本在生活资料部门积累一段时间并经充分竞争之后才会实现。如果没有满足这一条件，资本必须找到从资本主义部门之外调入足量生产资料（中间产品）的渠道，才能维系资本主义扩大再生产的持续进行。纵观各国的实践历程，这些渠道主要包括以下三种：一是依靠暴力剥夺，从资本增殖系统以外的尚未工业化的领域强行转移和供应工业生产所需的原料，以曾经出现过圈地运动和"羊吃人"现象的英国为代表；二是依靠进口，向已经拥有强大中间产品生产部门的发达资本主义国家购买所需的零部件、机器，以实施进口替代战略的拉美国家为代表；三是依靠人为的生产计划安排，通过非市场化的方式由计划指令优先发展工业化所需的生产原料和设备等各类轻重工业，以苏联和改革开放前的中国为代表。

综上分析，货币资本向生产资本转化的过程中，需要具备如下几方面的条件：一是技术条件，主要指生产或购买机器设备的能力；二是资源条件，有工业化生产所需充足的土地空间，以及能够生产或购买工业所需的矿产资源；三是制度条件，要存在一个可以进行剩余价值生产的现代中间产品部门，可以使劳动者在必要劳动之外提供额外的剩余劳动，并生产剩余产品，而且这些剩余产品要以生产资料的形式表现出来。实现这一制度条件的可行路径有三种：一是拥有竞争度高、发展充分、受剩余价值生产规律支配的生活资料部门；二是具有从国外购买工业化所需的零部件、机器设备、生产技术的国际市场环境；三是具有人为调拨物资以满足工业化发展所需生产资料的非市场化手段。这三条路径分别对应了不同发展条件下货币资本向生产资本转化所需的制度设计。

（三）生产资本向商品资本的转化

当货币购买生产所需的土地、设备、厂房、原料和劳动力后，资本的货币形态便由此消失，并转化为生产资本，"生产资本会在功能中消费掉它自己的各种成分，以便把它们转化为一个具有较高价值的产品量"①。生产过程的完结，也是商品资本的出现。在这一转化过程中，关键是要有"一个较高价值的产品量"，即生产商品的价值量要高于生产资本原有的价值量。这里将生产的商品的价值量用 W 表示，生产资本的价值量用 P 表示，又根据马克思对不变资本（C）和可变资本（V）的划分，$P = C + V$，故生产资本向商品资本转化条件可表示为：$W > C + V$。对于不变资本 C 而言，由于其价值是由过去的劳动创造并积累下来，价值量已无法改变，只会在生产过程中等价转移到生产的商品价值中，所以上述公式又可变为

$$C + W' > C + V$$

其中，W' 表示生产的商品价值扣除不变资本转移价值后剩余的价值，也就是劳动创造的新价值。这样，通过抵消不等式左右相同项可知，要保证生产资本顺利转化为商品资本，只需满足：$W' > V$，即劳动力创造的新价值要大于劳动力本身的价值。关于如何做到这一点，马克思这样提道："包含在劳动力中的过去劳动和劳动力能够完成的活的劳动，或者说劳动力每日的维持费用和劳动力每日的支出，是两个完全不同的量。前者决定劳动力的交换价值，而后者形成劳动力的使用价值。要在 24 小时内维持劳动者的生命虽然只需要有半日劳动，但这件事绝不会妨碍劳动者全日去劳动。所以，劳动力的价值和它在劳动过程中的价值增殖，是两个不同的量。资本家购买劳动力时，他心目中看到的，本来也就是这个价值差额。"② 这段话当中，马克思给出了价值增殖的基本条件，即劳动力维持自身费用所需花费的劳动时间一定要小于他本人进行工作和劳动的时间。没有这个条件，资本家就不可能获取剩余价值，货币也无法转化为资本。但是，马克思所指出的这个条件也并不是天然可以满足的，其中内含了若干特定的假设前提：

第一，机器必须服务于维持劳动力再生产所需的商品生产上。马克思所说的工人只需半日劳动，而不是一天甚至更长的时间就可以维持劳动者的生命，原因在于机器的运用有能力将劳动者维持自身生存的商品生产所花费的时间控制在可以产生剩余价值的范围内。假如劳动力维持自身生产所需的商品还处在工业文明之前的手工作业时代，劳动者一定只会将劳动生产效率保

---

① 马克思：《资本论》第二卷，郭大力、王亚南译，人民出版社 1975 年版，第 19 页。
② 马克思：《资本论》第一卷，郭大力、王亚南译，人民出版社 1975 年版，第 189 页。

持在可以满足自身生活需要的水平上，也就是说，如果半日即可解决其生产问题，就绝对不会有另一个半日的生产活动，在此情况下，剩余劳动是不会出现的。又假如劳动者虽然在本国也从事资本主义性质的生产，但不是维持其生存的商品，而是其他工业品，所以他必须从外部的资本主义世界购买所需，此时劳动力商品的价值要取决于交易国生产其所需商品所用的社会必要劳动时间，例如一个矿业工人工作 10 个小时需吃掉 10 个馒头，而生产馒头的国家用 10 个小时只能生产 8 个馒头，甚至更少，这样，他用自己一天的劳动都换不到自身维持所需的食物，自然无从谈起贡献剩余劳动。即使生产馒头的国家可以在 10 个小时内生产出 10 个以上的馒头，矿业工人能否用一天或半天创造的价值换回所需的馒头，还要看其制造的矿业品所用的社会必要劳动时间，可以折算成多少馒头制造国的社会必要劳动时间。只要矿业国的劳动生产率低于馒头制造国，就仍然存在用全天的工作无法换回足以维持其生存的馒头数量的可能。所以，一国如果没有可以生产劳动力维持其基本生存所需商品的资本主义性质的生产部门，即采用机器大生产并可实现价值增殖的部门，价值增殖就会从马克思所描述的必然事件变成受劳动者自身劳动能力影响，或他国劳动生产率影响的偶然的、间断的和不确定的事件。

由此可见，以机器大生产为特征的现代轻工业的发展，是资本积累过程环节中不可跳跃的必备环节，它不一定永久在一国居于主导，但总会在某个特定时期出现爆炸式的繁荣。历史上后进资本主义国家在发展初期均不同程度地采用了贸易保护策略，就是要使资本主义最先扎根的生产生活消费品的轻工业部门能够不受外部成熟资本主义国家的侵扰，确保此时的资本循环顺利度过脆弱的"婴儿期"。18 世纪时，英国最先开启工业革命，并作为早期资本主义国家进入轻工业（各类纺织业）的发展时期。此时，英国轻工产品的市场几乎等同于整个世界市场。所以，英国通过自由开放的经济发展策略，成功推动了其轻工产业的井喷式发展，快速完成了资本的原始积累。与之相反，在 19 世纪后期，作为典型资本主义后进国家的德国为使自己免于英、法等发达资本主义国家的轻工产品倾销，选择了对轻工产品的进口征收高关税的贸易保护策略。德国也由此快速地推动了自身轻工业资本积累速度和规模的不断增长，并最终在第二次工业革命中发展起独立的生产资料部门，一跃成为工业强国。然而，在 20 世纪中后期，同样推行贸易保护策略的拉美国家却仅仅实现了短期的经济繁荣，随后，"中等收入陷阱"成为其轻工业继续发展的最大瓶颈。究其根本原因在于贸易保护没能改变拉美国家的轻工业对国外中间品生产资料的进口依赖，从而压缩了其轻工业的发展空间。由此可见，在机器大工业时代，发展策略的选择和阶段性历史条件，是推动生产消费资料的轻工业部门持续繁荣的两个重要影响因素。

第二，维持劳动力再生产的消费集合中不包括住房等带有地租性质的资产。众所周知，衣、食、住、用、行是人生存的五个必备方面，但是在马克思所描述的劳动力维持再生产的消费清单中，却不能出现类似于住房之类的生活必需品。这是因为，在马克思的概念体系中，住房并不是严格意义上的消费品，它和土地一样，在所占的地理空间和所处的地理位置上具有垄断性，因而一定会产生租金收益。当劳动力的日常维护清单中有住房之类的可带来租金收入的资产时，意味着劳动力价值构成中就会出现一个不由社会必要劳动时间决定的租金价值。在马克思的理论中，地主是和资本家相对立的存在物，前者通过地租有能力强行将资本家通过生产实现的剩余价值转为己有。资本积累的数量越大，地主挤占资本家剩余价值的能力就越强，空间独占性带来的收益也就越大。因而，随着资本数量的不断增加，地租也必然相应地上涨，劳动者为了维持生存在住房方面的支出就会增加，由此导致资本家不得不将工人创造的新价值中更大的比重用于支付工资。当这种支出的增长超过一定限度后，工人创造的全部新价值都会用来弥补劳动力的价值，资本就会退出和消亡。所以，要保证资本增殖不在这个环节中断，必须找出一套能够抵制租金过度上涨的机制和方法。这些方法包括：其一，推动生产方式的变革，使资本在不利用土地等要素的情况下也可继续增殖，将价值增殖活动更多集中在对土地依赖小的产业上，诸如欧美等发达国家通过高科技产业或研发类产业或科技性产业，对土地的需求已经降到了很低的程度。其二，减少非资本主义系统人口的数量。资本雇佣的劳动者，其收入会受制于资本的增殖要求，一定局限在保证资本正常积累的范围内，但不被资本雇佣的劳动者，收入的增长与降低就完全失去了这种束缚，他们不参与价值增殖活动，但会占用土地空间和住房资源，这部分不在资本支配范围的收入必然加剧租金的上涨空间，从而进一步缩小劳动力价值和劳动力创造价值之间的差额。其三，将土地、人口依赖型的资本主义生产部门向外转移。伴随着资本向外输出，对土地和劳动力需求较高的产业（通常都是以生产加工为主的一些传统的轻重工业）更多地选择在国外发展，通过产业转移来弱化本国资本积累与有限土地之间的矛盾。其四，制定政策人为控制土地等要素的租金收益规模。采用非市场化的手段，将土地纳为国有财产进行计划调拨，或者通过价格管制限制土地市场的发展。

第三，资本具有调整和改变劳动生产率的动力和能力。这里的劳动生产率既包括社会劳动生产率也包括个别劳动生产率。其中，社会劳动生产率决定社会必要劳动时间，也就是决定商品的价值。只有资本有能力改变和调整生产不同商品的社会劳动生产率，具有控制不同商品价值的能力，才有可能在其他条件不具备时，制造出使劳动创造的价值和劳动力价值之间出现正向差额（即剩余价值）的机会。显然，要使二者之间的差额增大，也有两种途径。第一个途径是拥有主动提高商品价值的能力。即货币资本投入的商品生产领域，可以不断吸纳更多的社会劳动，使全社会愿意也必须在该商品的生产上付出越来越多的劳动时间。而要做到这一点，需保证该商品具有一定的垄断性或需求刚性。这是因为，在马克思所分析的竞争市场环境下，资本出于竞争的压力总会降低生产商品的单位劳动时间，所以任何生产单个商品的社会必要时间都会呈现下降趋势。只有在以下两种情况出现时才会一定程度上阻止这一趋势：一是无他人生产，个别劳动时间就是社会必要劳动时间，个别劳动时间投入得越多，商品的价值就越大；二是商品的需求增长空间非常大，甚至于无限大，以至于资本即使在单位商品价值下降的情况下，也可以通过销量的增加来增加总价值，从而在劳动力价值不变的情况下，实现剩余价值更大规模的积累。由于在机器大工业生产条件下，大多都是买方市场，基本不可能出现长期存在供需缺口的卖方市场，所以具有这种需求特性的商品种类很有限，通常都是大众和厂商生产和消费所需的一些必需品，比如工业化初期的粮食、石油等商品，以及社会生产和消费升级过程中所出现的芯片、数字技术等高端技术产品。第二个途径是具有降低资本所雇佣的劳动力价值的能力。关于这一点，马克思在相对剩余价值生产的有关论述中已经充分论证了资本在这方面所具有的主动性和支配力，但是和现实情况相对比，这个结论成立背后还有几个隐含的前提需要满足：一是生产的商品处在充分竞争的市场环境；二是生产同一商品的资本家具有不同的技术条件，可以使个别劳动时间与社会必要劳动时间不一致；三是资本家雇佣的工人具有不断缩短个别劳动时间的技能，或者资本家拥有可以提高个别劳动生产率的机器设备及生产工艺等，后者又关系到资本家所在国家有生产或从国外获得这类设备的条件和能力。

综上分析，生产资本向商品资本的转化同样是一个复杂的过程，劳动力创造价值要超过劳动力本身的价值，仅凭资本拥有劳动力的使用权还远远不够，需要诸多辅助条件的支撑。这些条件可概括为如下四大类：第一类涉及产业基础，包括拥有一个资本主义性质的满足劳动者维持再生产所需的日用商品部门，或生产带有需求刚性性质的商品部门，或者具有独占市场能力的垄断部门，抑或土地节约型的产业。第二类涉及对外开放，一是要拥有足以参与国际分工的优势产业，所谓的优势即指这些产业的劳动生产率要高于其他贸易国家的平均水平；二是土地和劳动密集型产业具有向外走出去的能力，即这些行业的资本能够到他国投资设厂，使用别国的土地资源和劳动力（这类劳动力不对本国土地和房屋产生需求）进行生产；三是能够从别国购买有利于提高本国劳动生产率的机器设备。第三类涉及本国的人口情况，一要人口最大限度地被现代工业系统所吸纳，表现为高的就业率；二要就业的人口具有不断提升自身劳动素质和劳动技能的能力和条件。第四类涉及一国的经济政策，主要包括对土地资源进行计划性调拨或价格管制等。上述条件满足得越多，生产资本转化为商品资本的道路就越通畅；反之满足的条件越少，成功转化的不确定性就会越大、转化过程中遇到的困难越多，而在完全不满足上述任何一个条件时，资本积累的进程就会中断。

（四）商品资本向货币资本的转化

商品资本向货币资本的转化阶段要完成的关键任务，是实现马克思在《政治经济学批判》中所提到的"惊险的一跃"："商品到货币是一次惊险的跳跃。如果掉下去，那么摔碎的不仅是商品，还有商品的所有者。"无论资本在前期如何完美地完成价值的生产和创造，终究这些创造的新价值和转移的旧价值都要通过等价交换的流通市场再次回到货币形态。这个环节之所以"惊险"，是因为要阻碍其实现的因素很多，所需要的条件比上述两个环节提到的还要多，还要复杂。

在公式 $W' - G'$ 中，"商品量 W' 当作价值已经增殖的资本的担负物"[①]，

---

① 马克思：《资本论》第二卷，郭大力、王亚南译，人民出版社1975年版，第23页。

"它的价值有时由资本价值和剩余价值构成"①，这里的资本价值即初始投入的用于购买生产资料和劳动力的货币资本的价值量，剩余价值则是劳动过程中超过劳动力自身价值之上的价值量。这两类价值统一蕴含于资本生产的商品之中，被需要和使用它的人购买后，即可转化为商品资本的货币形态 G'。因而，这里要讨论的核心问题便是，商品形态的资本究竟在哪些情况下可以顺利转化为货币形态的资本。

为了分析的方便，我们参照典型资本主义国家工业化发展的一般历程，分如下三种情况进行研究：

1. 只存在生产生活资料的资本主义部门

在工业发展史上，最先采用资本主义生产方式的是棉纺织工业部门，在英国工业革命之后的很长一段历史时期内，资本基本都集中在这个部门进行积累。在这个历史时期，资本生产的商品直接服务于终端需求，购买商品的主体自然就是各类消费者。要知晓在此情况下商品中所蕴含的两大类价值是否可以顺利实现，就要看这些消费者手中是否具有与商品价值量相对应的消费能力。假设这些消费者全部来自资本主义系统，即只有资本家和工人，那么需考察二者在消费上是否愿意付出和资本生产的商品等价值量的货币。

首先，对于工人而言，工人手中的货币来自资本家付给他的工资，这个工资在数额上是维持其日常生活的商品价值，而且他所购买的商品正好是他在被雇佣的资本主义系统生产的商品。这样，资本主义系统在必要劳动时间生产的商品就一定会被它所雇佣的工人购买并消耗，在此情况下，资本价值是一定可以实现的。但是，对于剩余价值那部分，由于资本只让劳动者在剩余劳动时间进行了免费生产，并没有给相应的报酬，因而不具备购买和消化剩余劳动时间生产的剩余商品的能力。

其次，对于资本家而言，资本家的收入来自剩余价值，与劳动时间无关，因而，只要资本家愿意将所有的剩余价值用于购买他所生产的商品，剩余价值的实现便不是难事。但是这意味着，资本只能在简单再生产中维持一种不变量的积累。一旦资本要进行更快速度的增殖，以实现剩余价值更大规模的积累时，简单再生产就会被扩大再生产所取代，作为资本代言人的资本家也不得不将剩余价值中的一部分投入生产，而不是消费，在此情况下，剩余商

---

① 马克思：《资本论》第二卷，郭大力、王亚南译，人民出版社1975年版，第22页。

品就无力再通过资本家的消费完全消耗掉，部分剩余价值将无法实现。由此可见，在只存在生活资料部门的情况下，资本主义系统虽然可以创造出剩余价值，但是却无力独立消化剩余价值，商品资本向货币资本的转化必然受阻。要解决这一问题，资本必须在资本主义系统之外找寻新的购买力，才能继续保持资本的顺利积累。这种系统外的购买力可以来自两个方面，一是本国尚未进入采用资本主义生产方式的农业或矿业部门，另一个就是来自海外的购买力。在工业发展史上，代表最先进生产力的棉纺织业部门在各个资本主义国家都出现过向本国农村地区或海外殖民地倾销商品的事实，殖民地也正是在此情形下孕育而生。这表明，在资本主义生产方式仅限于生活资料生产部门的时代，资本主义系统之外的需求和购买力对资本的顺利周转和积累而言有着生命线一般的意义。

2. 资本主义生产方式从生活资料部门延伸至生产资料部门

随着工业化进程的不断深入，历史上的典型资本主义国家都先后在棉纺织工业基础上，发展起了能源、机械、冶金、化工等现代重工产业部门。在轻重工业并存的情况下，资本生产的商品从生活资料范围扩展到生产资料范围，表明其需求者不再完全是终端消费者，还有从事生产的资本家。商品价值的实现不仅可以依靠消费，还有来自资本家用于扩大再生产的投资。由于这部分投资来自剩余价值中用于生产的部分，这就意味着剩余价值已经可以全部用以消化生产出来的商品。这样，只存在轻工部门情况下的因剩余价值不愿购买的"多余"价值就显得不再多余，不再需要靠外部购买来消化，商品价值由此具有了在资本运行系统内部即可全部实现的条件。进入这一阶段的国家和地区，经济增长都会呈现出一种内源式的发展模式，表现为市场分工的细化、产业链的延伸、产业体系完备和内需的扩大，经济增长对外部市场的需求降低，对内需的依赖提高。

然而，这种自我维系模式要完成商品价值的实现并不是没有条件的，马克思在研究社会总资本的再生产和流通时，分析了存在生产资料部门和生活资料部门时，要实现简单再生产和扩大再生产的平衡条件，指出了两大部类中不变资本、可变资本和剩余价值要保持某种既定的关系，这种关系一旦被破坏，价值的实现通道就会堵塞。而在对资本积累的研究过程中，马克思又发现资本追求剩余价值必然会不断提高社会劳动生产力，这将使"生产资料的总量和让它活动起来的劳动力的总量相比而言增大"，以致"资本积累会在资本构成不断发生性质变化的情况下进行，因此会牺牲它的可变部分而不断扩大它的不变部分"。① 在这种资本有机构成不断提高的情况下，不变资本即劳动需要会随总资本增大而累进减少。作为结果，"资本主义积累会不断产生出，正好是比例于它的力量和数量，不断产生出一个相对的，超越于资本平均价值增殖需要，从而过剩或过多的劳动人口"②。这表明，资本在增殖的过程中，商品价值的实现会越来越多地依靠剩余价值中用于生产的那部分，劳动者在价值实现方面的作用在不断减弱。作为结果，劳动者在资本系统中的地位显得不再重要，甚至变成了多余和累赘。然而，由于生产最终是为了消费，资本在不断地从生产系统排出劳动者，实现自身更大规模的积累时，海量终端消费品的价值将找不到足够的购买力去消化，这就是马克思所说的生产的无限扩大和相对缩小的购买力之间的基本矛盾，这个矛盾的存在意味着，社会扩大再生产的平衡条件一定会被打破，资本最终会在"惊险的一跃"环节埋葬自身。因此，在一个发展相对成熟、轻重产业相对完备的资本主义体系中，商品资本要顺利实现向货币资本的转化，要具备如下两个条件：

第一，具有消化过剩产品的外部市场。资本的无上限积累所带来的巨大商品价值量，如果不能通过资本运动系统内的消费予以消化，就必须将相对于这些消费而言多余的产品向海外进行转移。这样，资本主义生产部门会再次产生对海外市场的需求，只不过与第一阶段（只存在生产生活资料的资本主义部门）相比，资本家不仅要向外输出消费品，还要输出工业原料、机械、设备等生产资料产品。而要顺利实现后者的出口，需要存在已经步入工业化进程的国家和地区，这些国家和地区已采用了机器大生产方式，但是却没有生产一些必备生产资料的能力，如大型的机器设备、关键零部件或工业原料等。通常这些国家都是一些工业体系尚不完备、经济内生化发展程度比较低、不具备独立生产制造能力的欠发达国家。只有一些国家长期保持这种欠发达状态，过剩产品走向海外的市场大门才能始终敞开。

第二，资本具有"走出去"的条件和能力。资本有机构成提高所导致的生产过剩，归根到底是资本的过剩，是生产能力的过剩。这种过剩的生产能力既可以由本国直接使用，先生产过剩产品，再通过海外市场消化；也可直

---

① 马克思：《资本论》第一卷，郭大力、王亚南译，人民出版社1975年版，第691页。
② 马克思：《资本论》第一卷，郭大力、王亚南译，人民出版社1975年版，第692页。

接走出国门，将剩余价值转移到海外，在其他国家转化成为资本。只要这些国家在工业化发展阶段上落后于资本输出国，包括资本积累量有限，非雇佣劳动力数量较多，社会劳动生产率低，资本有机构成低等，资本就可以在这些国家重现曾经在资本输出国已经出现的资本积累率，延后生产与消费之间必然出现矛盾和裂痕的时间，并最终将矛盾转移到这些愿意引入资本的国家。由此可见，先步入机器大生产国家在发展上会依赖于后进国家的落后状态，后进国家在工业化发展上一旦采用了赶超战略并取得成功，就意味着资本失去了一块向外转移固有矛盾的阵地，多了一个加剧矛盾的主体。所以，资本积累需要一个非均衡发展的全球经济格局，世界各国的工业化进程必须长期保持一种阶梯化的发展序列，处在不同序列之间的国家只有处在不同的发展阶段，才能保证资本在向外转移的过程中畅通无阻。

第三，从完全竞争转向差异化竞争，即垄断竞争。资本主义部门生产和消费的矛盾缘起于资本有机构成的提高，而后者又源于个体劳动时间与社会必要劳动时间之间的不一致，以及为追求超额剩余价值引发的资本之间的竞争。因而从理论而言，抑制资本有机构成提高只有一个途径，那就是：取消竞争，步入垄断。在垄断条件下，由于每种商品都由唯一的资本家进行生产，生产商品的个别劳动时间就是社会必要劳动时间，垄断者没有必要再通过不断地提高社会劳动生产力来提高剩余价值率或积累率，因而资本有机构成就失去了持续提高的动力源泉。由此可见，垄断是资本克服自身积累中的固有矛盾，继续滚动向前发展的救命稻草。从自由竞争走向垄断，是资本在工业体系相对完备情形下实现进一步积累的又一途径。

然而，垄断只是客观上暂时性地抑制了资本有机构成持续提高的趋势，在消除资本主义生产与消费之间的矛盾问题上仍然无能为力。这是因为，马克思和列宁均已指出，垄断是资本家为获取剩余价值而激烈竞争的结果，单个资本在自我积聚过程中形成竞争优势，通过"大鱼吃小鱼"实现更大规模的资本集中，目的仍在于更快地积累剩余价值。而且，垄断虽然不能使资本家获得超额剩余价值，但可以使其获取垄断利润，这和扩大的剩余价值量合并在一起，会形成更大的积累能力和积累速度，劳动力价值即使在此阶段没有因资本有机构成提高而下降，也不可能在增长速度上超过积累速度。这样一来，资本主义生产方式的固有矛盾——无限扩大生产和有限消费的矛盾不仅没有缓解，反而还会加剧。因此，在垄断条件下要实现资本的顺利积累，仍然需要解决生产与消费之间的矛盾这一根本问题。

所幸的是，垄断与完全竞争相比，由于在获取剩余价值方面存在新的途径，因而在解决上述基本矛盾问题上也就有了新方法。在垄断情形下，资本家不仅可以通过生产活动产生剩余价值，还可以凭借垄断地位从竞争部门那里挤占他人的剩余价值，即获取垄断利润。这样一来，剩余价值不再一定需要通过挤占和压缩劳动力价值大小来实现，剩余价值和劳动力价值之间此消彼长的关系会有所弱化。只要存在竞争部门供垄断资本"剥削"，资本家就会从压低劳动力价值的惯性中走出来，转向巩固和提高自身的垄断地位上来。

在列宁对垄断的分析中，垄断者被视为是处在一种不可撼动的永久地位上，因而垄断者可以凭借这种永久的市场优势，不再进行设备的更新和技术工艺的改进，失去持续创新的动力，堕落成不思生产的食利者。然而在现实中，这种状况大多只存在于垄断出现的初期，或者天然具有垄断性质的行业（如矿业）以及资本家被政府赋予特许经营权的时期。当垄断利润如此可观，剩余价值如此容易获得时，任何逐利的资本都会觊觎垄断者所在的市场，它们一定会通过各种方式试图打破垄断者的地位，以期进入这个市场取而代之为新的垄断者。因而，只要垄断资本之外还存在别的资本，竞争就不会真正停止，任何垄断者的垄断地位都会因潜在竞争者的存在而变得不再确定。在工业发展史上，除去矿产资源等个别特殊领域，还没有一个垄断者有能力永久地垄断一个行业。在无处不在的市场竞争面前（无论是现有的还是潜在的），垄断者会通过制造他人无法获取和仿制的资源、商品、技术、工艺、管理、战略等不断营造新的垄断优势，未成为垄断者的资本则会不断通过创新另辟蹊径，千方百计地挤入市场。结果，这个市场上的产品种类开始变得越来越多，质量之间的差别也越来越大，每个资本在这个商品市场上都不是绝对的垄断者，但是在特定种类和特定质量领域又具有相对的垄断地位，这便是垄断竞争市场格局的出现。

发达国家的工业史表明，垄断竞争是垄断发展的必然归宿，垄断是个别，垄断竞争则是常态。在垄断竞争的世界里，资本竞争的要点已经不在投入上（即生产某个商品所需花费的劳动时间），而是转到了生产他人无法制造的"新"卖点上。这个"新"，表现在独一无二、无可替代。具体可体现在熊彼特所说的五个方面，即新产品、新工艺、新市场、新投入、新组织。而要实现这个"新"，就需要垄断者必须拥有那些具有创新能力的各类要素资源。

在这些要素资源中，最关键的就是创新的主体——人的素质与能力，也就是西方经济学所说的"人力资本"，只有具有较高思维能力，或接受较高层次教育，或较强专业技术能力的人，才有可能在已经成型的市场中发现"新"的卖点并将其实现。这意味着，资本要在垄断竞争市场中继续保持强大的增殖能力，单纯地依靠机器设备等硬件条件已经远远不够，垄断地位的获得必须依靠那些具有创新能力的软要素的支撑。为了获取垄断利润，资本家不得不雇佣经验丰富的职业经理人、科研突出的研发人员以及技艺精湛的高级技工，相应地，资本也不得不在可变资本部分进行更多的投入。这里可变资本的增加，并不是因为劳动者的劳动时间变长，而是劳动的性质从简单劳动变成了复杂劳动。复杂劳动相较于简单劳动，具有如下两个特点：其一，维持复杂劳动的费用要远高于简单劳动。复杂劳动的形成不能单纯依靠劳动者天然的体力和智力，必须通过系统的教育、培训，让劳动者在学习中不断提升自我素质与认知，使劳动者不仅了解已知世界，更重要的是具有探索未知、开拓创新的能力。任何一个劳动者要具备这种能力，都必须长期进行大量的投入，由此产生在教育、培训等方面的费用，这些费用在简单劳动力并不是必需的，但对复杂劳动的形成则不可或缺，必然要计入劳动力价值之中。另外，为了维持高的价值创造能力，拥有复杂劳动能力的劳动者在被资本雇佣后，对居住工作的环境以及生活所用的物品也会提出更高的要求，维持日常生活的费用也会更高。其二，复杂劳动创造的价值不取决于劳动的时间，而是劳动的质量和效率。在简单劳动情况下，劳动者创造的价值量是用生产某商品所用的社会必要劳动时间决定的，社会必要劳动时间越长，价值量越大。在劳动生产率不变的情况下，资本家要增加劳动者创造的价值量，只能通过延长劳动时间来实现。但是在垄断竞争时代，延长劳动时间不仅不能使劳动者创造的价值量增加，反而会减少。这是因为，从事脑力、研发的劳动者要进行创造性的劳动，需要身心在相对宽松、环境相对舒适的条件下才能完成，劳动时间少，休息时间多，反而更有助于创新性成果的出现。因而，资本在垄断时代对劳动时间的要求不再那么苛刻，休假制度变得日益重要。

由于垄断竞争加强了对高素质劳动者的依赖，劳动者群体中便会出现一批所谓以"人力资本"为标签的高收入阶层，由于他们维持自身的费用较高，劳动力价值占劳动所创造的新价值的比重必然会提高，尽管这并不会降低垄断资本的回报率［回报率 =（生产形成的剩余价值 + 从竞争部门挤占的剩余价值)/预付资本]，但是资本有机构成不断提高的走势被抑制住了。这样一来，资本主义各部类之间具有了满足马克思所揭示的扩大再生产平衡条件的可能，资本向货币资本即可顺利转化。因而，一个国家或地区处在垄断竞争状态的资本越多，剩余价值的实现问题就越容易解决。从理论而言，由于垄断资本会挤占竞争资本的剩余价值，竞争部门的发展空间会在垄断部门的压制下变得越来越小，因而很难和后者形成并立的格局，通常的归宿都是自我灭亡或者转移到海外。因而，垄断竞争格局一旦形成，竞争部门几乎没有在本土发展的空间，以高素质劳动力为核心的生产体系会迅速成为这个国家的主导。

综上分析，作为剩余价值实现的关键环节，商品资本要顺利向货币资本的转化，需有来自"内"或"外"两种力量的支撑。所谓的"外力"，是资本增殖系统必须在其外部找寻或建立一个用于吸收过剩资本、消化多余价值的欠发达经济体，这个经济体至少具有如下特点与功能之一：其一，存在大量的非雇佣劳动人群，依然保持工业化之前的落后生产状态；其二，本国生产能力较弱，无法满足规模相对更大的人口的需求；其三，社会劳动生产率普遍较低，生产工具和手段远远落后于发达的资本主义系统；其四，资本有机构成较低，剩余价值率高于发达资本主义系统，这为发达资本主义系统过剩资本面临的平均利润下降难题找到了很好的解决途径，也为受垄断资本积压而转移出来的竞争性部分找到了新的生机。其中，前三个特点使这些经济体成为资本主义系统剩余产品的消化器。除了"外力"的作用，资本主义系统也可以通过内部的调整和变化，采用某种内源式发展的方式来克服商品资本向货币资本转化的困难，这就是对"人力资本"的发展，人力资本虽然不是马克思主义经济学体系中的概念，但是它所映射的高素质劳动、高科技研发、高智慧管理和营销、高精密工艺、高质量服务确实是资本主义系统内源式发展的具体表征。而这种内源式发展的背后，是垄断资本为创造和维持垄断地位、获取垄断利润的价值增殖逻辑使然。

第四节　低、中、高收入发展阶段的理论界定

当代以 GNP 或 GNI 等国民经济核算指标反映的经济增长，是由资本意志主导的经济增长。它作为资本积累的一种结果，必然会因为资本在积累的过

程中一些条件的变化，以及由此引发的积累方式的变化而呈现出阶段性的特点。下面我们将按照资本积累从无到有、从小到大的历史发展脉络，结合上文分析资本要顺利实现三大转化过程中用以推动经济增长的各类条件，对现代经济增长的发展阶段进行明确的界定和划分。

一、资本的孕育与形成：低收入阶段

现代经济增长的起步，也是资本积累的起步。在这一阶段，经济增长的根本驱动力量——资本，尚处在培育和成型阶段。经济增长所需要的货币资本数量还十分有限，主要来自个别商人或社会其他一些特殊阶层在前期留存的货币财富，或者是个别现代银行发行的银行券；机器还相对匮乏，使用也很有限，主要集中在个别日用轻工行业；但是劳动力供应比较充足，潜在的市场空间也很大。在此情况下，少数拥有超额货币的人会发现，只要购买和使用数量有限的机器，就可以凭借更高的生产率占有一个远超自身生产能力的广阔市场，同时也可以非常容易地招募到所需的自由劳动力。这样一来，资本就具有了顺利生产剩余价值的一切有利条件：一方面，由机器工业挤占传统手工业而腾出的市场，使机器生产的商品无须担忧销路问题，即使工业系统内部的工人不去购买，也有足够的外部购买消化这部分商品价值；另一方面，因传统手工业和农业破产而出现的大批剩余劳动力，为了能够争取被相对稀缺的资本雇佣，往往会加剧彼此之间的竞争，工人不仅可以接受比自身价值更低的报酬，还愿意主动延长劳动时间和劳动强度，使资本在必要劳动时间之外占有更多的剩余劳动时间，从而创造更多的剩余价值。可见，资本在孕育和形成初期，绝对剩余价值的生产是资本进行增殖的一个主要途径。

从理论而言，由于上述诸多有利因素的存在，资本在发展初期会具备快速积累的能力，从而使经济总量呈现出高速增长的趋势。概括而言，这段时期的经济增长通常具有如下几方面的特点：第一，投资会出现爆发式的增长。此阶段的资本总量虽然有限，但是由于机器所带来的高劳动生产率导致劳动力维持所需商品的价值很低，因而雇佣劳动力的价值也处在较低的水平。这意味着，总资本在数量一定的情况下，只需用很小的一部分用于支付可变资本，而将更多的部分用于购买机器、设备、原材料等不变资本。而且，由于存在大量的剩余劳动力，资本在剩余价值实现后若要进行扩大再生产，完全可以利用劳动力之间的竞争将劳动雇佣量维持在不变的水平，而只增加已有雇佣劳动的劳动强度或延长劳动时间，这样，剩余价值就全部可以用于追加不变资本，而不追加可变资本。总之，无论是从存量，还是增量，这段时期不变资本都会以非常快速的速度增长，从统计指标上来看，就是一国实物投资量占 GNI 或 GDP 的比重在不断提高。第二，劳动密集型产业占主导，城镇化推进很快。资本积累初期，由于资本可以在存在过剩劳动力的情况下轻松获取大量绝对剩余价值，雇佣的劳动力越多，在必要劳动时间不变的情况下，资本占有的剩余劳动时间的总和就越大，剩余价值量也就越大，资本必然倾向于将劳动力大批招入工厂，将传统农民转化为现代产业工人。资本大批吸纳劳动力的过程，就是传统农民离开乡村步入城市的过程，因而在宏观经济指标上会表现为城市人口的不断增加，农业人口不断减少，即城镇化率的快速提高。第三，劳动者的收入水平较低，储蓄能力很弱。如上所述，劳动力维持所用的商品价值十分低廉以及无限劳动供应所引起的劳动者内部的竞争，会导致可变资本在资本快速积累过程中长期保持一个相对稳定的水平。从宏观经济指标上来看，就表现为劳动者收入或消费占 GNI 或 GDP 的比重在不断下降。而且，由于劳动者最多只能获取维持其基本生存的工资报酬，消费占收入的比重很高，相应的储蓄能力就很弱，从统计指标上就可以表现为这个国家极低的储蓄率水平。第四，对外部市场依赖较大。处在该阶段的经济体通常都会采取积极的开放政策，与工业体系之外的市场建立联系，这些市场通常尚处在农业经济为主导、人口比较多、消费总量比较大的地区。从统计指标来看，可表现为一国外贸出口额占 GDP 的比重在不断提高。

　　资本在低收入阶段虽然具有有利于其积累的诸多有利条件，但是对于某个具体的国家或地区而言，还会有很多其他方面的复杂因素干扰资本的正常积累，从而使一些国家在低收入阶段的经济增长不能持久保持，也无法完整呈现上述所描述的三个特征。这些干扰因素主要来自三个方面：第一，该国的金融体系无法有效为资本积累提供足额的超额货币，存在格利和肖等所提出的金融压抑现象。前文曾提到，现代银行系统通过货币创造可以为缺乏货币金银的国家提供必要的垫付资本，但是在很多国家的实践过程中，由于政府没有对物价进行有效的控制和管理，银行发行的货币无法增加人们手中的实际货币余额以及真正地投入生产，从而使该国因发生严重的通货膨胀而无力进行资本积累。第二，该国的人口有限导致资本积累速度缓慢。资本增殖的源泉是劳动，但是在有些国家，由于人口基数太小，即使有货币资本投入，也只能从事很小规模的价值生产。这样，剩余价值的规模自然也十分有限，转移到再生产的部分就会更少，资本的缓慢积累导致了资本长时间的稀缺，弱化了资本之间的竞争，也限制了资本因竞争而去进行设备、工艺更新的能力，结果导致该国生产商品的效率提升速度很慢。此时一旦有别的国家因更快的资本积累而呈现出更高的生产效率时，资本稀缺国的产品就会因相对更长的劳动时间投入量而在市场竞争中处于劣势。最终，该国的外部市场将会被其他国家挤占，本国生产的剩余产品将失去外部消化通道，资本在商品资本向货币资本转化环节将会受阻，从而导致资本积累进程的中断。在工业历史上，只有最早发展起来的资本主义国家因未出现竞争对手或市场足够广阔而具备进行缓慢资本积累的条件，后进入工业化的国家如果不能迅速在资本积累初期就实现投资的爆发式增长，就一定会因缓慢的工业化进程而失去持续经济增长的能力，长期徘徊在低收入水平阶段，这就是发展经济学不同代表人物都提到的"贫困陷阱"问题。第三，该国在资本积累初期没有足够的外部市场利用。通常存在两种情况：一种是这些国家通常农业基础比较薄弱，从事农业生产的人口较少，收入较低，无力消化工业部门生产出的工业品，使剩余商品的价值无法全部实现，从而影响资本积累进程；另一种是这些国家的近代工业化进程起步较晚，海外市场已经被成熟资本主义国家瓜分完毕，缺失能够帮助消化本国剩余产品的外部购买力，从而使资本积累失去必要的市场支撑。

总之，在资本孕育和初长成的低收入阶段，资本既有可能依托本国的禀赋资源和外部环境经济快速积累，推动经济高速增长，也可能因先天禀赋劣势、政策失误或国际环境影响而裹足不前，长期徘徊在较低的收入水平上。在这一时期，一国经济政策制定者要解决的关键问题有两个：一个是"资本稀缺"问题，即一国用于投资的资金是否能够足额配齐；另一个是"市场开拓"问题，即一国是否足够消化剩余产品的外部市场。总体而言，低收入阶段重在解决资本的量的积累问题，即如何通过政策或机制设计使资本能够顺利从无到有，从少到多。

二、资本的发展与壮大：中等收入阶段

当资本积累到一定数量后，资本在初期可依托的一些有利因素会逐渐消

耗殆尽。首先，从劳动力来说，原本相对富庶的劳动力资源会随着不断扩大的资本，源源不断地被吸收到工业系统中，原本过剩的劳动在不断膨胀的资本面前，反而会显得越来越稀缺。在此情况下，资本再要通过延长劳动时间和劳动强度来进行剩余价值生产的可能性就越来越小。其次，从外部市场来说，一方面由于劳动力会逐步从传统农业部门全部转移出来，工业系统原本依赖的消化剩余产品的国内市场会逐渐消失；另一方面资本在国际范围抢夺市场的激烈竞争，使得开辟海外新市场的难度越来越大，而已有市场的消费力总是有限的，一旦资本生产的规模超过这些海外市场的消化能力，海外市场就会达到饱和状态，无力再去接纳更多的剩余产品。这样，资本的价值实现问题就会再次凸显出来。

由此可见，当资本积累原本依托的劳动力优势和市场优势逐渐淡去后，资本必须为自身的增殖开辟新的途径，这里我们将其称为资本积累方式的第一次转型。在这次成功转型之后，经济增长的背后推力即资本积累会因为方式上的某种改变，而使经济增长呈现出与低收入阶段不同的阶段性特点，从而步入我们所要研究的中等收入阶段。

因而，认识中等收入阶段的关键是要知晓资本积累方式相较于低收入阶段究竟发生了哪些方面的改变。如前所述，在资本积累初期，由于资本规模有限，彼此之间的竞争并不激烈，而绝对剩余价值的增长空间还很大，所以资本对相对剩余价值生产的依赖并不大。但是随着资本规模的不断扩大，资本之间的竞争不断加剧，相对剩余价值的生产变得越来越普遍，而绝对剩余价值则因劳动力变得相对稀缺或者劳动时间已达上限而渐渐退居次要位置。这种变化，不是资本家出于个人好恶作出的主观选择，而是资本为寻找新的增殖路径而在积累方式发生的一次重大转变。

第一，相对剩余价值的生产弱化了资本对劳动的依赖，克服了初期资本积累进程中遭遇到的劳动力瓶颈。在资本积累初期，由于绝对剩余价值的生产占主导，必要劳动时间改变的幅度很小，资本要实现更大的剩余价值，即占有更多的剩余劳动时间，只能依靠两种途径：一个是延长在岗工人的劳动时间或提高劳动强度；另一个是雇佣更多的工人，通过人数的增加实现累加值更大的剩余劳动时间。在此情况下，资本必然表现出对劳动力极强的依赖性，一旦劳动力全部被雇佣进工业系统而再无多余劳动力可提供，或者雇佣的劳动力的劳动时间已达上限时，资本积累的进程就要受阻。但是随着相对剩余价值日益成为主导，必要劳动时间成为可以改变的、趋于不断缩小的量，资本只要不断提高劳动生产率，降低劳动力维持自身再生产的生活资料和与之相关的生产资料的价值，就可以在不改变劳动时间甚至于更少的劳动时间内实现更大幅度的增殖。这样一来，资本不仅会摆脱对劳动的依赖，而且会不断减少对劳动力的使用。举例来说，假设有价值100元的货币资本，通过购买劳动力和设备，原材料，转化为30元的可变资本和70元的不变资本，又假设劳动总时间为8小时且不能延长，而且劳动强度不变，其中必要劳动时间为4小时，剩余劳动时间为4小时，这样可生产出剩余价值为30元，此时资本回报率为30/100＝30%。如果资本家要增加资本回报率，在采用绝对剩余价值生产方式情况下，他只有再雇佣一个或以上的工人，此时需要再投入30元的不变资本，这样生产出的剩余价值是30＋30＝60（元），资本回报率是60/130≈46%。而在采用相对剩余价值生产方式下，必要劳动时间可从4小时缩短为2小时，这样可变资本只需投入30/4×2＝15（元），而它所创造的剩余价值则变成了30/4×（8－2）＝45（元），这样即使不增加工人，资本回报率也可提高到45/（100－15）≈53%。可想而知，如果不断提高劳动生产力，可以将必要劳动时间压缩到更短的时间，那么资本家即使减少劳动者的雇佣数量也完全有能力获取更高的资本回报率。所以，只要劳动生产力不断提高，资本对劳动的需求就会越来越少，在现实中表现出来的就是机器对人工的替代，即所谓的"机器吃人"现象。所以，相对剩余价值生产占主导的时期，劳动在资本积累中地位不仅明显下降，甚至还会显得多余。资本会从吸纳劳动转向排挤劳动，从增加就业转成制造失业，即马克思所说的相对过剩人口。

第二，相对剩余价值的生产引入了迂回生产，克服了初期资本积累遭遇到的市场瓶颈。相对剩余价值是通过压低劳动力价值，即与劳动力维持再生产能力所需的生活资料以及生产这些生活资料的生产资料价值来实现的。而压低这些商品价值的市场途径，只有提高社会劳动生产力。在《资本论》中，马克思提出了三种可以提高劳动生产力，从而能够进行相对剩余价值生产的方法，它们分别是：协作、分工和机器。这三种方法自资本积累初期之后就一直在提升劳动生产率方面发挥着积极作用，只不过在进入相对剩余价值生产主导的时期，资本家集团会将这些方法运用到极致，进而引起生产方式的变革。首先，激烈的市场竞争会迫使资本家在内部挖潜，不断优化工人之间的相互协作关系以及完善内部分工体系，而内部的分工细化到一定程度会转变为外部的社会分工，使生产过程的每个部件、环节都可以从原来的企业中分离出来，进行更加专业化的生产。其次，激烈的市场竞争也会迫使资本家要不断更新生产技术条件，以进一步降低生产商品所花费的时间。需要强调的是，资本家这里需要的新的技术条件，并不是技术含量、知识含量很高的新设备、新工具和新材料，这是因为，相对剩余价值生产的目的是降低劳动时间，减少劳动投入量，而新产品的研发和生产所要耗费的劳动量比之前更大，不能为劳动力价值量的下降起到任何有益的效果。所以，资本家必须以节约劳动时间为宗旨寻求生产技术条件更新升级的路径，而这条路径就是马克思所说的"用机器来生产机器"。机器自进入生产领域以来，就是为了替代人工，以比人工更高的生产效率生产出具有使用价值的商品。因而，要顺利实现相对剩余价值的生产，仅增加劳动者生活所需的商品生产部门的机器使用是不够的，还要增加生产这些机器的生产资料部门的机器使用，最终使机器能够遍布整个资本主义生产系统，覆盖专业化分工下的每个生产领域。正如马克思所言："一个工业部门生产方式的变革，必定引起其他部门生产方式的变革……有了机器纺纱，就必须有机器织布，而这二者又使漂白业、印花业和染色业必须进行力学和化学革命，同样，另一方面，棉纺织业的革命又引起分离棉花纤维和棉籽的轧棉机的发明。""大工业必须掌握它特有的生产资料，即机器本身，必须用机器来生产机器。这样，大工业才建立起与自己相适应的技术基础，才得以自立。"[①] 可见，用机器来生产机器，是相对剩余价值生产的技术手段，也是机器化大生产走向成熟的重要标志。

综上分析，为提高社会劳动生产力而出现的专业化分工和用机器来生产机器，将生产某个商品的每个环节进行了放大，由此延伸出了与该商品生产相关联的大批中间产品的制造，使生产某商品的链条和环节越来越多，进而出现了庞巴维克所提出的"迂回生产"现象。哈耶克在《物价与生产》一书中将这种迂回生产描述为一种生产结构，即生产被划分为若干顺次相继的阶段，其中每一阶段都以上一阶段的产出为投入，又以自己的产出为下一阶段的投入，除后一个阶段之外，其他阶段生产的都是中间产品。迂回生产方式的建立和不断发展，不仅影响了商品生产本身，而且也为资本的进一步积累

---

① 马克思：《资本论》第一卷，郭大力、王亚南译，人民出版社1975年版，第408~409页。

提供了新的出路。这是因为，在低收入阶段，因机器工业还局限在轻工行业，资本积累严重受制于终端消费市场（无论是国内还是国外），而采用迂回生产方式后，大批的中间产品（或称为资本品）的价值实现已经不再需要消费者，而是由处在生产下一阶段的资本家来完成，只要剩余价值要转作生产使用，中间产品就能找到相应的买主，只要资本能够不断积累，中间产品的需求就会持续增加。这样，相当一部分商品便可以摆脱有限消费市场的束缚，由资本积累本身产生的购买力来消化。

总之，当资本步入以相对剩余价值生产为主导的时期，将引起资本与劳动关系的变化以及以迂回生产为特征的生产方式的改变，它克服了资本在低收入阶段无法逾越的发展障碍，将资本带到了一个新的发展阶段，并再次将经济增长推向一个新的高度，这便是中等收入阶段的到来。

由此可见，中等收入阶段实质是资本脱离绝对剩余价值生产，主要采用相对剩余价值生产的阶段。一国经济总量无论多大或人均 GNI 有多高，只要该国资本进入或尚处在相对剩余价值生产为主的阶段，均应界定为中等收入阶段。结合上文分析，不难将该阶段经济增长的特点归结为如下几点：第一，工业体系的完备化和产业结构重型化。机器全面进入从能源、冶金、重工机械到下游轻工制造全部工业生产领域，农业也全部实现机器化生产，传统意义的农民和农业经济退出历史舞台，城镇化进程基本结束。产业结构由轻工为主转为重工为主，产业之间形成上下游相互链接的完整产业链条，并会因分工的持续细化而不断延伸。第二，以投资为主的内需驱动。资本对资本主义系统之外的需求依赖降低甚至消失，不会再出现危机时销毁自己生产的商品的情况，经济增长对海外市场等外需依赖减弱，带有明显的内需拉动特点，并且内需的构成是投资为主，消费为辅，投资对国民经济的拉动作用明显超过消费。第三，资本密集型产业占主导。这是一个"资本为王"的阶段，资本因摆脱对劳动的依赖而呈现出更大的独立性色彩，带有明显的资本生产资本的特征，"因为有钱所以会更有钱"的马太效应表现得尤为明显。劳动密集型产业比重明显下滑，主导产业和支柱产业的发展主要依靠资本价值量很大的固定资产支撑。第四，相对人口过剩，收入差距拉大。单位产出的劳动需求量明显下降，新增就业人口寻找工作的难度加大，就业岗位有限，劳动力之间的竞争再次加剧，工资收入占国民收入的比重进一步下滑，资本性收入占国民收入的比重明显上升，无工作劳动者、在岗劳动者、资本拥有者之间的收入差距呈不断扩大趋势，基尼系数明显上升。

与低收入阶段相同，中等收入阶段的经济增长也并非一帆风顺，甚至于会遇到比低收入阶段更大的发展风险，出现所谓的中等收入陷阱问题。根据上文对经济增长的条件分析，中等收入阶段经济增长通常会遇到如下三个方面的困难：

一是生产过剩或资本过剩。马克思在研究资本积累一般规律时就已提出，资本之间的竞争和对超额剩余价值的追逐，以及相伴随的相对剩余价值生产，将会导致资本有机构成不断提高。一方面，增长相对更快的不变资本催生了海量的机器设备，蕴藏着巨大的产能；另一方面，不变资本占比的不断下降又使终端消费不断萎缩。终端消费不足，首先会导致商品资本无法向货币资本转化。最终，马克思所指出的生产无限扩大与相对缩小的消费之间的矛盾会在资本累积到一定的规模时爆发出来，中止资本的循环与周转，从而引起经济增长的停滞、衰退甚至崩溃。需要强调的是，这种相对过剩的问题既可能出现在商品资本向货币资本转化的环节，即消费者无力消化资本生产出来的商品，也可能出现在生产资本向商品资本转化的环节，即因为资本无力使劳动创造的价值高于劳动力本身的价值而使庞大的资本量停留在生产资本的状态，呈现出产能过剩的问题。这个问题在资本相对稀缺的低收入阶段是极少发生的，但是在中等收入和后文要研究的高收入阶段则都会因为不同的原因①而发生这类问题。

二是土地、矿产等资源条件制约导致资本循环难以为继。中等收入阶段资本因迂回生产方式的出现具有了比低收入阶段更广阔的增长空间，投资占国民经济的比重比低收入阶段还要高，资本的快速积累不仅会造成劳动力的相对稀缺，也会导致生产所必需的土地和矿产资源变得供不应求，由于这两类资源属于不可再生性资源，资源所有者拥有收取租金的能力，租金既可能形成消费，也可能形成投资，但已经不是在资本增殖的规律下行事，必然会对资本的正常积累造成干扰。除此之外，由土地有限所导致的房价上涨，会使资本通过剩余价值生产压低的劳动力价值被迫出现反弹，无论相对剩余价值生产为主导的时代有多排斥劳动，只要有在岗工人，上升的劳动力价值就会降低资本回报率，从而加剧平均利润率下降的趋势。

---

① 见本书有关生产资本向商品资本转化条件的分析结论。

三是遭遇到不具备相关机器制造能力的技术瓶颈。在机器生产机器的生产体系下，有些国家的制造能力并不一定能够覆盖所有的机器门类，即使愿意主动培育，也有可能因时间太长而跟不上资本积累的步伐，也可能代价过高而得不偿失。在此情况下，相对剩余价值生产范围的深度和广度会大大受限，社会劳动生产力的提高也会慢于其他有能力制造机器的国家。结果，这些国家更多会倾向于从国外购买现成的机器设备，设备从外部购买虽然在短期得以使相对剩余价值所需的迂回生产体系得以延伸和完善，但是由于这些机器并不是本国生产，意味着这些国家的资本体系中有一部分商品资本并不在国内资本循环系统中，而多出来的这部分商品资本必然需要有额外的货币资本与之对应，即要有用于购买设备的垫付资本，这部分垫付资本如果来自本国生产的剩余价值，就会打破资本系统原有的循环，导致本国原有的资本循环中断；如果要借助外来资本，就需要吸收外商直接投资或举借外债，但是这条途径所引起的外资进入和还本付息，同样会使本国无端增加一部分货币资本，以及要从剩余价值中扣除一部分利息，这都会改变原有资本系统中处在不同状态的资本的投入量和投向，打破原有资本循环各环节之间的平衡关系。如果来自超额货币，就需要该国建立可以进行储蓄动员和派生存款的银行系统，但这又潜藏了金融风险，一旦该国的货币管理、金融监管以及金融政策出现失误，导致通货膨胀或信用泡沫，也会整体上摧毁这个国家的资本积累进程。总之，机器制造方面的劣势会造成处在中等收入国家的经济无法在原有的资本积累轨道上循序渐进地平稳进行，很多来自外力的干扰会增加这些国家经济的不稳定性，如果不能很好将内外两种资本有效整合到有利于本国发展的统一的资本积累的轨道上，该国必然会失去资本积累的内在动力条件，沦为别国资本的附庸，失去经济增长的自主性，并会因外部环境的不断变化而给本国经济带来持续的干扰，甚至是毁灭性的破坏。

综上分析，中等收入阶段是资本一个快速发展和壮大的时期。在这个阶段，资本在量上不仅达到了一定的规模，不再像低收入阶段那样是稀缺要素，而且在范围上也扩大到了整个生产领域，并且越来越多向生产资料部门集中，以机器制造和使用为核心的产业体系不断健全、产业链不断延伸。资本积累倾向于朝着不断节约劳动的方向发展，对资本系统外部市场的依赖降低，靠资本自身循环消化剩余价值的能力明显增强，在经济增长上表现为由外需拉动为主转为内需驱动为主。但是，资本的快速膨胀加剧了生产和消费的矛盾，凸显了土地、矿产等资源压力，对有些机器制造落后的国家还造成了对外依附性的困扰，这些问题的存在使资本在进一步的积累中面临无法持续的风险和隐患。

三、资本的升级与蜕变：高收入阶段

中等收入阶段是资本在量的积累上的高峰期，处在不同形态的资本量都处在供应相当丰裕的状态，但是由于资本量的这种增长在一定程度上并不考虑不可再生资源、终端消费等的承受能力，在积累到一定阶段后就会遭遇增长的极限，上文分析所提到的三个困难和问题便会在不同的国家选择性地以不同的方式呈现出来，虽然遭遇到这些困难的国家可以通过一些举措短期缓解这些问题，诸如发达工业国通过资本输出，将过剩的机器产品转移到海外投资设厂，将土地使用量大的产业也转移到土地还相对丰裕的落后地区等，但毕竟只能解一时之困。一旦那些接受转移的国家也步入中等收入阶段，并遭遇到同样的困难，资本就再也无法找到新的出路。最终，资本将会应验马克思的预言，因基本矛盾的爆发而使世界资本主义体系崩溃。所以，资本要继续自己的生命历程，继续实现持续性的积累，仅仅在量的层面上寻找解决途径已无可能，必须充分利用新的历史条件、技术条件、人才条件、制度条件下所创造的有利条件，实现质的飞跃，才有望突破固有局限，通过主动的自我蜕变获取新的经济增长动力。而一旦资本实现了这种蜕变，有效地化解了中等收入阶段的基本矛盾和主要困难，便意味着经济增长进入了高收入发展阶段。

因此，理解高收入阶段的发展内涵，要从破解中等收入发展阶段三大难题入手，在这三个难题中，第三个难题只有那些较为落后的工业国才会遇到，不具有普适性，暂不做分析。前两个难题中，第一个难题尤为根本，因为它涉及马克思所说的资本主义基本矛盾，无论发达工业国还是落后工业国，都是无法避免的。第二个难题虽然可以通过向海外市场转移土地密集型的生产部门，但要从根本上解除土地对资本增长的束缚，还是要依靠第一个难题的解决。因而，下文分析的重点将集中在生产过剩或资本过剩问题如何通过资本在质上的升级而得到有效解决。

生产过剩，实质是商品资本向货币资本难以顺利转化，从而使资本长期滞留在商品形态，造成商品库存积压。因而，要解决生产过剩，关键是要找到在终端消费不足的情况下，如何使商品资本继续顺利向货币资本转化的通道，中等收入阶段资本利用迂回生产用生产资料消费暂时替代了终端消费的作用，但是到了发展的后期，由于全社会的机器化程度已经很高，资本可以进入的领域都趋于饱和，靠资本消化资本的空间变得越来越小。在此情况下，资本家在理论上存在三种解决途径：第一种是向海外转移过剩资本或商品，以对外直接投资的方式，输出本国已经过剩的资本和设备，购买海外国家的土地，雇佣当地的劳动力，在海外进行原本在国内进行的生产，将价值增殖的链条延伸到全球，构建全球资本主义生产体系，在宏观经济指标上表现为对外贸易额特别是出口额的增长，以及对外直接投资的增长。第二种是提高社会终端消费能力，这就需要提高消费者的收入。在没有政府调控的情况下，就资本家本身而言，由于相对剩余价值生产总体是压低工资的，劳动者收入的增长必然低于商品价值的增长，所以资本家除非找到新的剩余价值生产方式以取代相对剩余价值生产，否则寄望于资本家通过提高工资的方式提高收入，增加消费是没有可行性的。在有政府调控的情况下，政府可以通过转移支付，以扩大财政支出的方式给居民收入补贴，但是如果这部分财政支出来自财政收入，而财政收入又来自对资本家剩余价值的扣除，那么政府的这种做法实质是间接人为压低了资本积累的速度，强制一部分剩余价值转为消费使用，这虽然会使资本在增长规模上付出一定的牺牲，却有效平衡了生产和消费之间的关系，保证了经济的平稳增长，此时的宏观经济指标会表现为投资增长速度的回落，以及消费占国内生产总值比重的提高。第三种是在迂回生产方式基础上引入异质化生产。中等收入阶段引入的迂回生产方式，是将生产商品的每个环节放大，将生产的工艺拉长，借助机器在各个环节、领域、工艺的渗透，使资本实现一种横向面上的扩张。随着科学技术的不断进步，资本家逐渐发现，生产某种商品的迂回度虽然到一定程度不能再提高，但是在既定迂回度下的每个独立的生产单元，却存在可以依靠科学技术进行不断翻新的纵向发展空间。这表明，商品的使用价值虽然是不变的，但是品质、功能方面却可以在特定科技手段的帮助下具备无限改进的空间。同一门类的商品，可以因不同品质、功能性因素的植入而呈现出差异性特点，而每个具有异质性特点的商品都具有服务于自身生产的上下游产业链。只要产品新的品质或功能能够不断开发出来，迂回生产方式就可以在原来单一的横向延伸面上，基于产品异质性生产而形成无数个平行的迂回生产链条，使原本已达到饱和状态的生产体系中又会出现大批空白的生产节点，并在整体上呈现出一种具有无限延伸能力的网状结构。总之，异质性产品的出现，将迂回生产在资本积累中的作用又进行了无限倍数的放大，为资本创造了更多甚至无数藏身和增殖的场所，为资本生产资本的游戏继续进行下去提供了可能。

综上分析，中等收入阶段的生产过剩问题在理论上存在外部转嫁、政府调控、异质生产三种方式，但是从现实可行性分析，其实只有一种方式是最稳妥、最长久的方式。首先，看外部转嫁的方式，采用这种方式的前提是存在可供资本输出的落后国家和市场，由于进行资本转移的国家不止一个，彼此在争夺输出地上必然存在激烈的竞争，任何资本都有因失去竞争优势而退出一国市场或缩小投资的可能性，即使有些发达国家可以长期地保持对落后国家市场和资源的占领，也会因这些被投资国的工业化进程步入中等收入阶段中后期而增加资本转移的难度。因而，这种方式只是在短期内转移和缓解了资本积累的固有矛盾，并不能从根本上解决问题。其次，看以收入调节为主的政府调控方式，这种方式在理论上确实行之有效，但是在现实操作中需要政府有能力能够制定出适合的税率并确保转移支付的钱只用于劳动者的日常消费，以便使收上来的剩余价值正好可以消化过剩商品。显然，这对于处在信息弱势的政府来说是极难能做到的。现实中的政府如果采用了这种调控方式，必须要承担因财政收入和支出政策失误所导致的经济失调的更大风险，并不一定能实现预期的效果。所以，这种方式虽然可行，但在现实中操作难度极大，风险较高，一旦决策或执行不当就可能适得其反。最后，看异质性生产，这种生产方式是资本在科技创新支撑下，不依靠任何外部力量帮助而实现的一次自我救赎，它为资本开辟了最为广阔的投资空间，并且为资本主导下生产的巨额价值量找到了新的消化通道。这是因为，异质性生产实质是资本和科技联姻的产物，而资本一旦和科技联姻，就不会任由科技在资本系统外毫无约束地自由发展，它一定会动用自己可以调动的资源将科技的发展纳入有利于资本积累的轨道上来。由于在资本可以调动的要素中，机器、土地、原材料等无生命物显然是无法带来科技进步的，活劳动是唯一可以依赖的要素，因而资本将不得不对劳动者的智力开发和智慧成果创造进行更多的投入，从而导致前文所提到人力资本这个升级版的劳动力走上历史舞台。人力资本的出现，一方面，提高了可变资本在总资本中的比重，抑制了资本有机构成不断上升的趋势，增加了劳动者群体的收入水平，提高了社会消费力，缓解了终端消费和庞大生产能力之间矛盾；另一方面，提升了产品的技术含量、品质层次，推进了产业的多样化发展，强化了差异化竞争，将资本带入垄断竞争的市场结构中来，从而获取新的商品资本向货币资本转化的方式①。由此可见，基于异质性生产所发生的一系列变化，将会使资本积累方式再一次作出重大调整，我们将其称为资本积累的第二次转型。这次转型之后，资本虽然继续着量上的积累，但是已经失去了在中等收入阶段的绝对主导和统治地位，资本的增殖严重依赖于劳动者的创造力，资本积累的规模和速度主要取决于劳动者的知识、技能以及需求。资本和劳动的关系就这样经历了一次从初期统一，到中期分离，再到最终统一的完整的否定之否定的过程。而资本在经历了这次从主角到配角的蜕变之后，也将完成它在人类财富创造中的最后使命，被更加发达先进的生产方式所取代。

基于以上分析可以得出结论，异质性生产是资本破解中等收入阶段发展难题的根本出路。那些成功植入科技创新资源，培育出具有较强创造能力的高素质劳动者，进而主要从事异质化生产的国家和地区，就可以被界定为步入了高收入发展水平阶段。在这个阶段，经济增长的特点主要包括如下几个方面：一是经济增长的动力主要来自创新。投资的增长密切依赖于新技术、新工艺、新模式、新业态等从生产到组织管理，再到市场营销的每个环节的新事物，创新资源大量涌现并积聚，研发活动成为生产过程中的重要一环，并逐渐成为支配整个经济运行的核心，高科技、知识密集型产业成为主导产业。劳动者的创新能力被最大限度地挖掘，创新人才成为稀缺资源。专门服务于创新的风险投资等金融创新活动层出不穷。二是经济从数量增长转向质量和效益增长。实物投资量增速下降，投资占国内生产总值的比重逐渐下降，对不可再生性资源类产品的需求下降，对信息、人才、组织模式等生产要素的需求增加，对生产、工作环境的质量要求提高，生产产品的数量增速放缓，产品种类增多，产品质量和附加值提升，单位产品凝结的价值量增大，单位产出的利润回报率提高。三是劳动者收入占国民收入的比重不断提高。从事知识、研发、科技和高端制造和服务的劳动力成为劳动力群体的主力军，低端劳动力逐渐消失或转移到海外，劳动者收入水平和生活品质明显提高，收

---

① 见本书关于商品资本向货币资本转化分析部分中有关垄断竞争的论述。

入来源多元化，财产性收入在收入中的比重上升。四是消费成为拉动国民经济增长的主导力量。终端消费能力不断增强，消费层次不断提高，一般化、数量性的消费让位于个性化、品质性的消费，消费结构不断升级，对增强和维持劳动者创造力的医疗、教育、公共服务、绿色食品等方面的需求不断提高。五是在全球范围构建价值增殖体系。生产结构从生活资料部门和生产资料部门转化为垄断竞争部门和完全竞争部门，垄断竞争部门的高端研发、制造和服务部分留在本国，低端可标准化生产部分转移到海外，完全竞争部门则基本由落后国家的企业来担当，形成以本国打造垄断资源、他国从事生产制造的国际分工格局，在全球范围进行产业链和价值链的布局。

第三章

矿产收益、资本过剩与经济波动：论中国中等收入发展阶段的主要风险

第一节　中国中等收入发展阶段的时期界定与特征总结

目前学术界在分析中国中等收入有关问题时，通常都采用世界银行给出的划分低收入、中低收入、中高收入和高收入国家的标准。按照这一标准，中国人均 GNI 在 2003 年便已超过当时世行给出的中低收入国家的门槛标准，正式步入中等收入国家行列，并于 2011 年超过 5000 美元，成为世界银行统计范围内的中高收入国家。然而，上文的分析已经表明，中等收入阶段是以资本为主导的现代经济增长在经历长期量的积累后，遇到发展瓶颈而发生重大转型的某个特殊时期，步入中等收入阶段的时间，是资本积累方式发生转变的重要节点。世界上每个国家的国情不同，资本积累方式和经济运行方式各异，步入中等收入阶

段时经济总量的规模状况不可能完全相同，简单由人均 GNI 等仅反映数量变化的宏观经济指标来判定一国所处的发展阶段，势必造成对自身发展认识的偏差和不足。因而，在分析中国中等收入阶段的发展问题时，必须结合中国特定的资本积累过程，透过总量增长考察其背后更多反映资本积累运动特点的因素变化，对中国何时步入中等收入阶段以及当前正处在何种阶段做出准确的判断。

一、中国步入中等收入阶段的时期界定

依据上一章的研究结论，判断经济体是否进入中等收入发展阶段有四个标准。鉴于社会主义市场经济体制与资本主义市场经济有着本质区别，如直接采用上述四个标准进行界定，会出现很多矛盾之处。例如，中国社会主义市场经济脱胎于计划经济，在 1992 年全面启动社会主义市场经济建设之前，就已在计划经济体制下建立起相对完备的工业体系，而产业结构在 1978 年之前已经高度重型化，以至于改革开放后中国政府还在有意识地降低重工业比重，提高轻工业比重。单从这一点看，中国似乎一直处在中等收入阶段。而工业体系的完善并未能将全部人口纳入现代工业部门，大批农村劳动力至今还滞留在农村，小农经济并未消失，城镇化进程仍在继续，从这点看中国似乎又未进入中等收入阶段。再如，中国自改革开放之初就因体制原因持续性地出现投资过热，投资为主、内需拉动似乎在 1992 年之前表现得更为明显，更适合界定为中等收入阶段，而 1992 年之后，中国经济虽然整体还是投资为主，却不是内需拉动，对海外市场的依赖至今仍存在，似乎反而不在中等收入阶段。因而，在界定中国何时步入中等收入阶段问题上，需要在已有研究结论的基础上，结合中国特定的资本积累进程进行具体分析①，才能对中国经济的发展阶段作出正确划分。

如前所述，中等收入阶段是价值增殖方式的一次转变，在资本主义生产条件下表现为绝对剩余价值向相对剩余价值生产的转变，这种转变的根本特征是价值增殖从延长劳动时间或劳动强度为主，转为依靠更先进的机器设备

---

① 由于中国的社会主义所有制结构是以公有制为主体，国有经济在国民经济中占据主导地位，因而下文对中国资本积累进程的特殊性考察主要围绕国有企业的资本积累方式变迁展开。

提高劳动生产率为主，前者以增加劳动投入量为手段，后者以增加设备机器投入量为手段。社会主义生产条件虽然不存在剩余价值，也没有不变资本和可变资本之分，但同样要在劳动量的投入上多一些，还是在机器设备投入量上多一些的技术构成问题。所以，只要在中国资本积累进程中，找到有关可以反映劳动投入占比开始出现下降，机器设备投入相应上升的时间拐点，即可确定中国进入中等收入阶段的时期。

在改革开放最初的十几年中（1978～1992 年），中国经济发展最大的桎梏，就是僵化的计划经济体制和平均主义倾向导致的生产积极性不足的问题，特别是"干多干少一个样"的"大锅饭"体制严重压制了劳动者主观能动性的发挥。而此时期兴起的家庭联产承包责任制以及此次基础上发展起来的价格双轨制，正是基于这一体制弊病应运而生的产物。在实施的过程中，由于政府在完成税收包干任务、企业生产出计划配额的产量之外，多余出来的部分可以自由支配，突出了"多生产、多受益，少生产、少受益"的利益分配原则，极大地提高了政府和国营企业在动员民力投入生产的热情。在这段时期中国虽然未曾出现西方资本主义国家那样的延长工时和明显提高劳动强度的现象，但是有效的制度激励还是将计划经济时代的劳动资源以主体自觉的方式充分调动了起来，并在积累基金比例相对下降的情况下成功支撑了资本的快速积累。由此可以判定，尽管此时期的中国已经建立较为完善的工业体系，但是从资本积累的方式看，更加符合低收入发展阶段的特征。

1992 年价格双轨制从一般商品领域退出后，中国资本积累出现了以下两点变化：

第一，实现的价值总量中将更大的比例用于积累基金，而消费基金则仅保持存量不减或缓慢上升。在社会主义制度条件下，占据主导地位的国有企业为了在补偿垫付资本之后留下更大的价值余量，也就是要最大限度提高积累基金的比例，并不需要像传统的资本主义部门那样，在竞争的市场环境下通过加强劳动剥削度或提高社会劳动生产率来实现，而只需直接在价值分配中将更多的比例用在积累上，同时将消费基金压到相对较低的水平。需要注意的是，这种重积累轻消费的倾向只是纯粹价值分配，并不涉及对劳动者的剥削加重。相反，国有企业的消费基金通常具有很强的刚性，要在消费基金绝对量不减的情况下实现更多的价值积累，只能尽量避免增加劳动者的数量，同时保证在劳动投入不增的情况下实现更大的商品价值量。数据显示，从2000～2012年，国有企业的工业增加值出现了快速增长的势头，而就业人员反而从8102万人降低到6839万人①，递减趋势非常明显。可见，国有企业为最大限度完成增殖目标逐渐走上资本排挤劳动的道路，并出现了类似于资本主义生产中资本有机构成不断提高的情形。

第二，国有资本日益向垄断或资本密集型行业集中。由于不存在相对剩余价值的生产，在国民经济占据主导地位的国有资本为减少劳动的使用并提高积累基金的比重并不一定要依靠社会劳动生产力的提高来实现，更为简易、便捷的方式是进驻一些有助于发挥自身先天优势的行业，成为这个行业的龙头和领军者，继而逐渐确立起垄断地位，凭借垄断势力将竞争部门创造的价值转移过来，并转为增殖所需的积累基金。在中国市场经济的发展历程中，走向垄断的国有企业所凭借的先天优势可分为如下三类：一是拥有全民所有性质的自然资源，如矿山、海洋、河流等；二是从事关乎国计民生的命脉行业，如通信、交通等；三是计划经济时代以来积攒的机器、设备等资本优势，使得企业在行业发展中存在先发优势，后来者很难超越，这种优势通常在资本密集型行业表现得较为明显。结果，国有资本逐渐开始向能源、原材料、交通、重大装备制造和冶金等资本密集型的基础行业集中。由此可知，随着产权改革的日渐深入，占据主导地位的国有资本日渐形成排斥劳动、以资本投入为主的积累方式。

下面我们结合相应宏观数据的变动情况确定我国进入中等收入阶段的具体时期。

1. 关于投资和消费占比变动的时间拐点

根据上文的理论分析，中国的国有企业自1992年之后开始逐渐提高资本积累率，消费的增速随之放缓，意味着投资占国内生产总值的比重会不断上升，而消费占比则会相应下降。从相关统计数据来看（见图3－1），1992年之后符合上述变化的时期是在2000～2010年，其中2000年是一个重要的拐点。

---

① 历年《中国统计年鉴》。

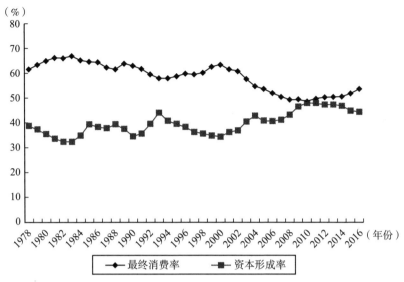

图 3 - 1　1978 ~ 2016 年消费、投资占当年 GDP 比重

资料来源：历年《中国统计年鉴》。

2. 关于轻重工业占比变动的时间拐点

从统计数据来看（见图 3 - 2），重工业占国内生产总值占比逐渐上升而轻工业占比持续下降的趋势出现在 1992 年以后，但是在 1997 ~ 1999 年有短暂中断。当时正值国有企业进行战略性重组，很多规模小、效益低的国有企业在"抓大放小"中从重工业领域退出，在一定程度上影响了重工业产值的增长步伐，而轻工业领域因有大批非公有制企业进入，在产值上一直保持着和重工业相近的增长速度，以致二者占 GDP 的比重曾一度保持相对稳定。但是自 2000 年之后，基本完成了战略性重组的国有企业开始大规模进驻各大重工业行业，而成长到一定阶段的非公有制企业也在市场利好的情况下随之涌入，导致重工业占比一跃从 50% 左右的水平上升到 60% 以上，并在此后持续上升，到 2006 年已达到 70%，轻工业则从 20 世纪 90 年代的接近 50% 的水平大幅下跌到 2000 年 40%，并在此后持续下降，到 2006 年仅占 30%。需要注意的是，在上述指标变动过程中，2000 年又是一个重要的时间拐点。

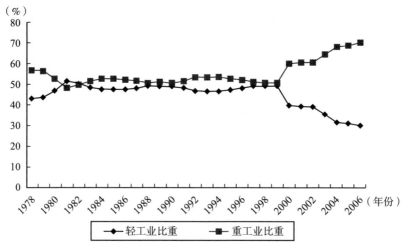

图 3 - 2　1978~2006 年中国轻、重工业占 GDP 比重

资料来源：历年《中国统计年鉴》。

3. 关于劳动报酬和资本报酬占比变动的时间拐点

在资本排斥劳动的阶段，占据中国资本积累主导地位的国有部门的劳动就业量增长缓慢，并且在分配上更倾向于积累基金，致使劳动报酬占国民收入的比重将呈现下降趋势，资本报酬占比则相应上升。从相关统计数据来看（见图 3 - 3），劳动报酬占比开始逐年下降而资本报酬出现持续上升的趋势出现在 1999 年之后。其中 2004 年降幅最大，较上一年下降了 5 个百分点，此后持续下降，到 2007 年再次下降 5 个百分点。资本报酬占比则在此阶段持续提升①。

4. 关于资本密集型产业占比变动的时间拐点

20 世纪 90 年代末中国的国有企业在战略重组完成后，使资本密集型产业较之以往有更大程度的一个提升。从伍其亮等②提供的统计数据看，这一明显变化发生在 2003 年。如图 3 - 4 所示，在此之前资本密集型产业的比重尚处在不断下降的过程中，从 1995 年 86% 的水平降低到 2002 年不到 82%，

---

① 2008 年之的数据异常的主要原因是受到国际次贷危机影响等干扰因素影响。

② 伍其亮、史元亭、万广华：《投资倾向与城乡差距——来自省级面板数据的证据》，载《世界经济文汇》2015 年第 1 期，第 37 页。

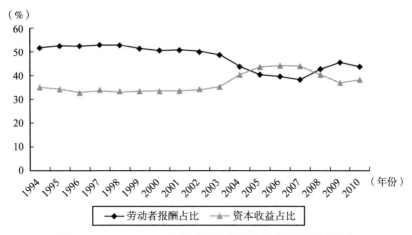

图 3 - 3　1994 ~ 2010 年劳动要素报酬和资本要素报酬占比

资料来源：历年《中国统计年鉴》。

而 2003 年之后跃升到 90% 以上，并长期保持在这一水平。不过，由于该统计数据来自行业整体，并未区分国有企业和非公企业，并不能真实反映国有企业投资转向的真实情况，考虑到非公企业多集中在劳动密集型产业，进驻资本密集型产业相对较少，会在整体上拉低资本密集型产业所占的比重，故而可以推断国有企业大批进驻资本密集型产业的时间应该早于 2003 年。

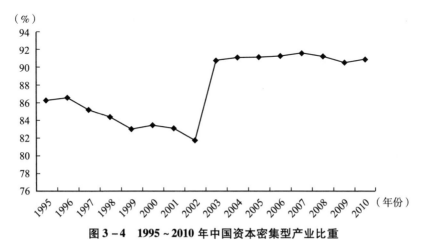

图 3 - 4　1995 ~ 2010 年中国资本密集型产业比重

资料来源：历年《中国统计年鉴》。

综合上述统计分析的结果，与中国国有企业资本积累方式转变有关的宏观数据的变动趋势几乎在同一时期统一出现了重大转向，那便是 2000 年前后。由此可以判定，中国正是在这一时期正式步入到了中等收入阶段，与按照世界银行标准所划定的 2003 年在时间上略有差异。这意味着，中国早在 20 世纪 90 年代就已经处在向中等收入阶段迈进的过渡时期，在 90 年代末和 21 世纪之初完成资本积累方式的跃迁正式步入中等收入阶段，而 2003 年是新的资本积累方式走向成熟的一个重要节点①。因而，要厘清中国经济增长自进入中等收入阶段后所具有的关键特征，必须高度关注中国 90 年代市场化改革以来以国有资本运动为核心所产生的一系列典型化事实，在抓住真正的"中国特色"的基础上，科学把握中国自 2000 年左右步入中等收入阶段后的基本经济结构和经济运行方式。

二、中国经济步入中等收入阶段后的基本特征

相较于典型资本主义国家经济增长在中等收入阶段的表现，中国经济运行在此阶段存在如下四个方面的关键特征：

（1）经济增长由国有企业和非公企业两大主体支配的"双资本积累系统"支撑。自改革开放以来，中国创造性地将以资本增殖为核心的市场经济引入社会主义建设中来，对处在高度集中的计划经济体制下的国有企业进行了市场化改革，建立起极具中国特色的国有资本积累系统：其一，该系统虽然以资本增殖为目的，但并不存在雇佣和剥削关系，反而劳动者是资本的最终所有者；其二，该系统没有劳动力价值和剩余价值之分，劳动者报酬不像资本主义条件下那样，通过维持劳动力再生产的商品价值衡量，以至于劳动者创造的价值在劳动者和资本之间的分配比例不受市场规律的制约和支配；其三，该系统的资本增殖不需要依靠提高社会劳动生产力等手段亦可实现，在创新发展方面存在一定惰性，长期处在以资本生产资本的增殖定式而难以自拔。

国有资本积累系统在发展壮大的过程中，为解决"关键的一跃"问题，将曾经在改革开放初为中国经济增长做出巨大贡献的非公经济纳入自身资本

---

① 表现为各项宏观经济指标数据变动趋势都趋于典型化，诸如重工产业占比、资本密集型工业占比、资本报酬占比都较 2003 年之前有更大幅度的提高。

积累不可或缺的重要一环，由此在这之外又形成了一个规模更为庞大、资本积累方式更为复杂多样的非公有制资本积累系统。这个系统虽然在性质上具有很强的私有属性，但是与典型的资本主义国家存在如下重大区别：首先，非公有制资本积累系统的核心功能是保障国有资本积累系统的正常运转，无论该系统的资本规模有多大，都处在被国有部门资本积累系统支配的从属地位。其次，非公有制资本积累系统这种非自主独立性发展和为国有资本积累系统服务的功能定位，导致了其并不具备典型资本积累的演进规律，即在时间轴上依次呈现以绝对剩余价值生产、相对剩余价值生产和垄断利润生产为主的积累方式，而是会按照国有资本积累的需要，将上述各种积累方式在同一时间全部呈现出来。所以中国的非公有制企业，可以说在同一时期容纳了资本主义社会在不同阶段出现的企业形态，既有处在资本积累早期的靠简单劳动力和技术条件的生产者，也有拥有最先进技术已经走上垄断的竞争者，很难从整体上看出在哪个时期会明显地倾向劳动密集型，而在另一个时期又倾向资本密集型。

（2）土地、货币、矿产、劳动力等基本生产要素正处在逐步市场化的过程中，价格"双轨"现象仍然局部存在。自改革开放以来，中国作为一个脱胎于计划经济体制的现代化国家，在稳步推进从计划向市场转轨的过程中，总结出一条宝贵的改革经验，那就是市场化的推进必须建立在供求相对平衡的基础上，倘若无视市场供求双方的实际情况，在供给明显低于需求的状态下，一味放开商品的市场价格，必然要出现苏联解体后寡头横行、物价飞涨的混乱局面。所以，在中国的市场化进程中，中国政府在确定哪些商品可以市场化的问题上一向非常谨慎，通常都会基于价格双轨制，通过设定配额，让商品中的一部分进入市场，而另一部分仍处在计划调拨状态。研究表明[1]，这是一种能在短缺经济市场环境下有效缩小供需缺口的体制安排，既可以有效激励生产，也可以防止需求在短期的集中爆发。

长期以来，中国正是在这种思路的指引下逐步推进各经济领域的市场化。在1992年之前，国家对工业生产资料实行价格双轨制，以配额为界，在配额以内的产品按计划体制划拨，超过配额以上按照市场价格交易。1992年之后，价格双轨制从绝大部分商品领域退出。但是诸如土地、矿产、货币和劳动力等基本生产要素的价格并未完全放开。在中国步入中等收入阶段之后，

---

[1]　张波：《中国经济转型中的高货币化之谜：理论分析与实证研究》，经济科学出版社2012年版。

这些要素价格仍存在明显的"双轨"甚至"多轨"的特点：第一，城市用地仍分无偿划拨和有偿转让两种方式，有偿转让又分为协议、招标拍卖和挂牌三种方式，其中无偿划拨仍然延续了计划经济体制，由国家国土资源管理部门统筹安排，不通过市场交易；协议和拍卖属于"一对一"或"一对多"的交易方式，带有单边垄断的性质；唯有挂牌交易是市场化程度最高的一种交易方式，但也存在由行政设定的挂牌门槛问题。第二，货币价格一直处在利率市场化的改革进程中，由基准存贷款利率决定的信贷市场利率（计划轨利率）和基本由市场决定的货币及债券市场利率（市场轨利率）并存，构成我国利率双轨制的典型特征①。第三，矿产资源的价格因矿种不同，表现得更为复杂，石油价格长期处在国家管控范围，由国家发展改革委统一制定；天然气价格至今仍有官方指导价，但液化天然气价格基本实现了市场化；煤炭价格的管控力度相对较弱，早在 1994 年国家就宣布取消全国统一的煤炭计划价格，但对电煤仍执行指导价；2004 年，电煤指导价虽然取消，但实行了煤电价格联动机制，形成电煤价格"双轨制"；2012 年，国家取消重点电煤合同，实现电煤价格并轨，煤炭价格才基本实现市场化。至于金属、非金属矿产的价格在 2001 年前后基本已全部放开②。第四，劳动力的价格因城乡二元体制结构的存在无法由统一的劳动力市场决定，户籍制度使城市人口和农村人口在劳动生产率一样的情况下仍存在明显的报酬差别。

（3）国内资本积累系统与国际资本积累系统相互交织，在中等收入阶段相当长的一段时期呈现出两头在外（核心技术和终端市场），中间在内（生产制造）的发展状态。前文已说明，典型资本主义国家的经济在步入中等收入阶段后，会表现出较为明显的内涵式增长，摆脱对外部市场的依赖。但是在中国的资本积累进程中，一方面，国有企业为了加快积累基金的增长步伐，对可以提供现成机器设备的国际资本产生了一定的依赖，国内产业分工的细化和迂回生产度的提高很大程度是由国际资本提供的产品所推动。另一方面，

---

① 王冰冰：《利率双轨制对货币政策调控的影响及转轨策略》，载《经济纵横》2021 年第 9 期，第 109～119 页。

② 在 2001 年之前国家定价已经明令放开的金属、非金属矿产有：乙烯、丙烯、铁矿石、冶金用锰矿石、生铁、钢锭、钢坯、铁合金产品、耐火材料等。2001 年当时的国家计划改革委员会发布《放开和下放部分商品和服务价格的通知》，又放开了铜、锌、锡、镍、钨精矿、金精矿、金块矿、金银产品、硫铁矿、硫精矿、磷矿石、磷精矿、硼矿石等，基本全部实现了市场定价。

国际资本借助中国市场的对外开放将本国竞争性部门以独资、合资或合作的方式大批转移到中国，构成了中国非公有制经济中非常重要的一部分，在东南沿海很多地区甚至是拉动当地就业的主要力量和政府税收的主要来源。所以，中国资本积累在步入中等收入阶段后，由于受到全球资本主义增殖体系的影响，无论上游的研发、高端技术还是下游的市场，都与国外资本具有一定的关联性和依赖性，只有中段的制造环节本土化色彩比较浓厚。

（4）政府对国内资本积累系统的运转具有较强的引导和干预能力。在社会主义市场经济体制中，政府不同于西方资本主义国家"守夜人"的角色，也不是纯粹凯恩斯主义意义上的宏观经济管理者，它作为全民利益的代言人，是国有资本积累环节中不可或缺的主体。早在改革开放之初的十几年时间里，政府几乎就是中国特殊资本积累方式最重要的策划者和执行者。进入 20 世纪 90 年代后，虽然国企产权改革逐步将政企分开，但是政府对国有部门的资本积累仍具有重大的影响力。首先，政府通过国有经济布局，将资本增殖与国家战略目标有机统一在一起。其次，政府通过以基础设施建设为主的财政支出手段，从系统外部为资本积累的"关键一跃"问题寻找解决途径，这一方法虽然形式上类似于美国的罗斯福新政，但是却有着本质不同：罗斯福新政只是应对危机的临时举措，而中国的财政支出则是加速资本积累的长久手段。最后，政府通过管控国有资本，直接行使资本所有者的权力，决定国有资本的投资方向、投资结构和收益在积累基金与消费基金之间的分配①。

第二节　矿产收益在中等收入发展阶段 对资本积累的影响

矿产资源是机器大工业时代必不可少的原料，早在 19 世纪 70 年代就伴随着第二次科技革命，作为产业资本的重要组成部分而进入资本积累系统。

---

① 国务院国资委成立后，明确将自己定位于履行出资人职责，行使股东权力。从国务院国资委的主要权力和职能看，主要包括：任免集团公司正副职高管并考核他们的经营业绩、确定他们的薪酬；核准企业的发展战略，核准或审批企业的投资；制定企业财务管理制度，接收并汇总企业财务报表；批准企业的改革及重组方案；登记企业国有产权。可见在国有资本的投资方向、投资结构和收益在积累基金与消费基金之间的分配会产生相当大的影响。

在典型的资本主义生产关系下，矿产、能源资本和制造业资本的积累过程虽然并无明显区别，均是通过雇佣劳动力获取剩余价值，但是由于矿产和土地一样是天然形成，供给固定，具有明显的垄断性质，以致矿产所有者会从矿产使用者的剩余价值中扣除出一部分被称为"租"的收益。在马克思的再生产理论中，存在"租"的部门并没有放入两大部类中，也没有专门研究"租"的存在对整个资本积累系统的影响。对这一问题的关注虽然从把握资本积累一般规律的出发点来看意义不大，但是对于理解中国资本积累过程中的一些特殊重大问题却十分重要。本节我们将在马克思再生产理论的基础上，构建一个包括矿产部门在内的再生产理论模型，通过对矿产部门资本积累特殊性的考察，具体分析在中等收入阶段矿产收益将会对整个资本积累系统造成的影响。

一、"增量不增殖"与矿产超额收益：中等收入发展阶段中国矿产部门资本积累的两大特性

在中国社会主义市场经济发展过程中，中国政府为了保证制造业部门（含重工与轻工）资本积累所需的矿产、能源等基础原料供应充足，放缓了一些部门的市场化改革步伐：一是在石油、天然气和电力生产和流通领域，较大程度延续了计划经济体制下的经营模式，对上述产品的价格进行控制，主要追求产量最大化而不是利润最大化。二是对煤炭价格进行不同程度控制。1993 年，我国对煤炭价格进行了市场化改革，但为了确保电价稳定，设定了国有大型电厂的电煤价格，从而形成了既有"计划煤"又有"市场煤"的价格双轨制度。在这一制度实施的十多年时间里，煤炭市场先后经历了 20 世纪90 年代到 21 世纪初的低迷以及 2003 年之后的暴涨，为煤炭行业创造了巨额的超额收益。2012 年之后，煤炭市场因国内外经济增速的放缓而再次趋冷，市场价格回落，煤炭超额收益一落千丈，国家在此情况下也趁势取消了重点煤合同，实现了电煤价格并轨。煤炭价格虽然从表面上实现了由市场供求决定，但是由于其最大的买家——电力行业的市场化改革还远未完成，煤炭的非市场化配置方式还难以在短时间内彻底消除。

在中国渐进性改革思路指导的特殊体制安排下，以煤炭为代表的矿业部门的资本积累相较于其他行业而言有两大特殊之处：第一，生产过程并不一

定是价值增殖过程。中国的煤炭开采部门由于很大一部分生产仍带有较强的计划任务性质，是否能够保障能源安全，生产足够国家经济发展所需的使用价值量是主要目标。这里需要强调的是，尽管矿业部门仍带有很强的计划经济色彩，但并不意味着与纯计划经济体制下的情况毫无区别。在价格双轨体制下，矿业部门虽然不以增殖为目的，可以在不增殖的情况下继续进行生产，但由于它生产的产品毕竟仍要以交易而不是划拨的形式出售，所以还处在商品经济领域内，其产品同样具有价值和使用价值双重属性。这意味着，矿业部门仍然存在价值创造活动，资本并没有消除，劳动者还是价值的创造者，并没有脱离中国整个的资本积累系统。第二，矿产收益具有明显"租"的性质。和典型资本主义国家情况一样，矿产资源作为不可再生资源，在开采的进度和开采容量方面都存在一定程度的上限，在限制范围内开采出的矿产如不能满足当时各行业发展的需要，就会制造需求大于供给的缺口，造成价格不断攀升，使矿产部门收益远超其本身所创造的价值。在煤炭价格双轨体制下，提供合同煤的企业在创造小的价值量的同时，却提供着数量巨大的使用价值量，这些在价值上被低估的煤炭转入计划管控较强的电力部门，转化成为廉价的电力再向下游转移，减少了下游市场化部门在矿产、能源方面所需花费的预付资本。这些部门可以将节省下来的资本投入其他设备、原料或劳务的购买，势必会加快资本积累的步伐，而出售相应设备和原料的部门也会因市场需求的增加而加快自身积累。在类似的连锁反应下，资本积累的步伐会不断加快，进而反过来持续增加对煤炭等基础矿产的需求，拉升煤炭价格，产生带有租性质的矿产超额收益。

二、资本过剩：中国中等收入发展阶段的基本矛盾——基于社会总资本再生产模型的理论分析

马克思在进行社会总资本再生产问题研究时，将生产部门分为两大部类——生产资料部门和生活资料部门，并分别阐述了简单再生产和扩大再生产两种情况下确保各部门资本顺畅积累的平衡条件。其研究表明，要顺利实现社会总资本的生产和流通，各部类的资本在进行积累时会彼此影响、相互制约。具体来说，在简单再生产条件下，生活资料部门的不变资本投入量要与生产资料部门的可变资本以及剩余价值之和相等，而在扩大再生产条件下，

剩余价值的分割比例要保持在一定合理的范围内，使生活资料部门的不变资本以及剩余价值用于追加不变资本的部分要大于生活资料部门可变资本和剩余价值用于消费的部分。一旦平衡条件没有得到满足，各部类创造的商品价值就不能完全实现，社会总资本的再生产会再次因资本积累中的"关键的一跃"无法实现而中断。

中国的资本积累进程与西方典型资本主义国家明显不同，因而在社会总资本再生产方面也与马克思所描述的资本主义情形有诸多区别，具体表现在：首先，在部类的划分上，在生产资料部门和生活资料部门以外，中国还需单独引入一个特殊的矿产部门，其特殊之处正如上文所指，这是一个只注重生产使用价值却不强调资本增殖的部门，可以在不追加劳动的情况下，即在不创造新价值的基础上，凭借固有设备对天然形成的矿产资源的挖掘和搬运，生产出更大的使用价值量，这种不带有价值创造和价值增殖性质的价值运动在典型资本主义国家显然不可能发生，但是在"半计划半市场"的双轨体制下却可以正常存在。在这种体制下，矿产部门的主要使命并不是资本的自我增殖，而是主要为本国的工业化提供必需的能源物资。其次，在资本的构成上，由于中国是以国有资本为主导的双资本积累系统，马克思再生产分析框架中的不变资本、可变资本只适用于这个系统中在性质上更接近资本主义性质的生产部门，如外资企业和部分民营企业。而对于在资本积累系统中居主导地位的国有部门而言，因不存在劳动雇佣关系和剥削关系，资本失去了社会关系属性，只是一个生产力上的概念，不能将不变资本、可变资本、剩余价值这些反映社会关系的本质内涵带入其中，因而只能沿用其在生产中的外延含义，将不变资本转化为除劳动力之外的生产资料投入的货币量，将可变资本转化为劳动者付出的劳动量的货币量，即工资或消费基金，将剩余价值转化为利润或积累基金。最后，在增殖模式上，马克思的再生产理论只限于对竞争性资本的研究，而且基于资本有机构成相同的前提假定，这使得剩余价值可以由各部类独立生产并且在部类之间不发生相互转移。但中国从计划经济向商品经济过渡而来的资本积累自启动之始，就以竞争性并不强的国有资本为主导，从未出现资本主义国家以竞争性资本为统治的时代，特别是进入中等收入阶段，居核心地位的国有资本更是不断向资本密集型的垄断行业集中，大部分从竞争性领域撤出。因而要研究中国的社会总资本再生产，必须改变只存在竞争性资本的假定前提，将垄断资本加入其中。根据斯威奇等的研究，垄断资本获取的垄断利润并不是完全由自身创造，而主要来自对竞争部门剩余价值的挤占和转移。

基于以上分析，我们将基于马克思再生产理论，构建一个适合于解释和研究中国在中等收入阶段社会总资本运动的理论分析框架。

（一）社会生产的三部类

在中国特色的社会主义市场经济体制条件下，社会总产品的生产部门可分为三大类：第一类是以矿产为代表的资源能源部门，以矿山、森林、海洋湖泊中蕴藏的不可再生或可再生资源为依托，通过搬运、加工等方式转化为工业生产所需的能源、原料等基础物资。该部门并非完全意义的现代工业部门，仍处在完全的价格控制或"半计划半市场"的双轨体制环境，并且国有资本所占比重较高。第二类是除去自然资源产品之外的生产资料部门，使用资源能源部门提供的能源、原料等基础物资，生产社会一切生产所需的各类制造品及服务。在中等收入阶段，该部门存在国有和非公两大主体，国有部门主要集中在资本密集型且垄断程度较高的行业，非公部门主要集中在劳动密集型或竞争程度较高的行业。第三类是生活资料部门，使用自然资源部门和生产资料部门提供的产品，生产劳动者和其他一切人群所需的生活类产品及服务。该部门以非公生产部门为主，竞争性程度较高。

由于在社会主义的条件下，雇佣不是基本的社会生产关系，原来马克思再生产理论中的可变资本、不变资本、剩余价值，在每个部类都要分别转化为生产资料价值、消费基金和积累基金。其中，生产资料价值是生产过程中投入的所有机器设备以及原材料的价值，消费基金是劳动者用于自身生存和发展的价值，积累基金是用于扩大再生产，为新的生产资料和劳动者进入生产而进行的垫付。其他方面和马克思再生产理论完全一致，劳动者仍然是价值的创造者，价值量按照社会必要劳动时间来衡量，商品价值量等于生产资料价值、消费基金与积累基金之和，生产资料价值不管是固定资产还是流动资产，均假定一次性转移到商品价值中，消费基金和积累基金均由劳动者创造而来。

（二）三部类之间的价值交换

1. 资源能源部门与生产资料、生活资料部门的价值交换

资源能源部门不是一个"无中生有"的生产部门，矿产品等工业化发展

所需的自然资源早在开采部门进驻之前就已存在，开采部门只需采取一定的生产手段将其"搬运"出来即可。以煤炭开采为例，在我国一些煤炭富集区，可开采煤层较浅，即使不动用现代化的机器设备，依靠最原始的人工劳作也可将煤炭搬运上来作为商品出售，但是也有很多埋藏较深的可开采煤层，需要在相应机器设备的辅助下完成搬运。所以，资源能源部门对生产资料价值的投入具有不确定性，当只需依靠人工即可完成开采工作时，不会对相应的生产资料部门提供的产品产生多大需求，反之当不采用现代化设备无法进行开采时，就会向生产资料部门进行购买，从而产生价值交换关系。在简单再生产的情况下，自然资源部门在生产资料价值上的投入由出售自然资源所获价值中的一部分进行补偿；在扩大再生产条件下，追加的生产资料价值由积累基金的一部分来补偿。

自然资源部门的劳动投入也具有不确定性，在简单人工搬运情况下，劳动投入所占比重较大，新价值也以社会平均的劳动时间和劳动强度创造出来，并构成商品价值的一部分。在非雇佣关系下，实现的商品价值扣除生产资料价值后，按照人为设定的一定比例分配给劳动者，形成消费基金。如果进行简单再生产，消费基金规模将保持不变，在资本结构中所占的比重也不变；反之如进行扩大再生产，消费基金总量规模将增加，但在资本结构中所占的比重会下降。劳动者在取得消费基金后，会从生活资料部门购买生活所需，由此使第一部类与第三部类产生价值交换关系。在机器开采的情况下，由于自然资源的产品属性均已天然形成，机器在理论上可以完全替代人工，单独承担资源搬运的工作，因而对劳动的需求不仅会大幅降低，而且还会使劳动的作用边缘化，只出现在管理、组织等辅助性生产活动环节，劳动创造价值的空间也被大大压缩。自然资源的机械化开采水平越高，开采部门吸纳的劳动就越少，创造的价值也就越小，到某种极端状态，该部门会成为一个只生产使用价值却不创造价值的特殊存在，只与下游的生产资料部门有价值交换关系，而劳动者所需从生活资料购买的消费品的规模会不断萎缩，甚至趋于零，从而导致第一部类与第三部类的价值交换关系趋于消亡。

资源能源部门经过生产过程完成价值创造和转移之后，以商品的形式向其他两个部类进行销售。在这一价值交换过程中，对于已经完全市场化的资源类商品，由于自然资源的垄断属性，商品并不完全基于自身所蕴藏的价值进行交换，商品价值构成中有一部分是因自然资源垄断性所带来的租金收入；

对于仍处在高度管制状态的资源类产品，商品并不遵循等价交换原则，交易价格和商品价值之间的关系脱节，交易价格通常都会低于商品价值，损失的部分一般会由财政以补贴的方式弥补一部分①；而对于处在半市场半计划的双轨体制下的资源类产品则兼具前两者，在计划配额内的部分背离等价交换，计划配额外完全进行市场交易的又在高于自身价值的基础上进行交易。

2. 生产资料部门与资源能源部门、生活资料部门的价值交换

生产资料部门所需要的设备、原材料由自身供应，不会与其他部类产生价值交换关系，但是由自然资源转化而来的能源和原材料需从第一部类进行购买，所垫付的货币资本将通过生产的产品向其他两个部类出售所实现的价值来补偿。其中，如果购买的是未市场化的资源类产品，补偿额将低于资源类产品的价值，意味着会产生资本结余，即本该用于生产资料价值补偿的货币资本可以节省下来转作他用；反之如购买的是已经市场化或处在双轨体制市场部分的，补偿额则高于资源类产品价值，意味着本部门的积累基金将有一部分会向第一部类进行转移。

生产资料部门的劳动者同样是新价值的创造者，只不过因处在"公有"和"非公"的不同体制环境下，从新价值中分到的比例不尽相同。身处国有系统的劳动者按照事先人为设定的比例获取所得，而非公有制系统的一部分劳动者则有可能在市场机制作用下获得类似于劳动力价值一样大小的补偿。但无论所获价值有多少，都全部用于购买生活资料部门提供的产品或服务。

生产资料部门生产出的商品价值一部分在部门内部消化吸收，另一部分则通过其他两个部门的购买来实现。在所生产的商品中，以国有部门为主体生产的资本密集型商品通常具有一定程度的垄断性②，交换价值会高于商品本身的价值，也就是会将购买该商品的生产部门的一部分积累基金转移过来；而以非公部门为主体生产的劳动密集型商品竞争特性比较明显，可以做到等价交换。

3. 生活资料部门与资源能源部门、生产资料部门的价值交换

生活资料部门大多由非公企业构成，与马克思再生产理论中描述第二部类基本相同。生产所需的生产资料要从其他两个部类进行购买，垫付的货币

---

① 因财政补贴只是补亏不补盈，难以保证所给补贴可以将矿产部门损失的价值全部补偿。

② 对于少数具有优势从事垄断性资本密集型的非公企业，也可列入该种情况。

由生产的生活资料商品的价值进行等额补偿，劳动者作为价值的创造者，将分得的消费基金用于消化部分本部门生产的商品价值，另一部分商品价值则由其他两个部门的劳动者购买吸收。

（三）社会总资本再生产的实现条件

三大部类的资本积累及价值运动前后相继，相互依存，一个部类货币资本向生产资本的转化，就意味着另一个部类商品资本向货币资本的转化，因此，一个部类货币资本与另一部类商品资本之间必须保持一定合理的数量关系，方能保证社会总资本在各部类之间顺利流通进而实现再生产。下面我们继续遵循马克思再生产理论的分析框架，分简单再生产和扩大再生产两种情况，具体研究社会总资本再生产的实现条件。

1. 简单再生产情形

简单再生产情形下，劳动者创造的新价值在扣除消费基金之后的部分，以及垄断部门从竞争部门转移来的部分，均不作生产性使用，而只用于消费。为便于分析的方便，对社会总资本再生产过程中涉及的重要变量用如下符号代替：C_i 代表第 i 部门投入的生产资料价值，V_i 代表第 i 部门劳动者分得的消费基金，M_i 代表劳动者创造新价值扣除消费基金的部分，W_i 代表第 i 部门生产的商品价值，其中 $i = 1$，2，3（1 代表资源能源部门，2 代表生产资料部门，3 代表生活资料部门）。R_1 代表资源开采部门的超额收益，R_2 表示生产资料部门中带有垄断性质的资本密集型部门的垄断租收入，$R_1 + M_1$ 和 $R_2 + M_2$ 分别为资源开采部门和生产资料部门中具有垄断性质的生产单元的积累基金。这样，社会资本总生产可以用如下等式组来表示：

第一部类（资源能源部门）：

$$C_1 + V_1 + M_1 + R_1 = W_1 \tag{3-1}$$

第二部类（生产资料生产部门）：

$$C_2 + V_2 + M_2 + R_2 = W_2 \tag{3-2}$$

第三部类（生活资料生产部门）：

$$C_3 + V_3 + M_3 = W_3 \tag{3-3}$$

在生产伊始，各部类分别垫付 $C_1 + V_1$，$C_2 + V_2$，$C_3 + V_3$ 的货币资本，在货币资本向生产资本的转化时，垫付资本中作为 C_i 的部分会消化第一部类和第二部类所生产的商品的价值，当三个部类总的生产资料价值投入等于第一

部类和第二部类的商品价值时，即满足

$$C_1 + C_2 + C_3 = W_1 + W_2 \qquad (3-4)$$

第一部类和第二部类的商品资本就顺利实现了向货币资本的回归并完成了价值增殖。反之，如果式（3-4）的等式关系没有成立而出现不等关系，诸如 $C_1 + C_2 + C_3 > W_1$ 意味着垫付货币无法购买到与其价值量相等的生产资料，导致部分货币资本无法转化为生产资本，而当 $C_1 + C_2 + C_3 < W_1$ 时，意味着垫付货币没有消化全部由第一部类和第二部类生产的商品价值，导致两个部类的商品资本无法全部转化为货币资本，不能实现资本增殖或对垫付的货币资本价值进行足额补偿。

同理，三大部类在货币资本向生产资本的转化时，垫付资本中作为 V_i 的部分将形成消费基金，用于消化第三部类所生产的生活资料。除此之外，在简单再生产情形下，三大部类的积累基金 $R_1 + M_1$、$R_2 + M_2$ 以及 M_3，也全部用于购买第三部类生产的商品。这样，第三部类商品价值将等于三大部类的消费基金与积累基金之和，即满足

$$V_1 + V_2 + V_3 + M_1 + M_2 + M_3 + R_1 + R_2 = W_3 \qquad (3-5)$$

此时，第三部类的商品资本将全部转化回货币资本并完成增殖。当（3-5）式中的左式大于右式时，意味着消费者手中的一部分价值无法让渡出去，回到资本循环和积累中；反之当左式小于右式时，第三部类的部分商品资本无法回到货币资本形态，都无法实现社会总资本的简单再生产。

因而，将式（3-4）代入式（3-1）和式（3-2），或将式（3-5）代入式（3-3），均可得到实现社会总资本简单再生产需满足的条件：

$$C_3 = V_1 + M_1 + V_2 + M_2 + (1-\alpha)R_1 + (1-\beta)R_2 \qquad (3-6)$$

其中，$0 \leqslant \alpha \leqslant 1$，$0 \leqslant \beta \leqslant 1$，$\alpha$ 表示第一部类从第二部类积累基金中挤占出的超额收益占全部超额收益的比重，β 表示第二部类从第一部类积累基金中挤占的垄断租占全部垄断租的比重。式（3-6）表明，社会总资本要实现简单再生产，第三部类在生产资料价值上的投入要与第一部类和第二部类劳动创造的新价值 $\sum\limits_{i=1}^{2} V_i + M_i$ 以及这两大部类从第三部类挤占出的积累基金 $(1-\alpha)R_1 + (1-\beta)R_2$ 和相等。可以发现，$\alpha = 1$ 以及 $\beta = 1$ 时，即第一部类和第二部类的租金所得完全在彼此交易中实现，没有向第三部类出售，未将第三部类的积累基金挤占和转移的极端情况下，式（3-6）会蜕变成马克思典型简单

再生产实现的平衡条件。而在 $0 \leqslant \alpha < 1$，$0 \leqslant \beta < 1$ 的范围内，第三部类的生产规模将取决于向第一部类和第二部类转移的被挤占的积累基金的规模，挤占的积累基金越大，第三部类 C 的投入就越大，占总资本的比重就可以不断上升，出现类似于资本有机构成提高的情况；反之，第三部类 C 的投入不能增加，会长期保持在以劳动投入为主的生产状态。这表明，在有垄断部门存在的社会总资本再生产体系下，竞争部门的资本规模和资本结构并不由其资本积累自身决定，而是会严格受制于垄断利润的大小，一旦与后者脱离应保持的数量联系，就会导致本部类乃至整个生产系统的资本积累无法顺利进行。

2. 扩大再生产情形

当三大部类的积累基金开始发挥其原有的功能，即主要用于消费之外的生产性投入时，社会总资本即可进行扩大再生产。在社会主义市场经济条件下，由于资本所有者归根到底仍是劳动者自身，所以包括资本所有者在内的一切消费可全部由消费基金满足，积累基金无须再像资本主义的剩余价值那样划出一定的比例供资本所有者消费使用，故这里假定积累基金将完全转为生产所用，仅包括追加购买更多的生产资料和追加使用更多的劳动者，而不包括增加资本所有者的消费。同时，为分析的方便，先不考虑各部类资本构成的差异，假设三大部类的积累基金以相同的比例分配到追加的生产资料和追加的劳动中去，即 $\dfrac{\Delta C_i}{\Delta V_i}$ 为一常数。在此情形下，三大部类在生产资料价值上的投入总量变为 $C_1 + C_2 + C_3 + (M_1 + M_2 + M_3)x$，在劳动投入方面的价值量变为 $V_1 + V_2 + V_3 + (M_1 + M_2 + M_3)(1 - x)$，为确保三大部类的货币资本能够顺利实现向生产资本的转化，需要满足

$$C_1 + C_2 + C_3 + (M_1 + M_2 + M_3)x \leqslant W_1 + W_2 \qquad (3-7)$$

$$V_1 + V_2 + V_3 + (M_1 + M_2 + M_3)(1 - x) \leqslant W_3 \qquad (3-8)$$

在各部类进入生产环节后，追加的劳动会创造较之简单再生产更多的新价值，连同追加的生产资料价值，一并贡献出价值量更大的商品资本 W_i，该商品资本要通过市场交易完全实现其价值，成功回到货币资本的状态，又需满足

$$C_1 + C_2 + C_3 + (M_1 + M_2 + M_3)x \geqslant W_1 + W_2 \qquad (3-9)$$

$$V_1 + V_2 + V_3 + (M_1 + M_2 + M_3)(1 - x) \geqslant W_3 \qquad (3-10)$$

综合式（3-7）和式（3-9），以及式（3-8）和式（3-10），经化简

整理，可得到社会总资本扩大再生产的实现条件：

$$C_3 + M_3 \cdot x = V_1 + V_2 + (M_1 + M_2)(1-x) + (1-\alpha)R_1 + (1-\beta)R_2$$

$$(3-11)$$

注意，虽然上面等式的右式与简单再生产的实现条件相同，但在性质上已完全不同，这里的积累基金 $M_1 + M_2 + (1-\alpha)R_1 + (1-\beta)R_2$ 全部用于追加的生产资料 ΔC_i 和 ΔV_i。借鉴杜冈的分析方法，扩大再生产首先需满足简单再生产，在积累基金不用于任何消费的情况下，第三部类维持简单再生产所需的生产资料必须通过出售给前两个部类等价值量的消费基金，因而有 $C_3 = V_1 + V_2$，将其代入式（3-11），扩大再生产实现条件可进一步简化为

$$M_3 \cdot x = (M_1 + M_2)(1-x) + (1-\alpha)R_1 + (1-\beta)R_2 \qquad (3-12)$$

式（3-12）表明，社会总资本要维持扩大再生产的状态，第三部类的积累基金中用于生产资料的部分必须等于其他两个部类用于追加劳动投入的消费基金和从第三部类转移上来的积累基金之和。在 $\alpha = 1$ 以及 $\beta = 1$ 的极端情况下，第三部类积累基金中追加的生产资料价值正好等于其他两个部类积累基金用于追加劳动投入的消费基金的价值，说明第三部类生产规模扩张的速度将受制于前两个部类劳动量投入增长的速度，如果前者超过了后者，第三部类将有部分拟追加的生产资料不能通过足额的货币资本购买，从而使预期的生产规模扩张无法实现；反之如果后者超过了前者，意味着第三部类在追加生产资料后还有积累基金剩余未用完，当积累基金的分配比例既定且 $x \neq 0$，表明还可以继续增加生产资料的购买，直到使二者再次趋于相等为止。若第三部类不追加购买生产资料，则第一部类和第二部类生产的商品价值无法全部实现，积累基金随之减少，直至降到与第三部类追加的生产资料价值一致为止。当 $0 \leq \alpha < 1$，$0 \leq \beta < 1$ 时，由于存在一个正的转移价值，需要第三部类追加的生产资料价值超过向前两个部类追加的劳动者出售商品所实现的价值，但由于生活资料部门购买其他两部门商品的货币资本只能来自向这两个部门出售商品所获得的价值，超出的这部分在现有条件下是没有渠道能够实现的。在此情况下，第一类和第二类将遭遇商品资本无法全部转化为货币资本的问题，积累基金将会萎缩，社会总资本的扩大再生产就会中断。

由此可见，在垄断租存在的情况下，社会总资本的扩大再生产并不具有持续稳定进行下去的客观条件，最终会以第一部类和第二部类资本的相对过剩而终止，这是中国在现有制度环境下资本积累所面临的一个内在矛盾。

三、数量增长、资源依赖与"中等收入陷阱":中国应对资本过剩的两难境地

在资本积累矛盾难以从根本上克服的情况下,社会总资本的再生产要最大限度地维持下去,必须通过资本积累系统自身调节或外部推力,不断调整各形态资本在不同部类之间的分配比例,以求在短期能够实现片刻的平衡,再通过无数个短期的扩大再生产的实现来支撑社会总资本长期的积累。下文,我们首先从理论上分析缓解资本过剩矛盾的可能路径,再结合中国自步入中等收入阶段以来的经济发展实际,揭示中国在应对资本过剩问题过程中所形成的以数量扩张为主的资本积累模式,进而研究这种模式对经济增长所带来的风险。

(一)资本过剩短期缓解的可能路径

正如资本主义国家不断通过自身调节和外部市场不断缓解和转移本国资本积累矛盾一样,中国在应对以第一部类和第二部类为主的资本过剩时,也存在内外两条解决路径。分别是:

(1)第一部类和第二部类不断提高消费基金在劳动所创造新价值中的比重,使得追加的劳动向第三部类购买更多的生活资料,从而使后者暂时有能力消化前两部类在上一轮扩大再生产所形成的商品价值。

这是资本积累系统靠自身内部调节缓解过剩资本的一种方式。但要实现这一路径有一个重要前提,那就是第一部类和第二部类在增加消费基金比重的同时并不影响自身的积累速度,否则会出现第三部类即使有能力购买,前两个部类也无力生产的情况。要满足这一条件,又存在两种方式:一是第一部类和第二部类提高单位劳动的价值产出率,使创造的新价值量的增长速度至少不慢于劳动所分得的价值量的增长速度;二是强化垄断租的获得,通过从竞争部门榨取更多的租金来弥补新价值中因增补消费基金而使积累基金出现的缺口。在第一种方式中,单位劳动价值产出率的提高,意味着劳动者在单位时间中要么创造比以往更多的商品数量,即由劳动生产率提高来增加总的商品价值量,要么就是提高劳动的复杂程度,使商品的数量尽管没有增加,但单个商品的价值量增大。对于创造更多商品数量的情况而言,两大部类会出现明显的数量型增长,同时商品的单位价值量会降低,而第三部类则会在

追加生产资料价值的过程中也表现为明显的数量扩张特征，表现为占用的土地空间更大、使用的能源、原材料更多等。对于提高劳动复杂程度的情况而言，两大部类则会走向质量型发展，呈现出明显的内涵式提升特征，产业升级迹象明显，而第三部类也会因生产资料和工具的改进而同样呈现出重视产品品质和个性服务的质量型发展趋势。

（2）通过财政政策、金融政策、产业政策对各部类的资本积累进行干预，人为调整各形态资本和租金的规模与分配比例。

具体的渠道有：第一，减少第三部类向第一部类和第二部类转移的租金规模。主要通过产业政策，即降低门槛、鼓励竞争等手段提高那些主要供应生活资料部门所需能源、设备和原材料的生产资料部门的竞争程度，最大限度避免因垄断而发生的价值转移，使第三部类扩大再生产所需追加的生产资料价值接近向第一和第二部类劳动者出售商品所获取的价值。第二，增加三大部类商品的外购通道。一是政府通过扩大财政支出用于基础设施等建设，或制定外贸政策刺激海外购买，直接开辟消化第一部类和第二部类商品的外部通道，使其不需和第三部类进行交易即可实现资本增殖；二是政府扩大自身消费或通过贸易政策扩大海外消费，在第一部类和第二部类的劳动者群体之外，促进第三部类更多商品资本向货币资本的转化，使其可以追加足额的生产资料以确保第一部类和第二部类资本积累的顺畅进行。第三，通过财富再分配提高第三部类的积累基金增长速度。以差异化税收政策为手段，对第一部类和第二部类征收重税，而对第三部类进行减税，人为调整积累基金在三部类之间的分配比例，保证社会总资本具备进行扩大再生产的条件。第四，加大对第三部类的信贷支持。对于第三部类追加的生产资料价值超过经交易而来的价值部分，由政府引导金融系统提供额外的货币资本来补充，以使第三部类能够暂时消化前两部类生产的产品。

（二）中国现实应对资本过剩的主要路径：数量扩张与资源依赖

从中国自进入中等收入阶段以来经济发展的实践历程上来看，由于在特定的历史时期受到了来自国内外综合因素的影响，资本积累为缓解内在矛盾走上了一条依赖资源开发、不断强化数量扩张的道路。

1. 21世纪初的外需膨胀：数量扩张型资本积累惯性的形成与强化

从典型资本主义国家的发展历程看，数量扩张型资本积累是一定历史时期必然出现的一种积累方式。中国的不同之处在于，资本积累系统在 20 世纪 90 年代刚步入以增殖为目标的发展道路上，就受到了来自国际环境的巨大影响，较快进入了由国际垄断资本所主导的国际市场。在马克思主义经济学说史上，美国的保罗斯维奇、埃及的阿明、巴西的多斯桑托斯等马克思主义经济学家都曾提到，全球资本主义市场体系的建立是转移资本主义国家经济内部矛盾、化解资本主义基本矛盾的重要途径。自 20 世纪 90 年代以来，西方发达资本主义国家先后步入垄断竞争时代，以人力资本为核心的垄断资本出于价值增殖的需要，逐步推动国内经济结构转向以智慧创造、科技创新、高端制造和服务为主，同时开始在全球布局价值增殖体系。进入 21 世纪以后，基于全球战略的垄断资本迎来高速发展的黄金期，与当时的中国在如下两个方面形成了相互依存关系：

一是主要发达资本主义国家因垄断资本的"去工业化"倾向对中国生产的日用消费品产生巨大需求，为中国第三部类生产的产品提供了广阔的外部市场空间，使第三部类资本增殖的实现不必受限于国内消费基金的增长，从而也使第三部类有能力实现更大规模的积累基金来消化第一部类和第二部类的商品资本。

二是主要发达资本主义国家因本国垄断资本发展导致的大批技术含量较低，或标准化生产程度较高，或劳动投入量较大的竞争性产业的外迁，使大批发达国家资本积累所需工业品的加工制造转移到中国，中国因嵌入发达资本主义国家垄断资本增殖的必要环节，使第二部类的产品同样具有了稳定庞大的国外需求。这样，两个部类的生产资本和商品资本就可以依靠国际垄断资本的快速发展而顺利实现向下一资本形态的转化。

正是由于与国际资本发展需要的高度契合，中国三大部类的资本在尚未经过充分的国内发展，形成较成熟的国内市场体系，为三大部类资本在国内的循环周转提供充足空间的情况下，就快速卷入了全球市场体系。这种发展中国家普遍遇到的局面，给中国的资本积累造成了如下两方面的影响：

第一，国有部门在国际分工格局下强化了两个固化倾向，导致创新能力长期缺失，无力向质量发展转变。在垄断资本构建的全球分工格局中，作为世界工厂的中国自然成为垄断资本高精尖产品和服务的重要市场，大批有知识产权保护的核心技术和部件输入中国，虽然在短期内提高了中国制造的科技水平，但事实上加剧了国内资本对国外技术的依赖，造成了资本积累在两方面的固化：一是结构上的固化，即资本更愿意选择有国外先进技术支撑的行业和产品进行生产，通过依靠国外日新月异的技术创新来保持持久的竞争力；二是质量上的固化，资本有机构成提高的背后并未出现为提高个别劳动生产率而改进机器或发明新机器的创造性活动，偏向资本规模扩张，形成对外技术依赖。

第二，激烈的国际市场竞争使中国的出口行业更加依赖数量扩张所带来的低成本优势。在经典的马克思主义贸易理论中，一国与另一国进行商品交易的基础仍然是价值，商品在国际市场上的交换价值由各贸易国生产该商品所用的平均劳动时间来决定。一国生产的单位商品的价值量越低，在国际市场就越有竞争优势。通常，这种优势的取得来自国内资本有机构成的提高，而资本有机构成的提高一定伴随劳动生产率的提高。对于发展到中等收入阶段的典型资本主义国家而言，劳动生产率的提高，是资本出于竞争而争先恐后改进生产技术条件和使用新机器的结果。但是对于同处中等收入阶段的中国而言，劳动生产率的提高，则可以在第一部类只增量不增殖部门的生产扩张中配合设备的海外购进来实现。

举例说明，假设在初始时点三大部类创造的商品价值均为 100 元，商品数量均为 100 个，这样单位商品价值为 1 元。此时第一部类进行生产扩张，在不使用新劳动的情况下仅凭借现有设备又"搬运"出 50 个单位的矿产等自然资源，令现有技术条件下 50 个单位的自然资源可以直接转化为第二部类和第三部类所需的生产资料，则这两部类生产资料价值量并没有变化，但数量增加了 50 个单位。假如增加的生产资料需要新的劳动来配套才能生产更多新的产品，则会引起第二部类和第三部类更多劳动的投入，从而使商品的总价值量提高。在这当中，如果生产资料数量的增加又超过配套劳动创造的新价值量，单位商品的价值量就可以降低。假如生产资料在增加的同时，第二部类和第三部类因新技术和设备的引进①而进一步节约了劳动，则增加的生产资料也无须通过新劳动与之对应，从而也不会影响生产商品的价值总量。结果，不变的商品价值总量对应了由生产资料追加引起的更多的使用价值量，使单位商品价值量得以直接下降。可见，中国特有的存在双轨运行部门的资

---

① 由于存在国有部门的两个固化问题，这里的引进是指直接从国外购买和使用现成的核心技术和设备，而不是通过自我研制与生产。

本积累方式，使中国商品可以在单纯的数量扩张中获取出口竞争优势，这种优势依靠的并不是西方主流经济学一直强调的廉价劳动力，相反是在不断排斥劳动的过程中通过过度的自然资源开发来实现。

总之，在国际市场旺盛的购买力影响下，数量型扩张的资本积累方式表现出了强大的生命力和优越性，中国的资本积累系统也因享受到全球化带来的红利，而逐渐形成数量扩张的惯性，并在后续的发展中不断强化，最终将中国打造成为新的"世界工厂"。

2. 数量扩张型资本积累过程中的环境资源压力与资本过剩危机

中国的数量扩张型资本积累由于很大程度上受到了国际资本的影响，在全球资本增殖体系中充当了一个相对固定的加工制造者的角色，无法像典型资本主义国家那样，在经过一段时期量的积累后，能够在资本增殖的要求下实现质的提升，向以差异化竞争为主的更高层次的市场格局跃迁。因此，只要国际环境没有发生大的、根本性的变化，或者中国不刻意在主观上试图改变，那么这种数量扩张型资本积累就具有长期存在下去的可能。

2000～2008年，在国际资本带动的全球化经济发展中，中国依托数量扩张型的资本积累模式，无论是国有资本还是民营资本，都在规模上实现了十分快速的增长。然而，这种资本积累模式在取得巨大经济成绩的同时，也在两个方面埋下了发展的隐患。

第一，经济增长的资源依赖度提高，造成巨大的环境资源压力。任何工业品生产的源头，都会追溯到自然资源的开发，没有大自然天然材料的供应，人类不可能无中生有，制造出有形之物。所以当资本积累主要依托产品数量的扩张时，不可避免地会对自然资源进行掠夺性开发，对生态环境造成巨大的破坏。据2009年度的《中国环境发展报告》，在基于数量扩张的资本积累规模获得空前膨胀之后，中国面临着一系列严峻的环境、资源和生态问题，一是以资源消耗为主的经济活动所导致的温室气体排放量大幅提升，据《中国低碳金融发展2014年度报告》显示，20世纪90年代，中国二氧化碳排放量仅占全球总排放量的11%，而2013年中国人均碳排放接近法国，达到7.6吨/人。到2013年中国碳排放总量已达到世界第一，占全世界总排放量的26%，由此引发的气候变暖趋势进一步加强，随之带来的极端天气和气候事件给经济社会和人们生活带来诸多不利影响。二是工厂企业在海量产品的生产中产生大量污水、垃圾废物，给周边的水源、土壤造成了巨大的污染。其中，工业废水污水已经严重影响了我国七大水系和沿岸海域的水源质量，而大量工业固体废弃物的堆放和倾倒严重占用了土地资源，并造成土壤结构的破坏，使附近耕地质量退化以及水土流失，不仅对生态资源造成了巨大破坏，也加剧了工业发展用地紧张，并恶化了广大地区居民的生活条件和身体健康状况。三是矿产高强度开发对水资源的巨大破坏，很多地下开采活动破坏了地下水流系统，改变了原有的水流方向，以致很多地区水源断裂，地下水位下降，引发土地荒漠化等一系列生态问题，不仅影响到居民日常生活，更造成很多地区的工业发展遭遇用水瓶颈。

第二，能源的短缺。能源是工业的血液，产量的高速增长必然会产生庞大的能源需求。据世界银行的能源使用量的相关统计数据，在1978年以来有完整数据信息的107个国家中，中国在排除人口基数影响的情况下，能源使用量的平均增速达到3.54%，位居第八，远超世界平均水平（0.72%），同时还高于中高收入国家平均水平0.7个百分点，高于中等收入国家平均水平1个百分点，也高于东亚和太平洋地区国家的平均水平（2.63%），而反观日本、法国等发达国家，能源使用量增速均低于0.5%，美国、德国、英国等甚至早已进入负增长。[1] 在增速如此之高的情况下，再考虑到我国数十倍甚至几十倍于其他国家的人口，每年要新增的能源产量在绝对规模上必然要超过世界其他国家。虽然自改革开放以来，我国积极进行能源开发和利用，诸如不断寻找和开发新的油气资源，保障火力发电的煤炭供应，建成世界水利发电规模最大的三峡电站，大力开发风力发电、太阳能光伏发电以及核电等新能源，最大限度地保障工业化的快速运行，但是能源供给压力却始终未能消除，尤其在石油和电力资源上，供需矛盾长期紧张。诸如2008年次贷危机爆发后，国际资本拉动起的庞大外需虽然大大萎缩，但是数量增长的惯性仍然在对电力产生巨大的需求，同年有13个省级电网出现不同程度的拉闸限电，此后电力缺口再次呈现扩大趋势，到2011年缺口达到3000万千瓦以上。[2]

第三，加剧了矿产资源超额收益的增长，增加了潜在过剩资本的存量规模。前文已表明，资本积累过程中产生的租金收入是社会主义经济扩大再生产基本矛盾产生的重要根源，租金规模越大，部类之间就越难满足扩大再生

---

[1]　世界银行网站。

[2]　国家发展改革委 2012 年 1 月 17 日官网通报数据。

产平衡条件。在以数量扩张为主的资本积累进程中，能源供应因跟不上快速增长的工业品的生产与使用，导致能源领域长期处在相对短缺的状态。在此情况下，中国政府为了避免能源价格放开将整体提升宏观经济运行的成本，进而导致经济出现严重下滑的风险，只能继续沿用渐进式改革的思路，对短缺严重的石油和电力的价格实行政府定价，对发电所用的煤炭实行计划指导价，其他用途的煤炭则实行市场价。在用电量快速增长的时期，只要煤炭开采的速度慢于电力消耗的速度，电煤在煤炭供应中所占的份额就会提升，用于电煤之外使用的市场煤的供应量就会减少，必然会和当时市场相对火爆的需求之间出现巨大的缺口，从而推动煤炭价格的暴涨。2002～2012 年，中国电力、热力生产供应业投资额 12947.9 亿元，较 2002 年投资额 534.68 亿元增长 23 倍，同期发电量从 2002 年的 16404 亿千瓦时增长至 2012 年的 49875 亿千瓦时，增长 3 倍之多，其中火电发电量由 2002 年的 13273.8 亿千瓦时增长至 2012 年的 38928.1 亿千瓦时，电煤供应占原煤生产比重平均保持在 68%[1]，一度造成用于市场交易的煤炭供不应求，煤炭价格持续上涨，从 2002 年的 200 元/吨左右飙升到 2012 年的 672 元/吨[2]，给煤炭行业带来了巨额资源收益，被业界称为煤炭行业发展的"黄金十年"。正是在紧俏的市场行情下，煤炭出售所获得的价值量远远超过其本身固有的价值，从而产生大量基于煤炭经营权垄断所产生的超额收益。

根据上述的分析结论，矿产超额收益的大批出现必然加剧中国社会主义扩大再生产的固有矛盾，从而使过剩资本的规模进一步扩大。当然，在中国数量扩张型资本积累迅速发展的时期，由于先后受到国外旺盛的需求和国内一系列以拉动需求为目的的政策组合拳的支撑，由超额收益引发的过剩资本因有外部力量吸收，并没有以很严重的经济问题呈现出来。但是自进入 2012 年之后，由于国际经济的持续疲软和国内全面刺激政策的边际效果明显递减，资本积累系统的外部支撑力量明显减弱，三大部类潜藏的资本过剩问题便很快以产能过剩的形式全面暴露出来，这才促使 2016 年以"三去一降一补"为主要内容的供给侧结构性改革措施的出台。

---

① 国家统计局网站。

② 郭白滢、雷强：《我国煤炭市场价格走势及其波动特征研究》，载《价格理论与实践》，2014 年第 10 期。

综上所述，中国自步入中等收入阶段以来，在面对因租金收入存在所致的过剩资本问题上，借助全球化带来的种种市场机会逐渐习惯于运用数量扩张的方式，运用资本系统之外的需求来对过剩资本进行消化、吸收和转化，但是由十几亿人口参与的庞大数量的商品制造，导致了中国原本丰富的矿产资源的透支性开发，以及环境资源的破坏，不仅影响了中国经济发展的可持续性，更是在国际社会强化气候变化问题的背景下增加了中国在下一阶段发展的难度。而因数量扩张产生的能源供应能力的长期相对不足，也使煤炭等矿产部门始终有机会获得超额收益，从而进一步加剧全社会扩大再生产的内在矛盾。

（三）数量型增长的"去"与"留"：面对中等收入陷阱的两难选择

中等收入陷阱是经济增长进入中等收入阶段后有可能会出现但也有可能不会出现的一种发展状态。根据上一章有关中等收入阶段的理论界定，可以得知，所谓的中等收入陷阱实质上是资本和资本积累方式失去继续向更高形态转化的能力，从而长期固守在以排斥劳动，不断提高资本有机构成为特征的资本积累方式上。遍观当今世界，尽管大部分国家已经步入了工业化的行列，但真正能够让资本积累冲破中等收入阶段，推进到以人力资本投入为主，倚重科技创新进行差异化发展的高级阶段的国家，只有美国、英国、德国、日本、法国等少数几个传统的发达资本主义国家，以及意大利、挪威、丹麦、加拿大、瑞士、澳大利亚等与上述发达国家已形成经济共同体的国家和韩国、新加坡等个别的新兴市场国家。中国作为世界上最大的发展中国家，从资本积累模式上来看，明显仍处在中等收入发展阶段，并且由于出现了以数量扩张为主的资本积累惯性，在2012年以后已经明显表现为以产能过剩为核心的一系列发展问题，诸如经济增速下滑、就业机会减少、收入差距拉大、企业投资放缓、盈利能力下降等。

面对风险，中国在对待数量型增长上处在难守但也难弃的两难境地：一方面，数量型增长不断加剧资本过剩，导致资本积累不可持续，增加了发展风险。自次贷危机爆发后，数量型经济增长颓势逐渐显露出来，首先是大批外向型生产部门销路中断，致使东南沿海近半数的中小企业破产倒闭，随后危机效应不断向产业链上游蔓延，在不到一年的时间内对内陆地区的能源重工产业也造成致命打击。作为典型资源省份的山西，地区生产总值的增速从危机爆发之前的两位数连续下跌，到 2009 年骤降至 5.4%[1]，为改革开放以来的最低水平，工业增加值更是出现前所未有的负增长。其他省份的能源重工产业也同样遭受重创，效益下滑、库存积压、负债提高，产能过剩开始成为中国宏观经济运行最为严峻的问题。据中国人民银行金融市场司的测算[2]，2008~2009 年仅一年的时间，中国工业产能利用率从将近 85% 的水平骤跌到 70% 以下，设备利用率指数也从 80% 滑落到 60% 以下。2012 年以后，产能过剩这一局部问题对整体宏观运行走势的不利影响开始显现，全国经济增速下滑至 8% 以下并逐年递减，到 2017 年只有 6.8%，经济增速放缓成为常态。[3] 但是另一方面，成型已久的数量型经济增长方式多年来已经形成了与之相适应的经济结构、产业结构、市场结构、产品结构以及需求结构，要动摇和改变整个体系无法在短期内实现。所以，在逐步塑造出新的经济体系之前，数量型经济增长不可能在短期内从历史舞台退出，中国必须在继续倚重这种方式的前提下，加快探索和实现资本向更高层次跃迁的路径。

在数量型经济增长放缓的形势面前，中国基于上述的两难选择，采用了全力培育新经济体系同时又克制性地维持数量型经济增长的策略。一方面，通过"创新驱动发展""中国制造 2025"等战略积极推进供给层面质量性提升，特别是在 2016 年启动供给侧结构性改革之后，对数量型增长阶段与过剩资本相对应的过剩产能进行了强制清理，并在此基础上通过强化财政政策和产业政策的作用全力推进现代经济体系的建设。另一方面，则继续挖掘数量型经济增长方面的潜力，诸如加快推进城镇化建设，更大力度地投入和建设基础设施，不断扩大为改善中低收入群体特别是贫困人群生活水平的民生性支出，不断推进金融对实体经济的支持作用等。

从上述分析可知，尽管中国在 2012 年之后面临向高质量跃迁的重大转型问题，但是数量型增长并不能立即告别历史舞台，相反在宏观经济运行中还会占有一席之地。这就意味着，依靠资源消耗所支撑的数量型增长所带来的发展隐患仍有进一步积聚的可能。其中，数量型增长对环境的破坏是否还会继续，将主要取决于环境约束是否能够催生出新的与环境和谐的绿色生产方

---

① 《山西统计年鉴（2010）》。
② 纪志宏：《我国产能过剩风险及治理》，载《新金融评论》2015 年第 1 期。
③ 根据 2013~2018 年《中国统计年鉴》数据计算而得。

式，因此该问题与本文主题研究关联不大，故不做过多研究，这里要重点探讨的是矿产超额收益的持续影响问题。

第一，存量超额收益以货币资本形态存在时的情况。在质量型增长模式尚未成型之前，由存量租金而来的货币资本会因数量型增长衰退而导致投资机会减少，此时可供选择的出路只有三条：一是向国外转移进行对外投资；二是购买金融资产（包括投资性房产）；三是放弃资本形态转化为消费。在这三条出路中，第二种选择会因与实体经济相脱钩而导致金融泡沫，第一种将减少过剩资本在国内的存量规模，第三种可以扩大第三部类的市场促进对过剩产能的消化。从短期来看，除了第二种会积聚金融风险外，其余两者都可缓解社会扩大再生产中的基本矛盾。但是从长期看，如果这个变化过程没有伴随在国际分工中地位的提升和消费结构的升级，势必会对数量型增长起到巩固作用，从而继续积聚发展上的隐患。

第二，存量租金以第一部类和第二部类生产资本或商品资本形态存在时的情况。租金在第一部类和第二部类生产资本和商品资本形态的滞留对应着大批工业品的积压。在需求已经接近饱和的情况下，商品资本要完成关键的一跳回到货币资本，靠资本系统积累自身难以解决，只能依靠两个外力的推动。一是国外需求，在世界经济同样低迷的情况下仍能开发出愿意购买的"中国制造"产品；二是政府通过财政支出从外部增加购买力。虽然需求刺激在进入 2012 年之后的效果已越来越弱，但是在中国仍部分存在价格双轨制的体制安排下，需求刺激可以通过某种特定渠道，激活资本积累系统消化过剩商品资本的内部循环通道，形成一种第一部类和第二部类资本积累封闭式循环自强机制，使原有的数量型经济增长继续保持下去。

这种机制的形成机理如下：假设第一部类中的电力、石油等计划部门和第二部类生产资料的商品价值分别构成如下：

$$C_1 + V_1 = W_1$$

政府增加这两个行业的生产性投资，诸如增扩电厂、增加发电设备、增加钻井数量等，使两个行业中的生产资料投入价值总量增大 ΔC，两个行业的商品价值总量及构成即变为：

$$C_1 + \Delta C + V_1 = W_1 + \Delta C$$

两个行业增加的生产资料从第二部类购买，从而可消化第二部类价值量为 ΔC 的过剩资本，使停滞的商品资本得以转化为货币资本，此后，只要第

二部类用全部 ΔC 购买电力或石油这类能源产品，第一部类增加的商品价值就可以顺利回笼为货币形态，从而回到政府投入 ΔC 的初始状态，此时电力和石油行业只要将这部分货币资本继续用于购买生产资料，上述过程便会重复一次，从而再次消化第二部类中价值量为 ΔC 的过剩资本。假如政府在电力和石油行业的价值投入足够大，以致 ΔC 等于剩余资本的价值量，那么这种政策操作就可以借助上述过程，在不依靠第三部类资本积累的情况下实现过剩资本在第一部类和第二部类内部的消化、吸收和转化。

上述分析虽然只是一种理论上的情形，但是实践起来也并非完全没有可能。首先，中国的电力和石油在数量型增长下长期处在相对短缺状态，中国出于能源保障的需要完全有可能对仍处在较高政府控制下的电力和石油部门进行大规模的投资。其次，中国的石油和电力两个行业与生产资料部门具有较广泛的产业关联度，有能力通过连锁反应消化相当数量的过剩资本。只要在这些行业增加了相应的投入，就可以在生产资料部门和自然资源部门内部形成一种使处在停滞状态的生产资本继续向下一形态转化的推力。政府在能源方面投入的规模越大，在生产资料部门的过剩资本被消化和转化的数量就越多，在政府外部投入达到一定规模后，数量型增长就会因自身顽疾的暂时性克服而获得新生。

第三，存量租金以第三部类的生产资本或商品资本的形态存在时的情况。此情况对应着第三部类积压的消费品或服务能力，这些过剩的资本要找到出路有三种选择。一是寄望于消费基金规模的扩大。由于中等收入阶段本身就是排斥劳动的阶段，特别是在中国数量型增长模式下，各部类都以积累基金最大化为目标，不存在任何机制能够使这些已经存在的部门改变当前的资本构成，因而要实现这一途径，只能在增量上发展大批劳动密集型的生产部门。但是有鉴于国有资本部门已经基本集中在资本密集型行业，因而劳动密集型生产部门将主要依靠非公经济的发展。只要以民营企业为主体的更多非公有制经济能够在劳动密集型行业生根开花，第三部类乃至前两个部类停滞的过剩资本就都可以再次运动起来。二是在消费基金规模无法增加的情况下依靠提高消费意愿来实现。这通常需要通过政策引导继续挖掘潜在需求潜力，中国目前的需求潜力蕴藏在两个领域：一个是农村消费，农村积累着大批低收入群体，具有较高的消费倾向，只要通过转移支付等手段直接对其进行收入补贴，同时通过社会保障的完善降低其在医疗、教育等公共服务方面的支出，就可以产生相当庞大的购买力量。另一个是中等收入阶层的消费升级，中等收入群体收入水平较高，生活质量提升方面存在较大需求，只要政策和市场能够有效配合，实现有效供给，中等收入群体便可进一步提升消费在收入中所占的比例。三是缩小地区之间的经济发展差距。中国东、中、西部地区发展差异较大，不同地区收入的边际消费倾向不同，越发达的地区边际消费倾向越小，越落后的地区边际消费倾向越大。在此情况下，只要能够通过区域政策的引导推动区域间的协调发展，缩小地区之间的经济差异，消费总量就可以进一步得到提升。

综上所述，在由矿产超额收益存在所引发的社会再生产资本过剩矛盾不可逆转的情况下，中国只能对数量型增长采取既保又压的折衷态度。面对庞大数量生产所产生的能源矿产需求，诸如煤炭企业等已经市场化的矿产资源生产部门，不排除继续获得矿产超额收益的可能性，并由此进一步加深社会扩大再生产的固有矛盾，为中国经济的未来发展积聚更大隐患。因此，无论当前的矿产部门亏损还是获益，国家都应对过去产生和未来不可避免仍会产生的矿产资源超额收益进行宏观治理，以确保在向质量型增长跃迁的转型过程中，能够从根源上避免社会扩大再生产内在矛盾的激化。

第四章

矿产资源收益国家治理范畴的界定

第一节　矿产资源收益国家
治理的核心对象

在中国的改革开放历程中，能源矿产部门始终是一个较为特殊的部门，如电力、石油等能源行业和水力、交通等公共事业并没有像西方发达资本主义国家那样完全实行市场化运作。上文分析指出，这种体制虽然在总体上对中国经济发展起到了正向推动作用，但是也在局部给个别行业创造了依靠"租"来进行资本积累的条件。

在经济学理论中，无论马克思主义经济学还是西方新古典主义经济学，"租"都是一个对资本积累或经济增长不利的负面元素。例如，马克思在关于地租的理论中指出，"租"不是地主通过劳动价值创造获得，而是依靠所有权和经营权垄断从产业资本家获取的剩余价值部分榨取出来，对地主而言，这种收入并不是像产业资本那样通过生产活动来实现的，而是依靠垄断权在不进行任何劳动投入的情况下从他人生产活动创造的价值中直接转移过来。在马克思看来，地租是对剩余价值的分割，地租占剩余价值的比重越大，资本积累的能力就会越弱。新古典主义经济学同样对"租"在经济发展中的作用给予了负面评价，从原理来看，"租"作为供给不变情况下由需求拉起的收益，扭曲了能够实现帕累托最优的价格体系，导致资源配置的低效率。在寻租理论中，"租"又被认定为是一种将有限的资源投入非生产领域的无效支出，并用来解释了很多国家因政治管理体制不合理所导致的经济欠发达现象。总之，"租"的存在阻碍资本积累，扭曲市场价格，造成市场经济低效率，是一种社会经济体都排斥的经济元素。

遗憾的是，为了保证宏观经济的良好运行，中国在不得不选择的体制安排下，为诸如煤炭等矿产开采部门创造了获取"租"的市场机会。上文分析曾已说明，在电力等核心能源长期难以扭转短缺的状况下，为保障电力供应，中国政府在煤炭行业长期实行着价格双轨制度，对发电用煤炭的价格以签署协议的形式固定下来，使电力行业可在煤炭使用成本可控的情况下持续为以数量扩张为主的经济增长提供支撑。这种体制安排看似只会压低煤炭价格，不会带来租金收入，但事实上这反而加剧了经济增长对能源消费的依赖，在廉价的电力资源面前，中国以数量扩张为主的工业化进程无休止地对电力供应提出更高的要求，迫使电力行业不得不持续增加对煤炭的需求，使很多本不应该供应的煤炭资源就在这种人为压制的价格体系下源源不断地开采出来，并同时伴随着煤炭价格的持续上涨以及随之而来的具有超额收益性质的租金收入[①]。上文的分析同时也指出，租金收入的存在对中国的资本积累进程会产生很大的影响，它会导致社会扩大再生产持续进行下去的平衡条件难以保持，造成过剩资本的出现。过剩资本问题因不能依靠资本积累自身系统调整而得到解决，只能寄望于外部需求和政策的刺激，而一旦这些外部支撑力量减弱或刺激效果衰退，就会导致资本循环难以为继，并在资本系统内部引发连锁反应，导致资本积累中断。

基于上述理论分析的结论可知，在中国社会主义市场经济建设发展的过程中，尤其是步入中等收入阶段这个在发展上存在更大不确定的关键时期，国家出于经济风险防范的考虑，十分有必要对现有体制造成的"租"在宏观层面进行治理。虽然在中国当前的三大部类中，产生"租"的部门并不限于

---

① 详见后文关于超额收益的测算。

矿产部门，诸如第二部类中存在市场、信息和技术垄断的生产部门也产生大量租金收入，但出于以下两方面的原因，导致我国只有在宏观层面才能对矿产开发产生的租或超额收益进行有效治理。

第一，矿产部门的超额收益产生于中国渐进式改革思路下的特定体制安排。在新古典经济学中，"租"形成于相对固定的供给与不断增长的需求之间出现的供需缺口，根源于供给有限的市场因素。在马克思主义经济学中，"租"来自所有权和经营权的垄断，根源于产权关系。在上一章我们已经指出，中国的矿产部门的超额收益不是单纯由市场的供求失衡所致，而是为保障电力等仍处在较高管控下的生产部门提供足够的能源而产生的一种对煤炭的过度需求所致，这是由体制因素造成的一种相对短缺。同时，中国的矿产资源超额收益也与垄断的关系不大，因为中国的矿产资源为国家所有，不是马克思基于私有制生产关系所分析的地租。所以，中国矿产部门所出现的"租"不是市场的产物，更与私有制引起的垄断无关，它存在于中国渐进式改革思路指导下的宏观体制环境下，不从宏观制度入手，在国家层面进行治理，就难以改变矿产资源"租"的形成及其对宏观经济造成的影响。

第二，矿产部门的超额收益与数量型增长方式存在着紧密的互为因果、彼此强化的关系。一般来说，超额收益作为一种不合理的存在只会对市场效率或资本积累进程造成单向影响。但是在中国特定的资本积累进程中，矿产部门的超额收益首先是由数量型增长产生的巨大能源需求引起，其次超额收益会进入社会再生产过程中，转化为不同形态的资本，这些资本在外力推动下（国外需求和国内总需求政策刺激）能够不断地循环和周转并实现增殖，反过来继续推动数量型经济的进一步增长。上文分析曾指出，即使在外力支撑不够的情况下，为化解过剩资本产能也存在诸多做法可使数量型经济增长和矿产超额收益继续彼此强化，同向发展下去。因此，中国矿产部门超额收益不是个别的领域和局部的市场能够管控住的，它与中国整体的经济运行方式和资本积累模式相关联，就必须纳入国家层面的治理体系。

总之，在中国特殊的体制的安排和特定的资本积累进程中，矿产部门开发资源所获得的收益不能像普通企业那样完全由开发主体自由支配，其中带有"租"性质的收益形成于宏观经济大环境，与企业具体经营活动无关。倘若不在国家层面对其进行有效治理，任由其随意进入资本积累各环节，并转化为各类形态的资本，必然会加剧社会扩大再生产的固有矛盾和扩大经济运行的总体风险；反之，倘若能够将这部分原本由宏观体制造成的收益纳入国家治理体系，则有望以人为方式最大限度阻止租金收入对中国资本积累造成的不当影响，从而在根源上缓解和规避扩大再生产过程中潜藏的资本过剩矛盾。由此可见，将矿产开发形成的超额收益纳入国家治理体系，事关中国资本积累的持续推进和宏观经济持续健康发展。在下文中，我们将在矿产开发活动的特殊性考察和矿产收益性质分析的基础上，对矿产资源超额收益的内涵进行系统的理论分析，以明确哪些性质的矿产资源收益应当纳入国家治理的范畴。

第二节　矿产资源收益与超额收益的理论界定

矿产资源按特点和用途可以分为能源矿产、金属矿产、非金属矿产、水气矿产。其中，能源矿产主要是煤、石油、天然气等，金属矿产主要是铁、铜、铅、锌、铝、金、银等，非金属矿产主要是金刚石、石墨、水晶等，水气矿产主要是地下水、矿泉水、二氧化碳等（见表4－1）。矿产资源收益，就是矿产开发部门将矿产资源作为商品出售后的所得，这部分收益看似与其他商品出售获取的收益并无不同，均是经营主体的个体所得，但从经济学的视角看，矿产资源收益的属性较为特殊，构成也较为复杂，涉及的利益主体也相对多样。因而，为了明确作为矿产资源收益其中一部分的"超额收益"的内涵，我们首先在了解我国矿产资源收益总体变动情况基础上，对矿产资源收益的本质进行分析，再在此基础上将超额收益从中分离识别出来。

表4－1　　　　　　　　矿产资源品种分类

项目	按属性、用途进行分类		所属矿物品种
矿产资源分类	能源矿产资源		煤、石油、油页岩、天然气、地热、铀等
	金属矿产资源	黑色金属矿产	铁、锰、铬等
		有色金属矿产	铜、锌、铝、铅、镍、钨、铋、钼等
		稀有金属矿产	铌、钽等
		贵金属矿产	金、银、铂等

续表

项目	按属性、用途进行分类		所属矿物品种
矿产资源分类	非金属矿产资源	冶金辅助用料	溶剂用石灰岩、白云岩、硅石等
		化工原料	硫铁矿、自然硫、磷、钾盐等
		特种类	压电水晶、冰洲石、金刚石、光学萤石等
		建材及其他类	饰面用花岗岩、建筑用花岗岩、建筑石料用石灰岩、砖瓦用页岩、水泥配料用黏土等
	水气矿产资源		地下水、地下热水、二氧化碳气等

一、中等收入发展阶段我国矿产资源收益变动走势

下面通过采矿业的主营业务收入以及增加值等指标对中国自步入中等收入阶段以来的矿产收益情况做一大致描述[①]。

（一）2000 年以来采矿业销售收入变动走势

根据矿产资源的分类采矿企业主要有煤炭开采和洗选企业、石油和天然气开采企业、黑色金属矿采选企业、有色金属矿采选企业、非金属矿采选企业。从 2000 ~ 2020 年，我国采矿企业销售收入以年均 16.22% 的增速增长，销售收入总额近 75 万亿元，年均收入 3.75 万亿元，其中 2013 年的矿产收益规模最大，接近 7 万亿元。从变化走势上看，2000 ~ 2002 年采矿企业销售收入增长较平稳；2004 ~ 2008 年处在高速增长阶段，其中，2006 年的增幅最大，达到 56.81%，其次是 2008 年，达到 45.70%；受次贷危机影响 2009 年收益有轻微下跌；2012 ~ 2013 年缓慢增长，其中 2013 年的增长率不足 1%；2013 年后矿产资源收益增长由正转负，其中 2015 年销售收入的增长率降幅将近 20%，具体如图 4 - 1 所示。

从矿产收益的行业分布看（见图 4 - 2），煤炭开采和洗选业与石油和天然气开采业占据了较大比重，二者销售收入总额占到全部矿产收益的七成，而黑色金属、有色金属、非金属矿采选企业占比较少，分别为 12.14%、9.24%、7.31%。其中，石油和天然气开采业在 2000 年初占据的份额最大（接近60%），但此后不断降低，最大占比仅延续了四年就被煤炭取代，煤炭开采和

---

① 以下数据均来自《中国统计年鉴》。

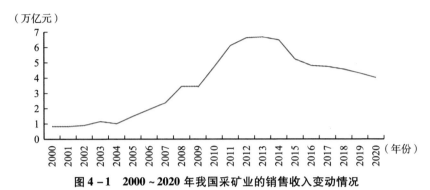

图 4 - 1　2000 ~ 2020 年我国采矿业的销售收入变动情况

资料来源：根据历年《中国统计年鉴》整理。

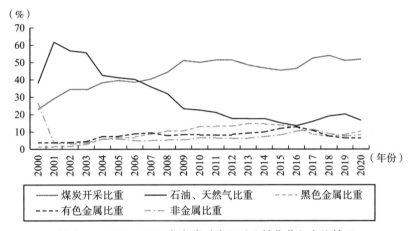

图 4 - 2　2000 ~ 2020 年各类矿产开采业销售收入占比情况

资料来源：根据历年《中国统计年鉴》整理。

洗选业始终维持较大占比，在 2006 年煤炭企业销售收入首次超过了石油和天然气企业，成为收益规模最大的矿产开采部门，并于此后不断加快增长步伐，在 2012 年前后的收益规模占比达到 51%，2012 年之后该占比虽然有所回落，但仍保持在 45% 以上，随后在 2016 年后开始回升，到 2018 年达到 54% 左右的水平，在此之后一直保持 50% 以上的水平。[①] 所以总体来看，煤炭开采和洗选业的收益情况很大程度上决定着矿业开采部门收益的变动趋势。

---

① 历年《中国统计年鉴》。

（二）2000 年以来采矿业工业增加值变动走势

采矿业工业增加值的变动情况与采矿企业销售收入的变动情况基本一致。如图 4-3 所示，2005～2019 年采矿业工业增加值整体上看呈上升趋势，15 年间采矿业工业增加值总额为 28 万亿元，年均近 2 万亿元。其中，2005～2008 年呈平稳上升阶段，2008～2009 年出现大幅上升，随后 2010～2013 年采矿业增加值大幅上升，达到 2.5 万亿元的水平，2013 年后开始逐年下降，2016 年后又有所回升，达到 2018 年的 2.5 万亿元的水平，与 2013 年基本持平。如图 4-4 所示从采矿业增加值占国内生产总值的比重来看，2005～2019 年比重整体上呈先上升后下降的趋势，采矿业占国内生产总值的比重的平均值为 4.73%，其中 2008 年达到 5.6%，为该时期的峰值，2009 年之后比重开始有所回升，但在 2011 年后开始逐年下降，2015～2019 年依然维持在 2.5% 的水平。如图 4-5 所示从采矿业增加值占工业增加值比重来看，2005～2019 年采矿业增加值占工业增加值比重的平均值为 4%，峰值（5.6%）出现在 2009 年，变化趋势与采矿业增加值占国内生产总值比重的变化趋势大致相同，均为先升后降。

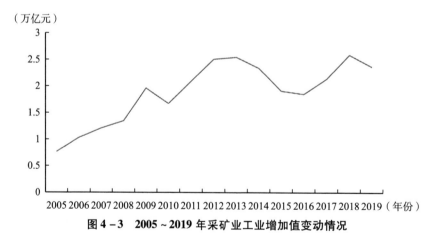

图 4-3　2005～2019 年采矿业工业增加值变动情况

资料来源：根据历年《中国统计年鉴》整理。

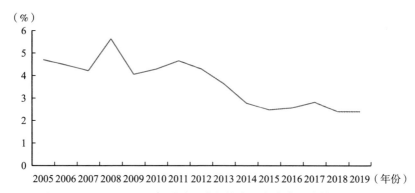

图 4 – 4　2005 ~ 2019 年采矿业增加值占国内生产总值的比重变化

资料来源：根据历年《中国统计年鉴》整理。

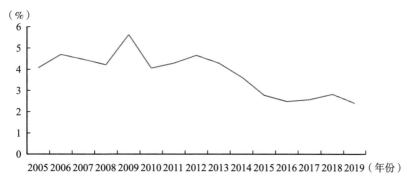

图 4 – 5　2005 ~ 2019 年采矿业增加值占工业增加值的比重

资料来源：根据历年《中国统计年鉴》整理。

二、矿产资源收益的本质属性及构成分析

在不同的经济学理论中，学者出于不同的研究目的对矿产资源收益的本质形成不同的观点。着力于研究市场资源配置功能的新古典经济学，将矿产资源作为和资本、劳动一样的生产要素放置于生产函数中，矿产资源和其他要素为可替代关系，在资本和劳动力数量保持不变的情况下，矿产资源收益一方面取决于矿产资源的供给，另一方面取决于需求，即自身在生产中所贡献的边际产品价值，供给和需求相等时会决定矿产资源的最优使用量和最优价格，后者就是单位矿产资源所获得的收益。在资本和劳动力数量发生变动的情况下，矿产资源的边际产品价值还会随利息或工资的变化而发生改变，

从而导致矿产资源价格也随之变化。总之，在新古典经济学看来，矿产资源作为和劳动、资本一样的生产要素，获取报酬的多少是由市场供求关系决定的。这种认识后来被霍特林等所继承，并在此基础上形成了围绕矿产资源高效率开发的可耗竭资源经济学，成为研究环境资源问题和可持续发展问题的重要理论基础。[1] 在此基础上发展起来的环境资源经济学又通过更加细致地考察矿产资源开发活动，将矿产资源能够贡献边际值的因素从矿产资源本身又拓展到矿业权、代际损失、生态损失等方面，从而将矿产收益的构成复杂化为矿产资源天然价值、矿业权价值、矿产资产价值、生态环境价值等。客观来讲，在新古典经济学及延伸出的环境经济学体系中，由于研究的重点是资源的使用效率如何充分发挥问题，所以这种将矿产资源作为一种待配置的资源，通过纳入市场机制研究如何实现最优效率使用的做法是合理的，但是由于忽视了矿产资源与劳动、资本在属性上的本质差异，只是从工程学的角度对矿产资源的使用价值进行研究，很难形成对矿产资源收益本质方面的认识，因而也无法对我们研究矿产收益的构成及超额收益的分解提供有效帮助。

马克思主义经济学对矿产资源收益的有关认识集中在地租问题的探讨上。首先，马克思主义经济学不认为矿产资源本身具有价值。矿产资源作为潜藏在地下的天然形成物，只具有可供作为工业原料的使用价值，矿产资源的形成和具备的天然属性并没有人类劳动的参与，自然不会有价值的出现。只有潜藏地下的矿产资源通过人类劳动搬运到地面上时，才会因有劳动的参与而具有价值。其次，马克思主义经济学认为矿产资源本身虽然没有价值，但是围绕矿山所有和开发所形成的垄断性产权却可以带来租金收入。和土地能够带来地租一样，在没有任何劳动投入的情况下，矿山的所有权和经营权垄断可以将产业资本生产的剩余价值（或平均利润）转移过来。综上两点，马克思主义经济学认为矿产资源出售所得的收益并不是新古典经济学认为的矿产资源贡献的边际产品价值，而是由如下三个部分构成：一是为开采矿山活动所投入的机器、设备以及工业原料的价值；二是将矿产资源从地下搬运到地上并加工转化为工业可用的能源、原料所投入的劳动创造的新价值；三是矿山开采所有权或经营权垄断所带来的租金收入。

---

① 周万清、葛宝山等：《资源价值理论研究综述》，载《情报科学》2009 年第 11 期。

　　矿产品本身固有的使用价值并不由人类付出的劳动创造出来，也很小程度受到劳动对其的影响，因而在资本积累的过程中，矿产品虽然作为必备的生产资料以生产资本的形态出现，但是所蕴含的劳动创造的价值相较于产生的全部收益而言，彼此之间会存在一种较大的差距，这个差距就用"租"来填补。新古典经济学虽然也承认当供给不变而需求增加时确实可以产生租金，但是在将矿产资源纳入经济分析时，却因为"租"对市场会造成颠覆性的破坏作用、无法使市场达到资源配置效率最优而在理论假设中抽象掉了这一重要存在。所以，要知晓矿产资源收益中有关"租"的部分在经济增长中的角色和作用，我们必须再次选择马克思主义经济学对矿产资源收益所作的科学论断，放弃仅将矿产资源作为一般生产要素进行工程学性质分析的新古典方法，基于资本运动和社会扩大再生产的矛盾，对矿产超额收益的相关理论问题进行研究。

　　综上分析，本书将沿用马克思主义经济学对矿产资源收益本质性的规定，将矿产收益定义为：由自然条件形成的具有不可再生性质的能源矿产、金属矿产、非金属矿产以及水气矿产转化为工业用品时所具有的价值总和，具体包括：在从地下资源搬运、加工从而转化为工业可用的能源、原料过程中所凝结的无差异人类劳动创造出的新价值，为开采活动所投入的机器设备、原材料所转移的价值，以及在因矿产所有权或经营权垄断所导致的从产业资本生产的平均利润中转移而来的租金收入。[①]

三、矿产超额收益（矿产租）的内涵界定

　　在马克思主义经典理论中，"租"是土地、矿山所有权或经营者"掠夺"产业资本剩余价值的手段，"租"提取的比例越大，产业资本用于积累的剩余价值就越小。所以，"租"在当中的作用仅是一定程度上抑制了资本积累的速度，却不会对资本积累进程造成根本性的影响，甚至还存在帮助化解资本积累基本矛盾、推进资本进一步积累的可能。具体来说，当地租的所有者将从产业部门转移上来的"租"以借贷资本的形式再借给产业资本家，或干脆自身直接进入工业化生产，成为产业资本的一部分，"租"都可以再次还

---

　　① 在社会主义市场经济条件下，平均利润不再是剩余价值，而是积累基金。

原为资本，进行原有速度的积累；而当地租的所有者将"租"用在了生活消费方面，将会在资本积累系统之外形成一种巨大的购买力，帮助解决因资本有机构成提高所致的生产过剩问题。所以，马克思的理论框架中，地租对资本而言只是对积累所用的剩余价值进行了暂时性的分割，从动态的角度看，它一定会通过地租所有者的经济活动再次回到资本积累系统，并对其产生积极推动作用。

然而，由于中国的资本积累过程与马克思分析的资本主义资本积累有着诸多本质性的区别，由矿产部门产生的"租"对资本积累的影响相较于上述内容更为复杂。这是因为，中国是以公有制为基本经济制度的社会主义国家，矿产资源归属全民所有，并非私人财产，而是公有财产，矿产资源的租金收入不会经由私人主体进入资本积累系统，而会先按一定的比例在国家财政和开采主体之间进行分配，再按照国有资本的增殖逻辑和财政部门的既定目标和任务，以不同于资本主义矿山地租所有者的行为方式使用这部分租金。所以，中国矿产部门产生的"租"究竟会对资本积累造成何种影响，关键要看垄断矿产开采权的国有部门的行动逻辑以及国家的宏观经济政策意图。

为了和一般的"租"有所区分，这里我们将矿产资源收益中的"租"专门命名为矿产超额收益，并基于综合上一章的有关研究作出如下内涵界定：矿产超额收益是在中国以数量扩张和资源依赖为主的经济增长时期，因快速工业化进程需要长期造成能源领域的供需缺口，加之能源领域市场价格机制尚未完全建立，造成能源矿产价格高涨，从而导致矿产开采部门从其他产业资本部门转移出的租金收入。

矿产超额收益相较于马克思主义经济学上的地租以及新古典经济学的"租"在性质上有如下三个方面的特点：第一，矿产超额收益不仅因所有权或经营权垄断以及其他市场因素引起，而且还与能源价格机制不健全，仍具有双轨特征这类特殊的体制性因素有关。第二，矿产超额收益形成于数量扩张型的资本积累方式，是庞大数量产品的制造所引起的能源等需要消耗矿产资源的基础工业物资相对供应紧张的结果。它与中国特定的资本积累方式密切相关，是中国经济步入中等收入阶段后存在的历史产物，不是伴随着工业化与生俱来，也不会永恒存在，是一个历史概念。第三，矿产超额收益的影响不限于对产业资本积累能力的暂时削弱，也不限于市场效率的损失，它是中国步入中等收入阶段后所存在的过剩资本的重要来源，会加剧社会总资本扩大再生产的内在矛盾，关系到宏观经济增长的稳定性和持久性。

第三节 矿产超额收益在中国中等收入发展阶段的形成演化与规模估算

在对矿产超额收益进行了明确的理论界定之后，本节将结合中国自步入中等收入阶段以来与矿产超额收益相关的体制安排和市场表现进行考察分析，从实证的角度说明矿产超额收益的形成与演变历程。

一、2000～2005 年：矿产超额收益的初步发展期

基于矿产超额收益的特定内涵，这里首先考察超额收益的体制根源——价格双轨制具体存在于哪些矿产开采部门。中国矿产资源门类众多，不同门类的矿产资源的市场化步伐不尽相同。最先比较彻底实现市场化的是金属和非金属矿产资源[①]，最慢的是石油天然气行业[②]，至于我国最重要的能源矿产——煤炭，则处在半市场半计划的双轨运行状态。早在 1985 年，国家为了鼓励煤炭开采，开始实行国有煤矿承包量内计划定价、小煤矿和国有煤矿超产部分市场定价的价格双轨制。到 1993 年，价格双轨制的固有弊端日益凸显，国家开始加快煤炭价格市场化，但由于同期的电力价格没有放开，煤炭价格的上涨加大了电力行业的生产成本，造成较为严重的煤电争端。对此政府做出规定，无论是国有、地方还是乡镇煤矿，所有对电厂

---

① 2001 年，随着当时的国家计划改革委员会发布《放开和下放部分商品和服务价格的通知》，全部金属和非金属矿产资源的价格基本均可以由市场决定。

② 到 1998 年，作为行政管理部门的中国石油天然气总公司及中国石油化工总公司改组为中国石油天然气集团公司和中国石油化工集团公司，成为真正意义上的企业实体，然而，由于集团全部是全资的国家石油公司，诸如勘探开发的区域、对外合作的区域和业务范围、原油及成品油流通和价格的确定等均处在政府管控下。见杨嵘：《中国石油产业市场行为分析》，载《石油大学学报》，2004 年第 8 期。

的供煤都执行国家指导价，从而出现了以电煤和非电煤为区分的另一种形式的价格双轨制。2002 年，国家停止发布电煤政府指导价，煤炭定价机制步入市场化改革的探索阶段，但由于当时的市场形势仍不允许完全放开煤价，政府在每年的煤炭订货会上要发布一个参考性的协调价格，对于运输瓶颈制约和煤炭终端用户价格协商不一致的情况，国家发改委仍会对电煤市场价格和运输进行干预①，致使煤炭行业在事实上继续延续着价格双轨制。可见迄今而言，在中国特定的体制安排下，矿产超额收益主要集中在煤炭行业。

在确定矿产超额收益主要来自煤炭行业后，我们接下来考察 2000 ~ 2005 年煤炭的供求情况，以大致估测超额收益形成的规模。

（1）先来看煤炭供给情况。如表 4 - 2 所示，2000 年 ~ 2005 年，中国原煤供给总量整体呈持续增长趋势，增速在 2000 年和 2003 年分别达到过一次峰值，环比增幅均达到 20% 以上，除 2001 年煤炭生产没有出现明显规模扩张外，其余年份煤炭生产均以至少 1 亿吨的绝对量增长，其中 2003 年和 2004 年煤炭年增量分别达到 3.1 亿吨和 2.7 亿吨。同时，除 2001 年，煤炭产量占全国能源产量的比重一直保持上升态势，从 2000 年的 72% 增加到 2005 年的 76.5%。从煤炭生产结构看，国有重点煤矿自 2000 年以后煤炭产量始终保持稳步且快速的增长，其中 2001 ~ 2004 年每年都可达到 15% 左右的增幅，煤炭产量平均保持在年增 1 亿吨。地方煤矿的产量则波动很大，煤炭生产在 2000 年出现短暂爆发，增速高达 40%，到第二年就出现了 10% 的负增长，煤炭产量缩减近 8000 万吨，2002 年也只是轻微的恢复性增长，致使地方煤矿产量占煤炭总产量的比重低于国有重点煤矿。但是到了 2003 年，地方煤矿生产规模出现爆发式增长，当年煤炭产量净增 2 亿吨，再次超过国有重点煤矿成为煤炭生产的主力军，并在此后两年持续以净增 1 亿吨的速度高速增长。

---

① 2003 ~ 2004 年，国内能源需求旺盛，煤炭价格出现大幅走强的情况，鉴于此，国家发展改革委在 2004 年 6 月出台临时性干预措施，要求重点合同煤价格电煤价格以 2004 年 5 月底实际结算的车板价为基础，由煤电企业在 8% 的浮动幅度内协商确定。2004 年底国家发展改革委出台《关于建立煤电价格联动机制的意见》，明确规定以 6 个月为一个价格联动周期，若周期内平均煤价较前一个周期变化幅度达到或超过 5%，便将相应调整电价。

表 4 - 2　　　　　　　　　　2000～2005 年中国原煤供给情况

项目		2000 年	2001 年	2002 年	2003 年	2004 年	2005 年
全国	供给量（亿吨）	129917	130559	141531	172787	199735	215132
	增长速度（％）	24.49	0.49	8.4	22.08	15.6	7.71
国有重点煤矿	供给量（亿吨）	53574	61857	71458	81405	93879	102421
	增长速度（％）	4.49	15.46	15.52	13.92	15.32	9.1
地方煤矿	供给量（亿吨）	76343	68702	70073	91382	105856	112711
	增长速度（％）	43.79	-10.01	2	30.41	15.84	6.48

（2）再来看煤炭需求情况。表 4 - 3 数据显示，2000～2002 年中国煤炭需求呈现稳步缓慢上升走势，但到 2003 年出现突然爆发，增速一跃从过去 3% 左右的平均增速猛增到将近 20%，此后增速虽然有所下降，但煤炭需求增长的绝对量已从过去年均 0.3 亿吨标准煤增加到年均 1.8 亿吨标准煤。从煤炭需求结构来看，有两个明显变化特点：

表 4 - 3　　　　　　　　　　2000～2005 年中国煤炭消费情况

项目	2000 年	2001 年	2002 年	2003 年	2004 年	2005 年
煤炭消费总量（万吨标准煤）	124500	126200	136600	163700	193600	216600
环比增速（％）	-1.5	1.4	8.2	19.8	18.3	11.9
其中：能源用煤（万吨标准煤）	93938	95513	100641	119693	138194	155255
煤炭占能源消费量比重（％）	67.8	66.7	66.3	68.4	68	69.1
环比增速（％）	1.58	1.68	5.37	18.93	15.46	12.35

资料来源：《新中国六十年统计资料汇编 1949—2008》。

一是煤炭用于中间品生产使用的比例持续提高，用于出口、终端消费的比重不断下降。据《中国投入产出表》提供的 2002 年和 2005 年相关数据，在 2002 年煤炭用于中间品生产的比重为 85%，终端消费和出口占比为 5% 左右，剩余 5% 计入固定资产投资中。到 2005 年，固定资产投资中的煤炭用量出现负值，中间品煤炭用量超过煤炭总用量，终端消费和出口占比则进一步压缩为 3% 和 4%。

二是煤炭使用的集中度不断提高。根据国家统计局提供的《中国投入产出表》相关数据，由图4-6显示，在2002年煤炭消费量排名前十名的行业消费煤炭数量占总煤炭消费量的比重为84%，到2005年这一比重进一步上升到88%。其中电力、热力生产和供应行业一直是煤炭最大的需求者，2002年该类行业的煤炭消费量占总消费量的比重是40%，到2005年已上升到50%以上，三年时间增加了10个百分点，比例提高之快高居国民经济各行业之首。而稳步占据煤炭消费量第二位的金属冶炼及压延加工业消费煤炭的比重虽然也从8%上升到10%，但增长幅度远不如前者。其他诸如非金属矿物制品业、化学工业等行业的煤炭消费需求占比因相较于前两者数值太小，在这段时期的占比变动也是有增有减，且涨幅均没有超过前两个行业。2002～2005年，中国煤炭消费量平均增速为15%，而同期电力、热力生产和供应行业的煤炭消费量平均增幅高达近50%，对煤炭需求增加的贡献率达到70%以上。可见在步入2000年之后，中国的电力行业是拉动煤炭需求增加的关键推动力量。

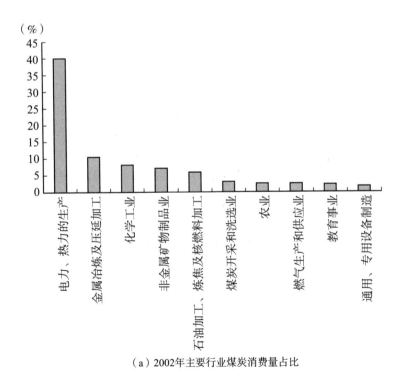

（a）2002年主要行业煤炭消费量占比

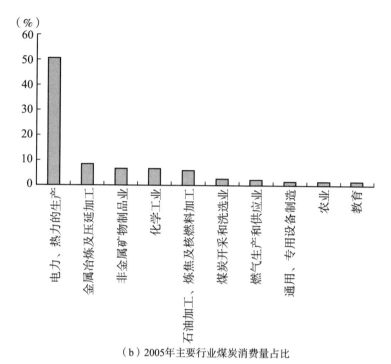

（b）2005年主要行业煤炭消费量占比

图 4 - 6　2002 年和 2005 年主要行业煤炭消费量占比

　　下面我们基于上文的有关分析，对该时期煤炭行业的超额收益规模进行一个大致估算。首先，分析煤炭企业的总体收益情况，这里用煤炭洗选业销售收入和工业总产值来反映。根据《中国统计年鉴》的数据，2000～2005年，煤炭开采和洗选业销售收入从 1214 亿元快速增长到 5912 亿元，占全国企业销售收入的比重从 1.44% 稳步提高到 2.38%。其中前三年的平均增速为18%，收入规模增速较缓，到 2002 年只是增长到 1960 亿元，三年时间增长了不到 700 亿元。但是进入 2003 年，煤炭行业的销售收入开始步入快速增长期，当年销售收入突破 2000 亿，达到 2500 亿元，较上一年增长 26%。2004年煤炭采选业销售收入出现爆发式增长，收入规模猛增到将近 5000 亿元，较之 2003 年翻了一倍。2005 年，煤炭行业收入再次增加 1000 亿元，总收益规模接近 6000 亿元。煤炭洗选业的工业总产值在此段时间和销售收入表现出相似的变动轨迹，从 2000 年 1277 亿元增加到 2005 年的 5723 亿元，占全国工业总产值的比重从 1.5% 提高到 2.3%。其中前三年的增长相对较缓，平均每年增加400亿元，年均增幅25%。进入2003年后，工业总产值较上一年度增加600亿元，增长速度开始加快，到2004年，工业总产值一跃达到4735亿元，较上一年度增长2000多亿元，是过去几年平均增长额的4倍。2005年，煤炭采选业的工业增加值继续保持了高速增长的势头，又在上一年基础上净增1000亿元，达到5722亿元。可见，在中国步入中等收入阶段的最初阶段，煤炭行业从20世纪90年代末的疲软状态逐渐复苏并很快走上了快速发展的道路，煤炭总收益呈现出强劲的上升势头。

其次，分析煤炭销售收入扣除设备、原材料和人工等直接成本后的煤炭净收益规模变动情况，用煤炭开采业和洗选业的工业增加值和利润来反映。根据《中国统计年鉴》提供的数据，2000~2005年，中国煤炭采选业工业增加值从583亿元增加到2888亿元，在六年时间内翻了近5倍，绝对量增长速度之快超过工业生产总值。工业增加值率从45.7%增长到50.5%，意味着煤炭行业创造的新价值在2005年已经占到总商品价值的一半。当然，这部分新价值并不完全由煤炭采选业的劳动者创造，还有很大一部分因供不应求从别的行业转移而来。煤炭采选业工业增加值的增长高峰从2002年就开始呈现，当年绝对量增加额就有200亿元，是2001年的2倍，2003年工业增加值继续保持200亿元的增量，达到1152亿元，2004~2005年工业增加值出现井喷式增长，两年的时间工业增加值增长绝对量达到1700亿元，平均每年增长800多亿元，年均增幅近60%。再来看煤炭采选业的利润情况，在2000年，煤炭生产企业还因巨大的债务和历史包袱所压，在已经好转的市场行情面前勉强扭亏为盈，利润总额只有0.5亿元，盈利能力在全国行业中居于末位，但从2001年以后，随着煤炭价格的持续上升，利润额逐年翻倍增长，从2001年的42亿元猛增到2005年的561亿元。其中，利润增长最快的年份是2004年，当年利润额达到448亿元，是上一年度利润额的3倍。可见，煤炭净收益在此段时间也表现出快速的增长势头，增长幅度之快甚至超过煤炭总收益。

最后，对煤炭净收益中的超额收益规模进行大致估计。根据前文对矿产超额收益有关内涵界定，其规模大小取决于三个关键变量，分别是煤炭的商品价值W，生产煤炭的生产资料价值C和劳动者创造的新价值N，用公式表示为：$R = W - C - N$，其中R表示超额收益。但是由于这些变量过于抽象，无法在现实中观测和度量，我们在此转换一个角度，从"租"产生的现实原因来寻求另一种测算方法。在西方新古典经济学中，"租"之所以产生，是在供给相对不变情况下由需求增加所带来的价格上涨而形成一种收益，这种认识虽然掩盖了"租"的本质属性，但是却从外延上给"租"做出了一个很好的界定。这表明，"租"的形成归根到底是一种价格现象，租金收入的实现既无须进行更多的生产性投入（包括设备、原料及劳动），也无须进行更多产量的生产，而只凭借价格的上涨。因而，根据"租"的现实成因，我们只要从煤炭收益中甄别出单纯由于价格上涨而增加的部分，就可以测算出煤炭行业所获得的租金收入规模，该租金在性质上正是煤炭行业在不进行任何生产资料投入和劳动投入，也不进行任何价值创造活动而从其他行业转移而来的价值。

下面我们来计算此阶段煤炭价格上涨对煤炭销售收入的贡献率。如表4-4所示，2001~2005年，煤炭价格对煤炭销售收入的平均贡献率高达67%，远高于产量贡献率33%的平均水平，其中2001年在煤炭产量只增加2%的情况下，煤炭销售收入增幅却高达23.8%，收入的增长几乎全部由价格上涨引起。不过，煤炭价格对销售收入的贡献具有一定的波动性，曾在2003年和2005年两次低于煤炭产量对销售收入增长的贡献率，其余年度对煤炭收入增长的贡献率则均在80%以上的高位。在明确了煤炭价格上涨对煤炭销售收入增长具体的贡献程度后，可从煤炭销售收入中分离出那部分完全由价格上涨所带来的收入，即超额收益。根据表4-4中的相关数据计算可得，2001年~2005年煤炭收入增量总计4699亿元，若按照煤炭价格上涨对收入的平均贡献率67%计算，则收入当中的超额收益规模为3148亿元，若按照每年实际的贡献率计算，则超额收益的规模还要更大一些，为3292亿元。

表4-4　　　　　　2001~2005年煤炭收入增长贡献率分解

项目	2001年	2002年	2003年	2004年	2005年
煤炭收入增加量（亿元）	289.38	457.60	513.95	2327.56	1110.19
煤炭销量增量（万吨）	3436.41	7754.55	28304.38	26974.25	24289.78
煤炭价格增量（元/吨）*	17.98	24.75	8.28	94.33	23.64
煤炭销量带来的收入增量（亿元）**	29.56	80.65	364.44	369.65	561.98
煤炭价格带来的收入增量（亿元）***	259.82	376.95	149.51	1957.91	548.21
煤炭销量贡献率（%）	10.2	17.6	70.9	15.9	50.6
煤炭价格贡献率（%）	89.8	82.4	29.1	84.1	49.4

注：*为煤炭价格计算公式：当年销售收入/当年销售数量；**为煤炭销量带来的收入增量计算公式：（当年销售数量－上一年销售数量）×上一年销售价格；***为煤炭价格带来的收入增量计算公式：（当年销售价格－上一年销售价格）×当年销售数量。

资料来源：历年《中国煤炭工业年鉴》、国家统计局网站。

下面利用反映煤炭收益变动的其他指标来分析超额收益在形成之后的流向。根据《中国统计年鉴》提供的数据，2001～2005年，煤炭采选业利润总额1275亿元（见表4-5），销售收入总额为1.67万亿元，平均利润率为7.66%。这意味着总量规模在3000亿元以上的超额收益中，有7.66%的比重即252亿元会留存在煤炭企业的利润中，而剩余的92.34%即3040亿元则会有一部分以劳务报酬的方式支付给劳动者，另一部分则以支付成本费用的方式流出煤炭产运销系统，进入与之相关的产业部门中，并作为货币资本参与到这些部门进一步的资本增殖和积累中。

表4-5　　　　　2001～2005年煤炭超额收益流向分布（收入口径）

年份	煤炭利润（亿元）	销售收入（亿元）	利润率（%）	超额收益留存于利润的规模（亿元）*	超额收益支付成本费用的规模（亿元）**
2001	41.83	1503.15	2.78	7.22	252.60
2002	84.81	1960.75	4.33	16.32	360.63
2003	140.07	2474.7	5.66	8.46	141.05
2004	447.62	4802.26	9.32	182.48	1775.43
2005	561	5912.45	9.49	52.03	496.18

注：*计算公式：煤炭价格带来的收入增量（见表4-4）×利润率；**计算公式：煤炭价格带来的收入增量（见表4-4）-超额收益留存于利润的规模。

资料来源：历年《中国统计年鉴》。

由于煤炭企业的成本费用构成极其复杂，这里利用煤炭工业增加值指标对其中的直接成本部分和间接费用进行划分，以更加细致地了解超额收益会流向哪些性质的资本增殖部门。众所周知，工业增加值是工业品出售价值与生产工业品投入价值的差额，和利润相比最大的区别便是剔除了与生产无关的间接费用。下面我们首先利用工业总产值指标再次对超额收益进行估计，再根据工业增加值率测算出超额收益用于直接成本的部分，进而推算出超额收益在直接成本和间接费用之间的分割比例。根据表4-6所提供数据运用同样的方法进行计算，结果得出的煤炭超额收益总规模为3125亿元，与上文得出的结论完全一致。再根据表4-7的数据，可以得出超额收益用于支付直接成本的规模，由于 2004 年煤炭工业增加值缺失，此处无法给出该时期超额收益用于支付直接成本的总规模，只能分具体年度比较超额收益用于只支付直接成本和超额收益既支付直接成本又支付间接费用的规模差异，比较结果显示：2001 年、2002 年和 2005 年，超额收益用于支付的成本费用中，有 45%～65% 是直接成本，其余为间接费用。2003 年由于煤炭数量对产值和收入的贡献大于价格，超额收益部分用于支付直接成本的只有 15%，其余的 85% 都用于支付间接费用。而由于 2004 年煤炭价格对收入或产值的贡献都要大于煤炭产量或销量，可以推断超额收益用于直接成本的比重同样在 45%～65% 之间。

表 4－6　　　　　　2001～2005 年煤炭工业总产值增长贡献率分解

项目	2001 年	2002 年	2003 年	2004 年	2005 年
煤炭产值增加量（亿元）	254.47	449.48	478.62	2275.82	987.57
煤炭产量增量（万吨）	642	10972	31256	26948	15397
煤炭价格增量（元/吨）*	19.01	22.67	2.38	94.74	28.94
煤炭产量带来的收入增量（亿元）**	6.3	128.7	437.4	383.6	365.0
煤炭价格带来的收入增量（亿元）***	248.2	320.8	41.2	1892.3	622.5
煤炭产量贡献率（%）	2.5	28.6	91.4	16.9	37.0
煤炭价格贡献率（%）	97.5	71.4	8.6	83.1	63.0

　　注：* 为煤炭价格计算公式：当年煤炭产值/当年生产数量；** 为煤炭产量带来的收入增量计算公式：（当年生产数量－上一年生产数量）×上一年煤炭价格；*** 为煤炭价格带来的收入增量计算公式：（当年煤炭价格－上一年煤炭价格）×当年生产数量。

　　资料来源：历年《中国煤炭工业年鉴》、国家统计局网站。

表 4－7　　　　　　2001～2005 年煤炭超额收益流向分布（产值口径）

年份	煤炭工业增加值（亿元）	煤炭总产值（亿元）	煤炭工业增加值率（%）	工业增加值中的超额收益（亿元）*	用于支付直接成本的超额收益（亿元）**
2001	698.65	1531.28	45.6	113.2	134.9
2002	919.06	1980.76	46.4	148.9	171.9
2003	1152.04	2459.38	46.8	19.3	21.9

年份	煤炭工业增加值（亿元）	煤炭总产值（亿元）	煤炭工业增加值率（%）	工业增加值中的超额收益（亿元）*	用于支付直接成本的超额收益（亿元）**
2004	—	4735.2	—	—	—
2005	2888.25	5722.77	50.5	314.4	308.1

注：* 计算公式：煤炭价格带来的收入增量（见表4-7）×煤炭工业增加值率；** 计算公式：煤炭价格带来的收入增量（见表4-7）-工业增加值中的超额收益。

资料来源：历年《中国煤炭工业年鉴》。

根据上述测算的结果，我们对超额收益用于直接成本和间接费用的总规模进行大致估算，鉴于煤炭价格对产值或收入的贡献度大小差异会影响到直接成本和间接费用所占的比例，故此处将上文测算出的3040亿元用于支付成本费用的超额收益分成两部分。其中，对于煤炭价格对产值和收入贡献大于煤炭产量或销量的部分，按照45%～65%的比例计算直接成本支出，而对于煤炭价格对产值和收入贡献小于煤炭产量或销量的部分，按照15%的比例计算直接成本支出。经计算加总，3040亿元超额收益中有大约2300亿元用于直接成本，700亿元左右用于间接费用。由于多数煤炭企业的财务费用是间接费用中占比较高的一项，尤其是偿还贷款的利息支出，因而可以推断这700亿元的超额收益会有相当一部分流向以银行为主的银行系统。鉴于煤炭企业具体的财务信息各异且不能完全披露，这里权且做60%的保守估计，也可知流向银行系统的超额收益的规模接近500亿元。超额收益支付间接费用后剩下的2300亿元超额收益则会用于支付劳动报酬或者通过投资购买活动流向其他产业部门。至于这2300亿元又如何在劳动报酬和购买设备、生产资料之间分割，我们根据《中国统计年鉴》在相应年度所提供的采矿业城镇单位就业人员工资总额与采矿业规模以上工业企业主营业务收入进行了粗略估算，结果显示2300亿元将有30%左右即近700亿元用于支付人员工资，而剩下的70%即1600亿元将用于购买设备和其他生产资料。

综上分析，2001～2005年是煤炭行业超额收益初步形成并呈现突发性增长的时期，超额收益的总量规模大约在3000多亿元，而且大约有50%以上通过煤炭企业的投资购买活动最终流向了煤炭行业之外的生产部门，其中相当一部分的超额收益流向金融系统。尽管从绝对量上来看，3000亿元的超额收益在扣除人工报酬之后只有 2300 亿元，其规模相较于中国庞大的经济总量而言微乎其微，不会立刻呈现出对宏观经济运行的影响。但是由于它很快进入了资本循环和增殖过程中，必然会随着时间的积累不断膨胀。以中国经济在 2012 年之前 15% 的平均增速来测算，该时期形成的超额收益到 2012 年也会将近翻两番，达到 6000 多亿元。在积累基金相较于消费基金比重不断提升的中等收入阶段，这 6000 多亿元的价值量的大部分会以不同的资本形态驻留在资本增殖系统中，外化为生产能力或待售的商品。倘若中国的数量型经济增长不能持续保持高速，缺乏足够消化这些生产能力和商品的购买力，这部分超额收益就会变成过剩资本，加剧中国在中等收入阶段资本积累的内在矛盾。

二、2006 ~ 2012 年：矿产超额收益的持续高速膨胀期

进入 2006 年后，煤炭"超额收益"的体制根源并没有出现明显的变化。首先，国家对电力行业的管控依然如故。2006 ~ 2012 年，中国的数量型经济增长依然保持着较强劲的发展势头，年均增速较上一阶段已经较高的水平上又高出一个百分点，其中 2006 年的国内生产总值增速一度高达 23%，除 2008 年增速突然下降至 9% 以外，2007 ~ 2010 年其余年份的平均经济增速也达到了 18%，庞大的数量扩张对能源的压力持续加强。虽然国家在这个时期无论是电源建设规模，还是电网建设规模，均达到了过去几十年的顶峰，但仍然难以改变电力供求的短缺状态。因此，国家不得不继续维持原有的电力体制：在宏观管理层面，由国家发展改革委、国家能源局以及各省区市的发改委、经信委和能源监管派出机构负责制定电力发展的规划、运行及监管，继续指导电力生产的投资、布局和规模；在市场层面，上游的发电部门仍然由多个国家控股的大型发电集团构成，中下游的电力运输和销售则由受到政府管制的输（配）电企业建设和运营管理，并按照政府主管部门核定的输配电价收取输配和销售费用。

其次，煤炭行业的价格双轨制体制环境依然存在。2006 年前后，国家曾一度准备取消在上一阶段临时性干预煤炭价格的措施，出台了《关于做好2006 年全国重点煤炭产运需衔接工作的通知》，并在 2006 年 12 月将全国煤炭订货会改为"煤炭产运需衔接视频电话会议"，首次摒弃延续了 50 年之久的煤炭订货会形式，改用电视电话会议形式指导全国煤炭、电力企业交易，推进交易方式逐步走向市场化。但是由于电力供应紧张的局面一度加重，国家仍然保

留了重点煤合同，继续在煤炭行业实行价格双轨制，使煤炭价格依然无法统一由市场决定。而且在此期间，国家对煤炭企业向电力行业出售煤炭的价格和数量仍然不定时地出台干预措施。2008 年 7 月后，达到历史峰值的煤炭价格已经使电力企业的经营步履维艰，大批电厂的亏损严重影响了电力的正常供应，国家基于能源安全需要，保障电力充分供给，提高电力企业经营效益，再次动用临时干预政策对重点合同煤进行了价格上限管制。2008 年 6 月国家发展改革委《关于对全国发电用煤实施临时价格干预措施的公告》中规定全国煤炭生产企业供发电用煤，包括重点合同煤和非重点合同煤，其出矿价（车板价）均以2008 年 6 月 19 日实际结算价格为最高限价，要求临时价格干预期间，煤炭生产企业供发电用煤出矿价（车板价）一律不得超过最高限价。同时公告还提出煤炭供需双方要严格按照合同约定的数量、质量和价格履行电煤合同，禁止将重点合同煤转为市场煤销售。显而易见，煤炭价格此时再次走向双轨制。同一燃烧值的煤炭在发电用和非发电用价格不同，同属发电的煤炭又会因是否是重点合同煤而不同。表 4-8 列示了中煤集团上市公司 2008 年以来合同煤和现货煤的销量和价格，计算结果显示，从 2008 年起，中煤集团出售的煤炭中属于重点合同煤的数量在 2010 年之前逐年增加，此后有所回落，重点合同煤的交易价格在 2008 年为 365 元，远低于 612 元的煤炭市场价格，2009 年重点合同煤价格和市场价格的差距减少到只有 15 元/吨，但到 2010年和 2011 年又扩大到 110 元/吨和 137 元/吨，价格双轨制的特征十分明显。总之，受制于经济快速增长所带来的能源短缺局面，国家对煤炭价格的市场干预时有发生，以重点合同煤存在为特征的价格双轨制继续延续其生命历程。

表 4-8　　　　　　　　中煤集团重点合同煤与现货煤价格差异

年份	重点合同煤数量 （万吨）	合同价格 （元）	内销现货销量 （万吨）	煤炭市场价 （元）
2008	5484	365	1076	612
2009	5559	402	2057	417
2010	6150	410	2578	521
2011	5157	425	4697	562
2012	5211	452	5734	474

资料来源：历年中煤能源年度报告。

在明确了煤炭超额收益所依存的体制环境没有太大改变后，我们继续延续上一阶段的分析方法，对此阶段的矿产超额收益规模进行大致估算。

（一）2006～2012 年煤炭供应、需求及价格变动情况

1. 煤炭供应

表 4-9 数据显示，2006 年以后，中国的煤炭供应继续保持着一定的增长速度，但是增长速度较之上一阶段有所下降，年平均增幅只有 8%。其中，2010 年和 2012 年为此阶段的两个峰值年，但环比增幅分别只有 14.82% 和 12.31%，低于上一期峰值年 20% 的水平，而且 2012 年还首次出现了煤炭产量的负增长。从绝对量来看，此阶段的煤炭增加总量为 13 亿吨，平均每年增加 2.2 亿吨，高于上一阶段煤炭年均增产 1.7 吨的水平。其中，2010 年和 2011 年煤炭增量均在 4 亿吨以上，远超上一期峰值年 2.7 亿吨和 2.8 亿吨的水平。可见，2010 年和 2011 年时煤炭产量确实出现了爆发式的增长。从供应结构上来看，国有重点煤矿和地方煤矿的产量大致相当，基本各占一半。与上一阶段相比有两点不同：一是国有重点煤矿占比提高 2 个百分点，地方煤矿占比相应有轻微下降；二是国有重点煤矿此阶段的产量平均增速为 8.39%，高于地方煤矿 7.9% 的增速。从煤炭产量占全国能源产量比重看，较之上一阶段 74% 的平均水平提升到了 77%，煤炭在能源供应中的支柱性地位继续巩固并持续强化。

表 4-9　　　　　　　　2006～2012 年中国原煤供给情况

类别	项目	2006 年	2007 年	2008 年	2009 年	2010 年	2011 年	2012 年
全国	数量（万吨）	233178	252322	274857	301251	346189	388824	364500
	增长速度（%）	8.39	8.21	8.93	9.6	14.82	12.31	-6.26
国有重点煤矿	数量（万吨）	102848	121472	137781	152634	167976	190151	176387
	增长速度（%）	0.42	18.1	13.42	10.78	10.05	13.2	-7.24
地方煤矿	数量（万吨）	130330	130850	137076	148617	178213	198673	188113
	增长速度（%）	15.63	0.4	4.76	8.42	19.91	11.48	-5.32
	占全国能源产量比重（%）	77.8	77.7	76.8	77.3	76.6	77.8	76.5

资料来源：除煤炭产量占全国能源产量比重来自历年《中国统计年鉴》直接提供的数据外，其余数据均来自历年《中国煤炭工业年鉴》。

2. 煤炭消费

2006～2012 年，煤炭消费进入较之上一时期更为平稳的增长期，没有出现增幅超过 10% 的爆发式增长，年均增幅 4.88%。如表 4-10 所示，煤炭消费量在 2006 年出现一次相对加大的涨幅 9.6% 之后，消费增速逐年放缓，到 2008 年只有 1.52%，和同年煤炭供给增幅最高形成鲜明反差。但 2008 年以后，煤炭消费增幅又逐渐出现恢复性上涨，在 2011 年增幅再次达到 8.87% 的相对高位。从绝对量来看，煤炭消费在 2006 年和 2007 年的增加量均在 1 亿～2 亿吨标准煤，虽然 2008 年相较于上一年只增加了不到 4000 万吨标准煤，但此后的两年煤炭消费又再次达到年增加 1 亿吨的水平，2011 年是煤炭消费量突发增长的一年，当年煤炭消费量较之上一年增加了 2 亿多吨，为该阶段煤炭消费的最大增量水平。从煤炭消费占全国能源消费占比来看，较之上一时期 60%～70% 的水平又跃升了一个台阶，除 2010 年和 2012 年之外，大部分年度煤炭消费占比都达到了 70% 以上，这表明数量型经济增长对煤炭的依赖在进一步增强。

表 4-10　　　　　　　　2006～2012 年煤炭消费总量及占比情况

年份	煤炭消费总量 （万吨标准煤）	煤炭消费量 环比增幅（%）	能源消费总量 （万吨标准煤）	占比 （%）
2006	207402.11	9.60	286467	72.40
2007	225795.45	8.87	311442	72.50
2008	229236.87	1.52	320611	71.50
2009	240666.22	4.99	336126	71.60
2010	249568.42	3.70	360648	69.20
2011	271704.19	8.87	387043	70.20
2012	275464.53	1.38	402138	68.50

资料来源：历年《中国煤炭工业年鉴》、历年《中国统计年鉴》。

从煤炭消费结构来看，煤炭消费仍主要集中在少数几个行业，其中电力、热力生产和供应业占煤炭消费总量的比重继续保持在将近一半左右（见图 4-7），制造业作为工业中的一大门类，加总该门类下所有行业对煤炭的消费不到40%，其中占比相对较高的两个制造行业是石油加工、炼焦及核燃料加工业和黑色金属冶炼及压延加工业，这两个行业消费的煤炭占到制造业消费煤炭的50%，占全部煤炭消费量的比重分别为9.5%和8.4%，仅次于电力分别位居第二位和第三位。通过和上一阶段的煤炭消费结构对比发现，电力、热力生产供应行业和黑色金属冶炼及压延加工业的占比情况基本稳定，而石油加工、炼焦及核燃料加工业占比的上升却十分明显，这说明煤炭用作原料（主要是炼焦）的比重较之上一阶段有较大提高。但无论如何，电力行业仍然是煤炭消费的绝对主力。据测算，2006年~2012年，煤炭消费累计增加12亿吨，年均增加1.7亿吨，其中电力、热力生产供应行业累计消费增加6.8亿吨，年均增加0.97亿吨，对煤炭消费增量贡献达到57%，比上一阶段相同行业对煤炭消费增量的贡献还高出4个百分点。[①]

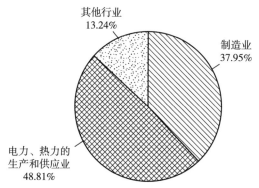

图4-7 2006~2012年煤炭累积消费行业分布

资料来源：历年《中国统计年鉴》。

3. 煤炭价格

从该时期的煤炭供给和需求的总体情况看，煤炭需求的增长虽然在个别年份有小幅爆发（2006年、2007年和2011年），但是煤炭在对应年份的供给速度也相应较快，而2008~2010年煤炭供给的增长速度均超过了需求，因而没有迹象表明此阶段煤炭市场存在供求缺口，煤炭价格也不应出现太大幅度上涨。但是从实际情况看却并非如此，根据中国煤炭工业协会发布的中国煤

---

① 根据《中国统计年鉴》数据计算而得。

炭价格指数（见图 4 - 8），从 2006 年至 2008 年 7 月，煤炭价格一直呈现快速上升的势头，特别是从 2007 年 7 月到 2008 年 7 月的一年时间中，煤炭价格涨幅高达 84%，虽然之后有半年时间的回落，但从 2009 年 3 月后又开始缓慢上升，到 2010 年再次达到一个巅峰，这期间的价格涨幅也达到了 35%。和上一期煤炭价格上涨的原因相似，在煤炭供求总体保持平衡的情况下价格的持续性上涨，仍是来自个别存在刚需的行业的拉动。这里的刚需行业显然又是电力、热力行业和石油加工业。前文已说明，在 2006 年 ~ 2012 年，电力行业和石油加工业的煤炭消费增幅远超煤炭总消费量的平均增幅（见图 4 - 9），是拉动煤炭消费增长的主力军。在此情况下，煤炭价格特别是电煤价格又会因电力行业季节性、瞬时性、区域性的煤炭需求突发增长，以及铁路煤炭运力的限制，而在短期出现大幅度的价格波动和上涨。根据实地调研和相关资料的采集，2006 年至 2008 年 7 月，煤炭价格之所以出现持续性上涨和三方面的因素有关：一是国家发展改革委在 2006 年取消了 2004 年底对煤炭产运需衔接会所交易煤炭价格涨幅不得超过 8% 的临时干预政策，允许电煤按供需双方意愿自由交易，致使重点合同煤价格放开并逐渐与市场价格接轨，提升了煤炭价格的整体平均水平。二是以神华、中煤为首的大型煤炭企业经过煤炭领域的资源整合，以及更大领域的兼并重组，实现了煤、电、路、港、航一体化发展，使煤炭企业对煤炭价格的操控权明显增强，大大提高了和电力企业进行谈判的能力。三是铁路运输瓶颈日益凸显，煤炭交易量和铁路运输能力之间的差距拉大。在 2007 年的煤炭产运需衔接会上，国家发展改革委对跨省区煤炭铁路运输调控目标为 7.38 亿吨，其中电煤 5.3 亿吨[1]，然而实际的煤炭合同签署量却远超过当年的铁路运力配置框架；在 2008 年，发改委计划铁路运力框架为 7.85 吨，但实际完成的供需合同达到 9.86 亿吨[2]，其中电煤合同总量超出运力框架 1 亿吨，致使当年的合同煤价格普遍上涨 10% 以上。综上三个方面可以看出，煤炭价格在这段时期的快速上涨很大程度仍然来自煤炭企业略微占有优势的煤电博弈。受管制的电力行业在电力供应不能减少的情况下所表现出的对煤炭的刚性需求，在煤炭企业话语权增强和铁路运力限制的形势下，再度推升了煤炭价格的快速上涨，必然会给煤炭企业带来更加可观的超额收益。

---

① 见《国家发展改革委关于做好 2007 年跨省区煤炭产运需衔接工作的通知》。

② 见《国家发展改革委关于做好 2008 年跨省区煤炭产运需衔接工作的通知》。

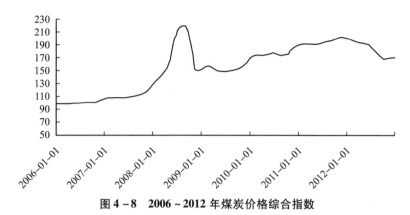

图 4 - 8　2006～2012 年煤炭价格综合指数

资料来源：Wind 数据库。

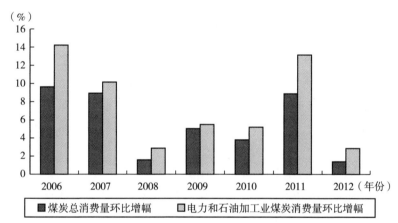

图 4 - 9　2006～2012 年电力和石油加工业煤炭消费增幅与总消费量增幅对比

资料来源：国家统计局网站。

（二）2006～2012 年煤炭超额收益规模估算

在对 2006～2012 年煤炭市场供求双方及变动价格情况进行系统考察并验证了矿产超额收益存在的必然性后，我们继续结合煤炭企业在这一阶段的收益情况对煤炭超额收益的实际规模进行估算。

1. 煤炭企业的总体收益情况

这里仍然用煤炭采选业销售收入和工业总产值来反映。根据《中国统计年鉴》提供的数据，2006～2012 年，煤炭开采和洗选业销售收入在基数不断提高的情况下仍然保持了近30%的平均增幅，其中2008年涨幅高达60%，除了2009年和2012年收入增幅低于15%之外，其他年度涨幅均在25%～35%。煤炭采选业的销售收入占全国总销售收入的比重也从2005年的2.38%进一步提升到2011年的3.73%。从绝对量来看，此阶段煤炭采选业销售收入每年净增4000多亿元。其中，2011年销售收入增加量高达8000亿元，比该年增量略低的2008年和2010年煤炭销售收入增量规模也达到7000亿元左右，皆是仅凭一年的收入增量就超过了上一阶段六年煤炭收入的总和（6000亿元）。经计算，此阶段煤炭收入增量总规模达到2.5万亿元，是上一阶段收入总规模的4倍之多。

再来看工业总产值的变动情况。2006～2011年①，煤炭采选业的工业总产值平均增幅达31.7%，其中2008年工业总产值增幅高达近50%，其余年份除2009年之外增幅均在20%以上，占全国工业总产值的比重也从2.28%进一步上升到3.43%。从绝对量上来看，煤炭工业总产值净增2.3万亿元，平均每年增长近4000亿元，其中2011年一年的增量（6810亿元）就超过了上一阶段峰值年（2005年）工业总产值的总和（5722亿元）。由此可见，在数量型经济增长仍占主导并未显颓势的状态下，煤炭收益总量相较于上一阶段出现了倍数级增长，呈现出了快速膨胀的态势，也必然积累了规模更为可观的矿产超额收益。

2. 煤炭企业的净收益情况

由于国家统计局并未公布此阶段煤炭行业的工业增加值数据，此处只用相关利润指标来反映。根据国家统计局网站提供的数据，从2006～2012年，煤炭采选业的利润平均增长率为38%，但利润波动幅度较大，2008年的利润比上一年翻了一倍多，涨幅达到130%，而2009年和2012年利润出现负增长，利润分别较上一年下降了6%和17%，但总体来说煤炭采选业的利润在此阶段呈现快速上升的势头。从绝对量来看，此阶段煤炭采选业实现的利润总额为1.8亿元，占同期销售收入的比重为13%，是2001～2005年平均水平（7%）的将近一倍，同时该时期成本费用的利润率也呈现逐年上升的态势，从2005年的2.38%上升到2011年的3.66%。此阶段的利润增量规模也十分可观，除2009年和2011年两个特殊年份外，利润增量总规模达到4000亿

---

① 由于国家统计局自2012年起未公布工业增加值的分行业数据，故统计年度只到2011年。

元，特别是 2008 年以后，煤炭企业利润规模都在 1000 亿元以上，每一年增长的利润几乎都可超过上一阶段煤炭企业实现的利润总和。总之，与前文分析的煤炭收入的变动走势相一致，煤炭采选业在此阶段的盈利能力大大提升，盈利规模之巨大也是改革开放以来从未出现的。

3. 煤炭超额收益规模及流向分布

沿用上一阶段的超额收益估算方法，表 4 - 11 列示了 2006~2012 年煤炭价格和煤炭销量对煤炭销售收入的贡献度。结果显示，此阶段煤炭价格对煤炭收入增长的推动作用较上一阶段进一步提升，平均贡献率达到 73.5%，比上一阶段高出将近 7 个百分点，煤炭销量的贡献率进一步萎缩到 25% 左右。其中 2008 年煤炭价格对收入增长的贡献率高达 95%，2010 年的贡献率也达到 85%，其余年份的贡献率皆在 60%~70% 之间，煤炭价格对收入增长的拉动作用持续发挥，没有出现像上一阶段那样的波动。2006~2012 年，煤炭采选业销售收入增长总量为 2.8 万亿元，根据其中平均每年有 73.5% 的部分由价格上涨而来，可以计算出此阶段形成的煤炭超额收益规模有 2 万亿元，若按照每年具体价格推动收入增长的贡献率计算，该超额收益的规模还要更大一些，为 2.2 万亿元。

表 4 - 11　　　　　　2006~2012 年煤炭销售收入贡献率分解

年份	煤炭销售收入增加量（亿元）	煤炭销量增量（万吨）	煤炭价格变动量（元/吨）	煤炭销量带来的收入增量（亿元）	煤炭价格带来的收入增量（亿元）	煤炭销量贡献率（%）	煤炭价格贡献率（%）
2006	1548.7	23214.4	37.5	592.0	956.7	38.2	61.8
2007	2131.9	17680.4	59.2	517.2	1614.7	24.3	75.7
2008	5722.1	8350.0	193.1	293.7	5428.4	5.1	94.9
2009	2064.8	14737.2	42.7	802.9	1261.9	38.9	61.1
2010	6229.7	16403.4	168.7	963.7	5266.0	15.5	84.5
2011	7803.7	30713.7	159.8	2322.4	5481.3	29.8	70.2
2012	2636.7	9696.8	49.6	888.2	1748.5	33.7	66.3

资料来源：历年《中国煤炭工业年鉴》、国家统计局网站。

在超额收益总量规模确定后，继续研究该阶段超额收益流向哪些资本增殖部门。如表4-12所示，2006~2012年，煤炭行业平均利润率为12.2%，是上一阶段平均利润率水平的一倍，其中2008年高达15.3%，是此阶段的最高水平，其余年份除2006年的利润率为9.3%之外，也均在10%以上的水平。根据利润率计算可知，在超额收益2万多亿元的总规模中，有3000万元左右是以利润的形式留存在煤炭企业，而剩余的1.7万亿元则用于支付不同的成本费用。第一类是煤炭采选业人员的工资，根据国家统计局在相应年度所提供的采矿业城镇单位就业人员工资总额与采矿业规模以上工业企业主营业务收入，该时期员工工资占总收入的比重仍然保持在30%的水平，也就是说1.7万亿元超额收益收入中有5000万元用于支付员工工资；第二类是生产所需投入的原材料、设备以及为偿还银行贷款本息所发生的间接费用。鉴于国家统计局并未发布本阶段煤炭采选业的工业增加值数据，我们无法继续沿用上一阶段采用的方法，通过工业产值口径重新计算超额收益规模，再得出直接成本和间接费用的分割比例。为此这里只能给出超额收益向产业部门和金融部门流向的总量规模，即1.2万亿元。

表4-12　　　　2006~2012年煤炭"超额收益"流向分布（收入口径）

年份	煤炭利润（亿元）	销售收入（亿元）	利润率（%）	超额收益留存于利润的规模（亿元）	超额收益支付成本费用的规模（亿元）
2006	690.5	7461.2	9.3	88.5	868.2
2007	1022.2	9593.1	10.7	172.1	1442.7
2008	2348.5	15315.2	15.3	832.4	4596.0
2009	2208.3	17379.9	12.7	160.3	1101.5
2010	3446.5	23609.6	14.6	768.7	4497.2
2011	4560.9	31413.3	14.5	795.8	4685.5
2012	3808.1	34050.0	11.2	195.6	1553.0

资料来源：历年《中国统计年鉴》。

综上分析，2006～2012 年中国的煤炭采选业在特定的体制背景和市场大环境下实现了共计2.2 万亿元的超额收益，膨胀规模之快之大远超上一阶段。其中这2.2 万亿元的超额收益收入中，又有一半左右通过煤炭企业的投资和购买行为转移到了与之相关的资本积累部门以及金融系统，并且这些部门继续在资本增殖活动中壮大着自身的规模，如果将上一阶段超额收益收入累积到2012 年，按上文估计的6000 亿元计，则到2012 年底，中国的煤炭超额收益规模约3 万亿元，已经可以占到当年国内生产总值（54 万亿元）的5.6%左右。

三、2013～2017 年：矿产超额收益增长的停滞期

步入2013 年，受美国次贷危机拖累的全球经济进入常态化减速期，美国、欧洲、日本三大经济体经济增速普遍下滑，中国高速资本积累所依托的国际市场逐渐萎缩。具体表现在：进出口贸易总额增幅从2008 年以前21%的水平骤降到不足3%，其中出口总额增幅从22%骤降到3.5%，进口总额增幅从20%骤降到2.2%（见表4－13）。从绝对量上看，进出口贸易总额、出口贸易总额和进口贸易总额较之2008～2012 年分别仅增加了5 万亿元、3 万亿元和2 万亿元，均为2000～2007 年平均规模提升量的一半。随着数量扩张为主的资本积累所依赖的外需支撑越来越弱，国内经济供需矛盾日益明显，生产领域开始出现大量过剩资本，并在现实中以产能过剩的形式展现了出来。统计数据显示[1]，2012 年中国钢铁行业产能过剩达到21%；水泥产能过剩达到28%；铜、铝、铅锌冶炼等有色金属行业的产能利用率已由2007 年的90%降至65% 左右，电解铝产能过剩达到35%，氮肥、电石、氯碱、甲醇、塑料等一度热销的化工产品也因为产大于需而销售困难。甚至多晶硅、风电设备、光伏电池等新兴产业领域的产品也出现产能过剩，其中，风电设备产能利用率低于60%，光伏电池的产能过剩高达95%，大型锻件也存在着产能过剩的隐忧。

---

① 数据由国家信息中心经济预测部提供。

表 4 – 13　　　　　　　2000~2017 年中国对外经济贸易情况

年份	进出口总额（亿元）	出口总额（亿元）	进口总额（亿元）	进出总额环比增长率（%）	进出总额环比增长率（%）	进出总额环比增长率（%）
2000	39273.25	20634.44	18638.81			
2001	42183.62	22024.44	20159.18	7.4	6.7	8.2
2002	51378.15	26947.87	24430.27	21.8	22.4	21.2
2003	70483.45	36287.89	34195.56	37.2	34.7	40.0
2004	95539.09	49103.33	46435.76	35.5	35.3	35.8
2005	116921.77	62648.09	54273.68	22.4	27.6	16.9
2006	140974.74	77597.89	63376.86	20.6	23.9	16.8
2007	166924.07	93627.14	73296.93	18.4	20.7	15.7
2008	179921.47	100394.94	79526.53	7.8	7.2	8.5
2000~2008 年平均水平	108040.795	58578.95	49461.85	21.4	22.3	20.4
2009	150648.06	82029.69	68618.37	-16.3	-18.3	-13.7
2010	201722.34	107022.84	94699.5	33.9	30.5	38.0
2011	236401.95	123240.56	113161.39	17.2	15.2	19.5
2012	244160.21	129359.25	114800.96	3.3	5.0	1.4
2009~2012 年平均水平	208233.14	110413.085	97820.055	9.5	8.1	11.3
2013	258168.89	137131.43	121037.46	5.7	6.0	5.4
2014	264241.77	143883.75	120358.03	2.4	4.9	-0.6
2015	245502.93	141166.83	104336.1	-7.1	-1.9	-13.3
2016	243386.46	138419.29	104967.17	-0.9	-1.9	0.6
2017	278101	153311.19	124789.81	14.3	10.8	18.9
2013~2017 年平均水平	257880.21	142782.498	115097.714	2.9	3.6	2.2

资料来源：历年《中国统计年鉴》。

2013 年以后，虽然国家将化解产能过剩作为最重要的经济工作来抓，先后出台《关于化解产能严重过剩矛盾的指导意见》等多个政策文件，但积蓄多年并长期被外需所掩盖的过剩资本并没有因此而受到遏制。据国家统计局提供的数据，2013 年第一季度以来，中国工业产能利用率与设备能力利用水平虽然在个别季度有所反弹，但总体呈现持续下降趋势，特别是到2016年，产能利用率已降至73%①，为该时期最低水平。2016年供给侧结构性改革后，在去产能等一系列严厉措施下，中国的产能利用水平才开始有所回升，到2017年基本恢复到2013年产能利用率的最高水平。

严峻的产能过剩形势给中国的数量型经济增长蒙上了一层阴影，致使中国以数量扩张为主的资本积累进程受阻、资本循环不畅，同时也大大限制了数量型经济增长继续上升的空间。如图4-10所示，2001~2012年中国国内生产总值平均增速在15%，而到了2013年以后，经济增速从10%的水平持续下落，在2015年曾低至6.9%，为改革开放以来经济增长的最低水平，此后虽然增速有所回升，并在2017年回升到2013年10%左右的水平，但在次年又出现了1.2个百分点的下滑。②

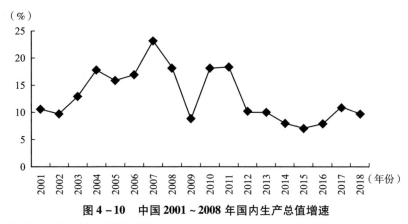

图4-10 中国2001~2008年国内生产总值增速

资料来源：历年《中国统计年鉴》。

在以数量扩张为主导的经济增长模式下，经济增速的下滑意味产量和生产规模的萎缩，进而必然伴随着对能源等基础工业物资需求的下降。如表4-14所示，2013~2018年，全国能源消费总量规模虽然仍然逐年上升，年均消费量达到43.7万亿吨标准煤，但是从增量规模和速度来看均不如上一时期。

① 国家统计局网站。
② 根据历年《中国统计年鉴》数据整理而得。

2006~2012 年全国能源消费总量年均规模为 27.4 万亿吨标准煤，较上一时期年平均增长 14 万亿吨，平均增速 8.5%，而 2013~2018 年较上一阶段的增量规模则减少到 9 万亿吨，平均增速只有 2.4%。电力需求在同期的表现与总量走势稍有不同，从增速来看平均水平只有 5.3%，低于上一阶段的增长水平（11.5%），但从绝对量上来看并未呈现出明显的规模增量缩减，反而还在继续扩大。2013~2018 年，全国电力消费总量年均规模为 5.7 亿千瓦时，超过了 2001~2012 年电力消费总量的总和，较 2006~2012 年的平均水平增长了 2.8 万亿千瓦时，超过 2006~2012 年较之于 2001~2005 年增量的水平（9000 亿千瓦时）。尽管如此，国民经济增长对电力的依赖度总体呈现下降趋势，电力消费弹性系数除 2013 年大于 100% 外，其余年份均在 100% 以下，平均水平只有 66%，低于上一阶段 96% 的水平，特别是 2015 年电力消费系数只有 42%，是改革开放以来的最低水平。[1]

表 4-14　　　　　　　　　2013~2017 年煤炭消费量变化

年份	煤炭消费总量 （万吨标准煤）	煤炭消费量环比增长 （%）	能源消费总量 （万吨标准煤）	占比 （%）
2013	280999.36	2.01	416913	67.40
2014	279328.74	-0.59	425806	65.60
2015	273849.49	-1.96	429905	63.70
2016	270207.78	-1.33	435819	62.00
2017	271196	0.37	449000	60.40

资料来源：历年《中国统计年鉴》。

能源总体需求增速的放缓特别是电力增速的放缓，势必大幅压缩煤炭行业的市场空间。据统计，2013~2016 年，全国的煤炭消费总量年均规模为 40 万亿吨，比上一阶段水平增加 10 万亿吨标准煤，低于 2006~2012 年较之上一阶段增长的 12 万亿吨标准煤，而年均增速除了 2013 年是正值外，其余年份均为负增长，且负增长率均在 3% 以上，煤炭消费占能源消费的比重也从

---

[1]　根据《中国统计年鉴》数据计算而得。

2012 年的近 70% 降到 2016 年的 62%。[1]

煤炭消费量的急剧下降不仅和主要的消费大户电力行业的发电量增速下滑有关，还和此阶段发生的发电结构的变化有密切联系。自 2014 年 7 月开始，国家对存量火电机组开始实行了更为严格的 2011 版大气污染物排放标准，火力发电因受到环保政策的约束使生产能力受到一定程度的限制，与此同时国家不断加大水力发电、风力发电等清洁发电的投入力度，致使火电发电占总发电量的比例从 2013 年的 78.2% 下降到 2017 年的 70.9%（见表 4－15）。特别是新环保标准刚刚实施的 2014 年，火力发电当年就出现了负增长，占全国发电量比重骤降了近 4 个百分点。2016 年以后火力发电量增速由负转正，但增长速度不及水力发电，致使到 2017 年火力发电占全国发电量的比重再次下降了 4 个百分点。电力行业这种对火力发电依赖度的减弱，直接影响了同期煤炭消费结构，电力消耗用煤占全部煤炭消费的比重较之上一阶段出现明显下降，2015 年曾一度低至 41.8%。相应的，反而是包括炼焦在内的化工行业的煤炭消费占比从过去 10% 左右的水平陡然跃升到 20% 以上，说明煤炭的能源用途正在减弱，原料用途则相对上升。[2]

表 4－15　　　　　　　2013～2017 年全国发电量与火力发电量

年份	2013 年	2014 年	2015 年	2016 年	2017 年
全国发电量（亿千瓦小时）	54316	56495	56184	59107	65000
火力发电量（亿千瓦小时）	42470	42337	42102	43958	46115
发电量增速（%）	8.9	4.0	-0.6	5.2	10.0
火力发电增速（%）	9.1	-0.3	-0.6	4.4	4.9
火力发电占比（%）	78.2	74.9	74.9	74.4	70.9

资料来源：国家统计局网站。

在煤炭能源需求持续低迷的境况下，加上政府同期对煤炭行业进行的强制去产能措施，煤炭行业的供给也相应出现了大幅度的缩减，原煤产量从 2012 年的 39 万亿吨下降到 2016 年的 34 万亿吨，平均降幅达到 3.5%，供给

---

① 根据《中国统计年鉴》数据计算而得。

② 国家统计局网站。

下降幅度高于同期需求下降幅度（见图4-11）。

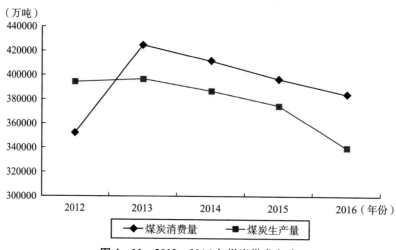

（万吨）

图 4-11 2012~2016 年煤炭供求变动

在煤炭市场供求两弱的情况下，煤炭价格在此阶段的走势也显露颓势。如图4-12所示，2013年煤炭价格延续了从2012年以来的下跌走势，从170的指数水平持续降到2017年初的120，跌幅达30%，是煤炭行业自改革开放以来价格持续下跌时间最长的一次。但需要注意的是，自2017年以后，煤炭供给相较于煤炭需求更大幅度地下降，在一定程度上造成了供给的相对紧张，在较低交易量的水平下开始出现煤炭价格的上涨，价格在2017年初跌入低谷后很快反弹，又恢复到160的指数水平，涨幅为33%。此后一段时期，煤炭价格在小范围内持续波动，未出现明显的持续上涨和下跌势头。

根据上述有关煤炭市场发展行情的回顾可以发现，2012~2017年我国煤炭行业在部分程度上正在失去电力行业的支撑，煤炭行业的超额收益规模将会较之于过去有很大幅度的缩减甚至是增长上的停滞。下面我们继续沿用前两阶段分析所采用的方法，对该段的超额收益规模变动走势做一具体考察：如表4-16所示，自2013年以来，煤炭行业收入连年负增长，其中2015年一年销售收入骤减量达到6000多亿元，只是到了2017年煤炭销售收入才由负转正，当年增长量2500亿元。从数量和价格对收入变动的贡献率来看，此阶段煤炭收入下降的主要原因来自价格的下降，诸如2013年在煤炭销量还

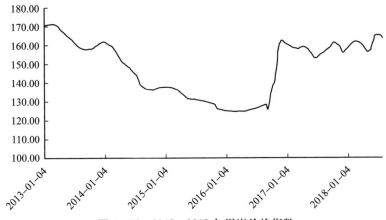

图 4 – 12   2013 ~ 2018 年煤炭价格指数

资料来源：Wind 数据库。

在增加的情况下，由于煤炭价格的下跌直接导致销售收入缩减 1600 亿元，2014 年即使煤炭销量减少 5000 亿吨标准煤，对销售收入下降的影响度也不足 10%，而余下的 90% 多的影响都来自煤炭价格。2017 年，煤炭收入出现了小规模的正增量，价格上涨的贡献率高达 97%，可以计算出当年的超额收益还是有了少量的积累，规模为 2000 亿元左右。但是考虑到此阶段电力用煤占全部用煤的比重有所下降，煤炭的需求很大部分来自炼焦行业，因而还不能将这 2000 亿元全部视为超额收益收入，这样来看，此阶段超额收益收入也就在 1000 多亿元。这部分超额收益当中按 30% 的平均比例水平除扣掉人员工资外，以及 12% 用于利润留成外①，流向其他产业部门的超额收益仅 500 亿元左右。

表 4 –16   **2013 ~ 2017 年煤炭销售收入贡献率分解**

项目	2013 年	2014 年	2015 年	2016 年	2017 年
煤炭销售收入增加量（亿元）	– 1645.3	– 2082.7	– 6551.7	– 1441.8	2542.1
煤炭销量增量（万吨标准煤）	5534.8	– 1670.6	– 5479.3	– 3529.5	876.0

① 据国家统计局提供的数字，2017 年煤炭行业利润总额 2953 亿元，销售收入 2.5 万亿元，利润率 11.87%。

项目	2013 年	2014 年	2015 年	2016 年	2017 年
煤炭价格增量（元/吨）	−82.9	−67.7	−217.5	−42.0	91.1
煤炭销量带来的收入增量（亿元）	684.2	−192.7	−594.8	−306.4	72.4
煤炭价格带来的收入增量（亿元）	−2329.5	−1890.0	−5956.9	−1135.4	2469.7
煤炭销量贡献率（%）	−41.6	9.3	9.1	21.2	2.8
煤炭价格贡献率（%）	141.6	90.7	90.9	78.8	97.2

资料来源：《中国煤炭工业年鉴》、国家统计局网站。

　　总体来说，该阶段超额收益收入基本处在增长停滞状态，原有 3 万多亿元的存量规模并未在此阶段继续扩张。但是鉴于前两阶段分别有 4600 亿元和 1.1 万亿元左右的超额收益会通过煤炭企业的投资购买活动流向其他产业和金融系统，按照该阶段平均 8.9% 的经济增速，这部分转移出去的超额收益规模到 2018 年也会达到近 3 万亿元，倘若再加上以利润留成形式留存于煤炭企业的部分（近 7000 亿元），即使这段时间没有任何增长，到 2018 年底的总量规模也会接近 4 万亿元。总之，无论宏观经济是高速增长还是缓慢增长，超额收益收入充其量只能做到增量减缓或停止，却依然不能阻止原有的存量规模在其他产业的资本积累中继续成长壮大。因而，煤炭超额收益作为中等收入阶段以来形成的特有产物，虽然在个别时期会遭遇增量不增，却能始终保持存量不减，它不会因市场行情的好坏自我消解，也不会因煤炭行业的不景气而终止对宏观经济运行的影响。

第五章

政府职能转变与矿产资源
收益最优分配与使用

第一节　矿产收益国家治理视角下的
政府职能定位

　　矿产资源部门的超额收益源于我国为保障工业化快速顺利进行所作的一系列制度安排，使用是否得当关系到中等收入阶段中国特有的资本积累进程所固有的内在矛盾是否会被激化。对于以煤炭行业为代表的重点提供能源资源的矿产开采部门而言，无论其兴盛还是衰落，都往往与国家更高层次的战略安排有着密切的关系，绝非简单地用市场供求关系变化来概括，相应地，那些煤炭储量丰富，经济增长高度依赖矿产开发收益的资源型地区的发展，也并非完全能够由地方政府和市场所左右。因而，无论是以煤炭为主的矿产开采部门，还是矿产开采部门集中的资源型地区的发展，都不是某个行业、某个市场、某个地区的一隅之事，也不能任由处在明显失灵状态下的市场进行低效率的配置，而必须以矿产收益的治理为纽带纳入国家层面，作为工业化战略的有机组成部分整体推进，统筹实施。

基于上文的分析可知，我国以煤炭为主的矿产开采部门自步入中等收入阶段以来已经有数万亿元的超额收益生成并以资本的不同形态留存于远比矿业更为广泛的产业部门和金融系统，要防止这部分本不应在市场环境中产生的资本对社会主义的扩大再生产造成破坏，矿产超额收益理应纳入国家治理范畴。在实践过程中，国家意志的落实最终要靠政府机构的行动，因而矿产资源超额收益收入究竟如何纳入国家层面进行治理，首先涉及政府在其中应该发挥什么样的作用和职能，以及如何处理好在此过程中政府与市场的关系。在本节，我们将在我国传统政府职能认知和实践的基础上，结合世界各资源富集国家或地区的矿产收益治理经验，展现一种新型的政府与市场的关系，并在此基础上明确政府作为顶层设计者为治理好我国的矿产资源收益在职能上所需完成的转变。

一、西方主要资本主义国家政府职能的认知变化

政府职能是一国行政机关依法对国家和社会公共事务进行管理时应承担的职责和所具有的功能。通常可分为政治职能、经济职能、文化职能、社会职能等方面。[①] 在西方主要资本主义国家发展早期，政府通常都被冠以"守夜人"的名号，即一国政府在管理社会公共事务时，主要应从事在安全、稳定等秩序方面的工作，亚当·斯密将这类工作分为了三类，即：保护社会免受其他独立社会的暴力与侵犯；保护社会个体免受他人的压迫和侵犯；建立并维护某种公共工作或公共制度。[②] 除以上三方面的职责外，政府应最大限度退出公众的视野，尤其是在经济活动领域，要极力避免对市场任何可能的干扰和影响，即使政府为维持自身运转向市场主体进行征税都是一种有损市场效率的行为。正是在这种带有强烈无政府主义思想的影响下，西方主要资本主义国家经历了从英国光荣革命到 20 世纪二三十年代几百年的自由主义市

---

① 邓雪琳：《改革开放以来中国政府职能转变的测量——基于国务院政府工作报告（1978—2015）的文本分析》，载《中国行政管理》2015 年第 8 期，第 30～36 页。

② 亚当·斯密：《国民财富的性质和原因的研究》，郭大力、王亚南译，商务印书馆 1972 年版，第 254 页。

场经济发展时期，基本由市场主体自发完成了近代工业化进程，从轻工业起步逐步建立起完备的现代工业体系。

然而自1929年世界资本主义经济危机爆发后，政府对自由放任的市场经济的稳定性开始质疑，特别是在危机化解的过程中，以罗斯福新政为代表的系列政府干预举措对于经济的复苏和平稳运行起到了至关重要的作用，使西方国家政府普遍反思政府在市场经济的职能定位问题。与此同时，西方经济学界也开始对市场经济运行的假设条件进行了修正，并在对外部性等问题的研究中注意到了广泛的"市场失灵"现象，使得当时传承亚当·斯密衣钵的新古典主义学者也不得不承认，政府有必要在市场失灵发生时通过管制、税收及制度安排进行矫正。不仅如此，崛起于同期的凯恩斯主义以有效需求假说为核心的宏观经济理论，为政府从宏观层面对市场经济进行常态化管理与调控提供了理论基础。从此阶段开始，西方资本主义国家不仅肯定了政府的经济职能，而且还步入了以凯恩斯主义为指导的政府调控经济时期，通过强化财政政策和货币政策两大政策工具，政府从"守夜人"角色摇身一变成为一国市场经济在失灵状态下的"矫正者"，并进而成为宏观经济运行方向的"掌舵者"。

在凯恩斯主义盛行了近半个世纪之后，掌舵型政府调控下的市场经济开始弊病丛生，出现了令政府的财政政策和货币政策无所适从的"滞涨"现象。在理论上与凯恩斯主义长期对立的货币主义学派将这一严峻的宏观经济问题归结于政府的不当干预，并主张用单一规则取代相机抉择，让政府除了在维持货币供应量稳定之外再次全方位地退出市场经济，货币主义一定程度上恢复了古典主义的无为政府论，后被新古典主义经济学传承下来，并与后者一同为20世纪80年代始以英国撒切尔首相为代表的私有化改革提供了重要的理论基石。从此，西方国家政府管理经济的职能再次被大幅度弱化，政府的财政政策受到严格的财经纪律约束，而货币政策的影响也大多局限于金融市场。不过，这次政府职能的复归并不是简单的历史重复：一方面，随着科斯为代表的新制度主义经济学的学术影响越来越大，政府作为制度供给者的作用受到重视；另一方面，随着诸如失业、收入分配不均等由经济发展引起的社会问题日益严峻，公众对政府在维持社会公平、保障民生方面的要求越来越高。除此之外，诸如公共物品供给、环境等领域的市场失灵作为现实市场不可回避的问题依然需要政府及时采取措施予以解决。结果，政府的经济职能相较于凯恩斯主义盛行时期虽然在调控宏观经济运行方面的功能有所减弱，但是在制度架构、维护社会公平和推进民生发展方面的作用还在加强。因而，政府的经济职能更多体现在市场秩序和公众利益的维护上，政府重点扮演着为市场主体和社会大众服务的角色。

综上分析，在西方资本主义数百年的发展历史中，政府在经济发展中先后经历了"守夜人""矫正者""掌舵者""服务者"等不同的角色，尽管这些角色从政府干预市场的程度和能力上来看有很大差别，但总体来看，政府基本上是在尊重市场主体自身意愿和遵循市场基本规律前提下，以第三方的角色从外部对市场运行施加不同程度的影响。政府和市场之间存在明确的边界，边界的变化主要取决于政府对市场的干预和影响程度，当政府对市场的干预加强或影响增大时，政府和市场之间的边界会向着扩大政府支配领域的方向移动，反之当政府的干预减弱或影响降低时，边界会向着扩大市场支配领域的方向移动。总之，在西方资本主义国家的经济体系中，政府和市场是两个非此即彼的对立物，一方势力的增强就必然意味着另一方势力的减弱，至于究竟双方之间最佳的边界状态在何处，完全取决于当时特定的社会经济条件，并无绝对的优劣标准可言。

二、中国改革开放以来政府职能的演变历程

和西方资本主义国家不同，中国工业化进程始于计划经济，政府在现代工业体系初建时就对经济活动具有无限大的支配力，和西方资本主义发展之初政府的"守夜人"角色正好形成鲜明反差。在改革开放以后，中国在渐进式改革思路指引下逐步取消计划指令，恢复商品经济，推进市场化改革，政府从国民经济事无巨细的事务中逐步摆脱出来，在探索如何构建中国特色的社会主义市场经济过程中重新寻找着自己的定位。在这当中，作为同样发展市场经济的中国政府，在经济职能上必然会有很多方面和西方资本主义国家的政府相似或雷同。诸如，都会通过财政政策和货币政策的操作来调控经济，都会通过财政的收入再分配功能维护社会公平，以及提供公共服务等。然而也必须注意到，由于中国的社会主义市场经济与西方资本主义市场经济存在着本质差别，而且建设和完善有一段漫长的历史过程，政府在经济领域除了上述所有市场经济国家都具有共性职能外，还有一些与体制和国情密切相关

的特殊职能，这些职能无法用西方主流经济学界关于政府职能的理论研究成果来进行认知，更不能用其理论对这些职能的存在评价优劣。下面我们就结合中国改革开放以来政府在市场化改革中所担当的特殊角色和发挥的重要功能作一个梳理和研究。

（一）1979～1992年：政府的财富创造功能

中国改革开放以来的市场化改革与发展起步于计划经济体制，政府的初始状态是一个万能的计划者，是国民经济各部门的生产活动的指令发布者。在计划经济向商品经济转轨的过程中，中国没有采用激进式市场化改革方式，因此政府并没有立刻失去对经济活动的主导权，相反，政府仍然是一国财富创造的主要责任主体。正如本书第三章分析所指出的，在中国恢复商品经济并刚刚开始进行资本积累的阶段，资本作为不能与劳动对立，不能在属性上具有剥削属性，而只是调节劳动者长期和短期利益的存在，只有代表全民利益的政府有资格成为资本的所有者。因而，在中国决定告别计划经济体制，借鉴西方资本主义国家市场经济在发展生产力上的有益经验的实践摸索时期，政府扮演了中国最早的资本代言人，它在财政纪律的激励和约束下，在价格双轨制的体制环境中，以资本所有者的主体身份通过如下途径启动了中国最初的资本积累进程：

1979～1984年改革开放之初，中国政府为解决生产力发展严重不足的问题，在家庭联产承包责任制的启发下，首先在财政系统进行激发地方政府生产积极性的放权让利改革。1980年，国务院下发《关于实行"划分收支、分级包干"财政管理体制的通知》，在对中央财政与地方财政的收支范围进行划分的基础上，以1979年财政收支执行数为基数确定了地方财政的收入、支出包干基数。在这一制度刺激下，地方政府为了在完成包干任务后有更大的自由可支配收入，千方百计培育税源，自然而然会对当时仍处在较高管控程度的国有企业进行激励。在1984年价格双轨制尚未正式实施之前，由于企业生产的产品价格还处在完全的计划管控中，各级政府特别是地方政府为了能够获取最大化的税收收入，只能依靠刺激国有企业增加产量来实现，而增加产量的渠道无非两种：一种是在生产资料投入既定的情况下，依靠劳动生产率的提高实现；另一种是在劳动生产率维持不变的情况下，依靠扩大生产资料的投入来实现。在当时的体制下，国有企业的放权让利改革赋予了企业在利润分配中更大的自主权，为了获取更多可自由支配的收入，企业确实有提高劳动生产率、扩大超额产量的内在激励。但在短期内，这种提高劳动生产率的方式大多是通过调动员工劳动积极性而不是技术进步和劳动技能提高来完成，一旦劳动者将本身劳动能力发展到上限，就无法再推动产量持续地增长。因而，地方政府要追求不断扩大的自主收入，还需要通过第二种途径，通过对生产物资的组织调度、争取投资主导权和利用自身优势为企业打通销售渠道等方式，实现在依靠企业劳动生产率提高之外更高速度、更大规模的产量扩张。

正是在这样的发展逻辑下，中国从 1982 年开始出现遍地开花的投资热，当年的全社会固定资产投资达到 1230 亿元，较上一年上涨近 30%，此后投资规模加速膨胀，到 1985 年已达到 2543 亿元，环比增速高达近 40%。这次投资热的显著特点，就是超计划安排基本建设投资，固定资产投资增长大大快于国民收入增长，并且在结构上重新建、轻技改，重生产性投资。[①] 在金融体制尚未进行市场化改革的之前，政府也会以行政力量要求银行为企业提供低息信贷支持，帮助企业在扩大生产规模时用足够的资金能够从市场购买所需的原材料；通过新建项目为企业产品的生产和销售提供原料渠道和市场渠道。更为重要的是，由于当时的政府对国有企业的人事任免和经营管理皆有领导力和控制力，国有企业的生产负责人（厂长）很大程度上要听命于政府，尽管在此过程中企业会凭借信息优势与政府进行一定程度的博弈并从中获利，但并不能改变政府对生产的总体影响力和控制力。特别是承包制实施后，政府和厂长成为事实上的委托代理关系，厂长的经营责任和经营目标皆是为了满足委托人的要求，生产、投资计划的制定者事实上仍然是政府，而企业只不过是为实现一定的产量或产值目标的实践者。

由此可见，在中国改革开放刚刚恢复商品经济，并逐步启动依靠资本积累进行财富增长的最初十几年的时间里，作为人民利益代言者的政府在这种新型财富创造模式的形成过程中，发挥了关键性、主导性的作用。政府作为中国社会主义条件下最初的人格化资本，在以财政收支自主权最大化为目标的行动逻辑下不断扩大体制外生产，推进供求双方的规模增长等方面发挥了

[①] 数据和结论均来自国家统计局 2005 年发布的《四次投资过热的经验和教训》课题成果，载《中国国情国力》2005 年第 4 期。

积极的推动作用，也由此启动了中国最初的资本积累进程。尽管这种政府职能伴随着诸如政企不分、政府投资过热、重复建设和企业效率低下等问题，却是中国从计划经济向市场经济迈进的必经阶段。

（二）1992～2002年：政府的金融管控功能

1992年始，中国政府对大部分商品领域取消了计划配额，实行了价格并轨，告别了计划经济时代，进入全面建设社会主义市场经济的新阶段，政府职能也由此发生重大转变。其一，随着国有企业产权改革的不断推进，企业独立自主、自负盈亏的经营特性日益明显，政府与企业日渐失去上一阶段那样你中有我、我中有你紧密关系的体制基础，政府不仅不能再像过去那样通过对银行的控制向企业提供廉价的信贷资金，更不能直接对企业的人事、财务、投资及经营活动进行直接的干预。特别是1998年以来以建立现代企业制度为目标的股份制改革启动后，中国的国有企业在抓大放小、兼并重组的过程中越来越向规范的市场经济经营主体迈进。政企关系虽然尚未完全理顺，但政府对企业的干预度大大缩小，政府直接指挥企业进行生产活动的时代已经一去不复返。其二，在20世纪80年代逐渐成长起来的民营经济进入90年代后开始步入高速发展时期，成为推动中国经济增长的又一重要力量，而由于这些企业完全是在改革开放后的商品经济环境下发展起来的，和政府之间自然没有太多的联系，也进一步限制了政府直接参与和控制经济活动的能力。总之，进入90年代后的中国政府，随着市场经营主体自身不断发展壮大，开始逐渐从资本积累进程中脱离出来，虽然同期推进的分税制改革依然没有改变政府追求财政收入最大化的目标模式，但是政府对生产的直接控制程度已经大不如前，更多是发挥着一般市场经济国家政府都具有的宏观经济管理职能。

然而，这并不意味着中国政府在此阶段与西方资本主义国家政府的经济职能完全重合。在建立分税制这一很多市场经济国家都会采用的财政管理模式的同时，中国政府在货币金融领域仍然保留并发挥着一些特殊的功能。张杰（1998）曾在《中国金融制度的结构与变迁》一书中对政府在金融领域的管控进行了十分完整的分析。依据他的观点，在改革开放以后，经济改革使以国家财政为主的自上而下的经济剩余控制与资源配置方式不再符合其租金最大化的要求，在居民收入占国民收入的比重不断提高，国民储蓄结构发生重大转变，金融资源日益分散化的情况下，国家通过提高国有金融产权的比重，更大限度地控制金融是实现其租金收益最大的理性之举。一方面，国家可以通过控制金融获取改革开放以来不断释放出的货币化收益以及国有银行系统的税收收入；另一方面，国家可以借助银行系统继续为国有经济提供融资支持。但是张杰也同时指出，国家对金融的控制也存在诸多成本，诸如金融机构的经营费用、存款利息、监督成本以及国有银行配置金融资源的低效率损失。据作者的测算，进入 1993 年之后国家控制金融的成本已经超过了其可获得的收益，但是由于存在较高的退出成本，迫使国家只能处在一种被动控制金融的状态，在此情形下，作为受控对象的金融机构的利益追求格局发生显著变化，表现为国有银行的分支机构开始普遍倾向于服务地方利益。金融机构与地方政府的紧密联合，不仅影响了国家对金融资源的控制以及从中可获取的收入，而且加大了通货膨胀的风险和隐患，无形中再度增加了国家金融控制成本。1993 ～ 1995 年，中国的通货膨胀率从不到 7% 一路上涨到 24%。① 面对此种局面，国家在进退两难的处境下选择了更为严格的金融管控，对金融机构的经营行为进行了空前严格的管控措施。在 1993 年，中共中央和国务院颁布"十六条"，内容涉及提高存贷利率和国债利率，收回超过期限的贷款，削减各级政府基建投资等，并派出十余个督查组到各省监督执行。1994 年，中国人民银行发布《关于做好 1994 年信贷资金管理工作的通知》，提出要严格控制货币信贷总量，对国有银行下达贷款限额，实行了限额管理下的资产负债比例管理。在进行严格金融管控的同时，国家也启动了国有银行的商业化改革，以期通过银行的自主经营从已经无太大收益可寻的金融领域中脱离出来。但是鉴于当时国有银行极低的资本金率和过高的不良资产率，国家从金融领域退出的难度和成本极高，1997 年，中国政府对照国际巴塞尔委员会资本充足率不低于 8% 的要求，由财政部发行了 2700 亿元的特别国债，分别注入工、农、中、建四大行作为股本金。并在同一时期，参照美国重组信托（RTC）的做法，成立四大资产管理公司（AMC），专门负责处置四大国有商业银行的不良贷款。2001 年中国加入世界贸易组织，金融开放进入倒计时，国家再次加快金融改革步伐，对商业银行在体制、机制进行更深刻的改革，并在 2003 年再次对国有商业银行进行了注资。

---

① 国家统计局网站。

综上分析，在改革开放初期扮演着资本积累主体角色的政府，在市场化改革进程中虽然失去了对生产的直接控制能力，但是并没有就此完全蜕变成西方资本主义国家的宏观调控者，而是通过控制金融资源以另外一种方式继续实现着国家效用的最大化。在整个 20 世纪 90 年代乃至 21 世纪初的几年中，中国政府都在围绕金融控制的成本和收益的比较调整和改变着在金融领域的控制力度，以 1997 年前后为界，前期以强化控制为主，后期则在为退出控制做各种准备工作。这段时期以国有银行商业化改革为主体的体制改革，是中国金融机构克服计划体制弊端、健全经营机制、成为独立自主、自负盈亏主体的内在需要，是金融领域向市场化迈进的自我完善，同时也是国家在金融控制成本高于控制收益情况下的有序退出。金融体制改革的快与慢、彻底与不彻底，皆取决于政府控制金融资源这一特殊职能是要强化还是要弱化。

（三）2003 年至今：政府的国有资产（资本）所有者职能

在 20 世纪最后几年里，中国的国有企业在过去承包、租赁等产权改革基础上，全面进入以股份制改革为主的新时期，也就是说，国有企业的资产要通过评估折成股份，由有实力的投资者进行收购。但是，由于国有企业的资产属于全民所有，国有资产在进入市场之前本就存在着一层委托代理关系，即人民委托执政者来进行管理，在股份制改革之后，又会出现第二层委托代理，即政府作为委托人又要将国有企业交由企业负责人来经营。在这种多重委托代理关系下，公司的实际经营负责人作为代理人的代理人和其直接委托人政府都很难做到激励相容，更不用说与人民大众做到利益一致。在 20 世纪 90 年代末股份制改革实践的过程中，正是因为这种严重的委托代理问题，不可避免会出现国有资产流失的现象。在此情况下，如何使国有资产既安全、不流失，同时又不失效率，成为作为第一代理人政府必须解决的问题。但是在解决这一问题时，政府通常会陷入一种两难选择的境地，出现所谓的"一抓就死、一放就乱"现象：一方面，为了安全考虑，政府作为国有资产所有者的受托人，必须利用其资产管理者的职能来强化对国有资产的控制；另一方面，出于经营效率考虑，政府又必须放松对国有资产的控制，交由市场主体去支配。

为了兼顾国有资产的安全和效率，经过长期的尝试探索，日渐形成了延续至今的国有资产管理体制。在该体制下，中央政府与地方政府分别代表国家履行出资人职责，建立专门的管理机构，将国有企业的人权、事权和资产管理权集于一身，有效解决了过去"五龙治水"的弊病，改变了各路人马互相争权但没有人最终负责的不合理局面。2003年3月10日，十届全国人大一次会议第三次会议经表决，成立国务院国有资产监督管理委员会。同年，各省区市的国资委也相继成立。政府作为国有资产的所有人就此具有了明确的履行国有资产管理权的职责。在国资委成立以后，政府作为国有资产所有者的身份被强化，在职能上出现了三个新的特点：

一是成为国有企业经营效益的监督者。根据《企业国有资产监管条例》，国资委与所出资企业以及其他政府机构的关系，是出资人与所出资企业的关系，是出资人所有权与企业法人财产权的关系。在此职能定位下，国资委专门履行出资人职责，专门对国有企业的经营效益情况进行监督、考核，确保国有资产的保值增值，而不承担政府的社会公共管理职能。二是成为国有经济发展的总体把控者和布局者。国资委虽然不得干预企业的生产经营活动，但是对企业的长期发展战略、投资等重大决策活动仍具有绝对的话语权。特别是中共十八届三中全会后提出要从"管资产"转向"管资本"以来，国资委通过组建专门经营国有资本的投资公司，将国有资本从具体的资产形式中脱离出来，得以在贯彻落实国家产业政策，推进产业转型升级，促进国有经济布局优化方面发挥更大、更直接的作用。三是成为国有企业改组改制的推动者。作为国有资产的所有者和国有企业的出资人，国资委决定着国有企业改革的进程，会在不同时期对国有企业改革的重点提出明确要求，对国企改革的程序、方法作出明确规定并实施监督，同时还负责相应的制度建设，诸如产权交易体系建设等。

总之在现有的国有资产管理体制下，政府虽然不再直接干预企业的生产经营活动，而必须在政企开的大原则下履行所有者权责，但是对国有经济整体运行的方向、效率、质量、结构以及国有企业的改组改制依然起着决定性的作用，对中国的资本积累进程也必然产生持续的影响。这一职能显然是西方资本主义国家的政府所不具备的。

（四）结语

从中国自改革开放以来政府的实践可以看出，在中国从计划经济向商品经济转型，以及建设社会主义市场经济的过程中，政府的经济职能虽然有很多与西方国家的相似之处，诸如宏观调控、公共服务等，但在特定体制环境和历史时期下，仍存在其他国家不具备的一些特殊职能。最为有趣的是，政府虽然在此过程中总体上对经济活动都保持着较强的主导力和控制力，但并没有出现因此而导致的商品经济或市场经济的退后和萎缩。恰恰相反，中国的市场经济在整个历史时期都处在一种不可逆的发展态势下。1982年，中共十二大只是将商品经济作为计划经济的补充，到1985年中共十二届三中全会就逐渐从补充变为主体，1987年中共十三大又提出"国家调节市场，市场引导企业"，强化了市场对微观主体的导向作用，到1992年中共十四大召开，明确提出"要使市场在社会主义国家宏观调控下对资源配置起基础性作用"，2007年中共十七大又将这一说法的有关限定词作了更改，提出要"从制度上更好发挥市场在资源配置中的基础性作用"，到2013年中共十八届三中全会市场的基础性作用被升格为决定性作用，市场机制的作用被政府空前认可。这种现象的出现，用西方资本主义国家政府与市场是此消彼长的观点来看是无法解释的。这表明，在中国特色社会主义市场经济建设过程中，政府强并不意味着市场边界的收缩，市场强也不意味着政府边界的退缩。政府和市场的关系在中国社会主义市场经济条件下，不完全是此消彼长的对立关系，而是你中有我、我中有你的相辅相成的辩证统一关系，中国政府不仅是高高在上的管理者、调控者和维护公共利益的服务者，而且还是市场经济活动的主导者、推动者和参与者，只要政府所为有助于资本积累的顺畅进行和社会财富的更快增长，就不存在所谓的越界之说。相反，若单纯效仿西方资本主义国家政府职能，在中国特定的经济体制下将政府置于纯粹的宏观管理者和服务者地位，成为市场的辅助者，反倒会有因缺位而造成的发展风险。因而，中国政府经济职能的定位，不可受西方资本主义国家政府与市场关系传统认知的束缚，要在过往实践经验的基础上，继续因时而变、因势而变，紧扣中国特有的资本积累进程，对不碍资本积累大局的要放手交给市场，而对有碍资本积累的则要坚决介入，不断开拓政府在经济领域的新职能。

三、应对矿产超额收益的政府职能定位

上述分析表明，在中国改革开放以来的工业化进程中，政府在经济中的职能并不像西方资本主义国家那样只是单纯地解决市场失灵或进行宏观调控，特定的体制环境需要政府在不同的时期以不同的方式在市场经济的发展过程中发

挥不同程度的主导作用。然而，尽管中国政府这些特殊的经济职能为中国改革开放以来的经济增长保驾护航四十余年，但是在应对中等收入阶段所蕴藏的一些固有矛盾和发展隐患时仍显单薄。正如前文分析所指出的，中国自步入中等收入阶段以来，一方面，中国的资本积累走上了一条相对固化的数量扩张式发展道路；另一方面，中国政府为了满足快速资本积累所需要的基础能源物资，对电力及其相关的矿产能源部门仍然实行不同程度的价格管制。结果致使以煤炭为主的矿产部门在经济高速增长情形下形成了大量的矿产超额收益，这些超额收益进入中国的资本循环和积累系统中，加剧了该系统本身所固有的资本过剩矛盾。这一矛盾在经济增长高涨时并不明显，但是在经济下滑中却容易激化。因而对矿产超额收益的控制和管理，是中国在步入中等收入发展阶段，且在面临数量型经济增长遭遇瓶颈难以为继的状态时，必须具备的新的经济职能。

政府对超额收益进行管理和控制，核心在于将资本积累过程中因体制因素所形成超额收益要最大限度全部收归政府，或者最大限度处在政府可支配的状态，通过对超额收益在宏观层面重新进行分配、管理和使用，达到维护资本积累顺畅进行，确保宏观经济稳定运行的目的。这种将某一行业收益控制在政府手中的行为并非主观臆想、空穴来风。世界上很多资源丰富的国家和地区都有过此先例，而且至今兴盛不衰。据粗略统计，目前大约有70多个国家或地区的政府建立有专门对油、气、煤及其他矿产开发收益进行管控的制度，这些制度大多以建立基金为载体实施，也有少数发达国家直接纳入财政管理，其中比较有代表性并且具有积极效果有：挪威基于收益石油所建立的主权财富基金，美国阿拉斯加、路易斯安那等五个州基于油气资源收益所建立的信托基金及教育基金，俄罗斯基于油气资源所建立的石油稳定基金和国家福利基金，博茨瓦纳基于钻石收益所建立的普拉基金，以及澳大利亚、英国基于石油、煤炭所实施的资源租税制度等（见表5－1）。

表5－1　　　　　　　世界各国管理矿产收益的载体及分配使用

国家或地区	控制的矿产资源	制度载体	收益分配及使用
挪威	油	挪威政府养老基金	维持宏观经济稳定；消除波动的石油价格的负面影响；增加当代公民福利；为后代储蓄

续表

国家或地区	控制的矿产资源	制度载体	收益分配及使用
阿尔伯塔省（加拿大）	油	阿尔伯塔继承基金	为后代投资、加强经济多样化和提高人民生活质量；对外宣传招商引资
阿拉斯加州（美国）	油	阿拉斯加永久基金公司	每年拿出永久基金收入的一部分作为红利支付给符合条件的本州居民
路易斯安那州（美国）	油、气	路易斯安那教育质量信托基金	仅用于教育提升计划
新墨西哥州（美国）	油、气	新墨西哥州投资委员会	为后代储蓄
北达科他州（美国）	油、气	北达科他州留存基金	为后代储蓄
得克萨斯州（美国）	油、气	本地学校基金	支持小学和中学教育
怀俄明州（美国）	矿产	怀俄明州矿产永久信托基金	为后代储蓄
英国	石油	资源租税	用于公共产品购买、减少垄断提升企业创新的动力
澳大利亚	石油、煤炭	资源租税	用于公共支出，增加民生福利
俄罗斯	油气	石油稳定基金国家福利基金	宏观经济稳定器；平衡俄罗斯政府的财政预算；补充养老金收支缺口
加纳	油	加纳石油基金	分为加纳稳定基金（GSF）和加纳遗产基金（GHF）。GSF作用是理顺收支不平衡，GHF的目的是为子孙后代提供收入
智利	铜	社会经济稳定基金	稳定宏观经济；为当代民众提供福利（养老、意外保险）；为后代提供收入
安哥拉	油	安哥拉的主权财富基金	用于促进社会发展、社会责任项目
博茨瓦纳	钻石、矿产	普拉基金	投资于人力资本；为子孙后代保留一部分收入

续表

国家或地区	控制的矿产资源	制度载体	收益分配及使用
毛里塔尼亚	油、气	国家油、气储量基金	发挥国家宏观经济稳定器的作用；长期目标是为子孙后代存积储蓄
尼日利亚	石油	主权投资基金	支持人力发展和基础设施建设，为后代储蓄
委内瑞拉	油	宏观经济稳定基金	避免原油价格波动，弥补财政预算缺口
蒙古国	铜、金	蒙古人健康基金资源租税	平衡财政、为市民提供健康教育服务，维持国民收入
巴布亚新几内亚	天然气	巴布亚新几内亚主权财富基金	支持青年和儿童的发展。为后代储蓄；促进宏观经济稳定
阿尔及利亚	油、气	收入管理基金	避免油气商品价格的波动而导致的经济波动
科威特	油	科威特投资局	为后代储蓄，促进国家发展
卡塔尔	油、气	卡塔尔投资局	促进产业多元化发展，抵御能源价格波动风险
阿曼	油	阿曼投资基金	帮助政府保持较强的偿债能力和稳定保持信用等级能力，为后代储蓄
阿布扎比（阿联酋）	油	阿布扎比投资局	创造资源收益的长期价值，维护和保持国家当前和未来的繁荣
伊朗	油、气	伊朗国家发展基金	作为财政稳定器，抵抗油气收益波动；促进国内经济发展；保存和分享油气财富给后代
文莱	油	文莱投资机构	建立外汇储备；资助政府提供免费教育和卫生保健
哈萨克斯坦	油、气、金属矿产	哈萨克斯坦国家基金	用于国家经济社会的可持续发展，促进多元经济发展；避免油气商品价格的波动而导致的经济波动；为下一代积累发展资金和资源
土库曼斯坦	油气	土库曼斯坦稳定基金	帮助财政预算抵御全球大宗商品波动风险以及资助大规模公共投资项目
基里巴斯	磷酸盐	收入均衡后备基金	维持财政预算平衡，为后代储蓄财富

资料来源：张波：《煤炭开采收益共享：依据、内涵与制度设计》，载《经济社会体制比较》2017年第2期。

世界很多矿产丰富国家将某些特定的矿产资源收益纳入国家层面进行管理的原因各有不同。诸如挪威建立石油基金之初是为了缓解应对人口老龄化给财政支出带来的巨大压力，俄罗斯将油气资源管控是为了稳定石油、天然气价格，博茨瓦纳是为本国产业多元化发展提供资金保障，而阿拉斯加等美国的几个州是为了避免不稳定的资源收益给宏观经济的稳定运行带来干扰。总体来说，这些国家对某一特定的矿产资源部门的收益之所以要进行管理，不仅是因为矿产收益规模巨大，更重要的是这些收益的存在会影响到宏观经济运行的稳定、国家战略意图的实施等重大问题①。前文已说明，中国的矿产超额收益在中等收入阶段以来规模已达数万亿元，这些超额收益进入中国特定的资本积累系统中，会加剧全社会扩大再生产的固有矛盾，给中国经济运行带来巨大风险。因此，尽管矿产超额收益虽然只来自煤炭等个别行业，但其影响早已超出局部地区、局部行业，关乎中国宏观经济运行的全局稳定，即便遵照国际惯例也当纳入政府管控范畴。

国家管控煤炭行业的超额收益，与当前我国政府向煤炭行业征收的各种特殊税费不同。长期以来，我国政府对煤炭行业除了征收增值税、营业税、所得税等一般税费外，还会征收简称为一税（资源税）、二款（探矿权价款和采矿权价款）、三费（矿产资源补偿费、探矿权使用费和采矿权使用费）的特种税费。但是这与国家管控煤炭行业的超额收益区别甚大。其一，国家不仅要从煤炭收益中将属于矿产超额收益的部分征收上来，而且还要从国家经济发展的大局出发，通过构建一整套完备的煤炭收益共享体制最大限度发挥其对经济增长的推动作用，而国家向煤炭企业征收的常规税费在征收之后，便纳入一般的预算管理，在使用上与其他税费并无不同。其二，国家当前对煤炭行业征收上述特种税费的主要目的是维护国家作为资源所有者的权益，以及确保煤炭资源的可持续开发。例如：从量计征的煤炭资源税是一种级差调节税，具有地租的性质，体现的是国家作为矿产所有者的利益，而不是对相关利益群体的补偿。探矿权价款和采矿权价款是向国家出资勘查的矿权付费。探矿权使用费和采矿权使用费则是向国家这一资源所有者支付的使用租金。而国家征收煤炭行业超额收益的原因主要是出于宏观经济稳定运行和缓解扩大再生产过程中资本积累固有矛盾的需要。

---

① 具体内容见下一章有关矿产收益共享国际经验的分析。

国家管控煤炭行业的超额收益，也与过去我国地方政府曾向煤炭行业征收的煤炭可持续发展基金、矿产恢复治理保证金、煤矿转产发展基金、生态补偿费等不同。首先是二者管控的对象不同，国家管控的不是一般的煤炭收益，而是为了满足数量型经济增长要求而刻意放缓电力行业市场化步伐所导致的煤炭过度需求和煤炭价格上涨引起的超额收益，是由体制性原因带来的煤炭行业的不合理收益。而地方征收的煤炭收益并不考虑其来源的特殊性，从形式上看更类似于向煤炭企业征收额外的税费。其次是二者的目的不同，国家管控超额收益是为了缓解资本积累系统中存在的过剩资本问题，确保宏观经济的稳定运行，而地方政府以上述名目征收的煤炭收益主要为了解决矿区生态修复、环境治理和产业转型等地方性问题。最后是管控方法不同，超额收益是因价格上涨引起，要按照价格的波动情况进行征收，征收后也要以宏观整体效应最优为目的在国家层面进行最优分配和使用，需要通过构建煤炭收益共享机制作支撑，但地方对煤炭收益的征收通常都是按照交易量进行，征收后的使用和管理也较为随意，往往会和地方财政收支混在一起，成为扩充地方财力的一种手段。

综上分析，国家对煤炭行业超额收益进行管控，是中国步入中等收入阶段后为确保资本积累顺利进行而需要具备的一项新职能。该职能一方面与政府传统的通过税收进行宏观调节的再分配职能有本质区别，另一方面又与我国政府在经济领域的那些特殊职能一脉相承，是出于国家总体利益考虑再次以参与者而不是管理者的身份介入市场中，对以煤炭企业为代表的市场主体经营活动所进行的一种深度、有效而且必要的干预。

第二节　矿产收益最优分配路径和使用的理论研究

本节通过建立理论模型说明资源收益分配和使用问题，探讨在国家将矿产收益置于宏观管控状态下，如何分配和使用能够使矿产超额收益对中国式资本积累系统稳定性的破坏降到最低，对社会扩大再生产起到正向推动作用。

一、理论模型构建

（一）研究假设

本模型的建立基于如下假设：首先，该国是一个资本稀缺的国家，在国际资本市场上借贷成本高于均衡利率，资源收益首先用于偿还外债，一国非资源性产出 Y 是一个外生变量，私人消费等于全部产出 Y 加上政府补贴或转移支付，社会总消费等于私人消费加政府消费，政府消费和私人消费同比例变化，整个经济追求社会效用最大。约束条件是收支平衡，收入为产出加资源收益，支出为利息支出、政府消费和私人消费。其次，在扩展模型中，非资源产出 Y 是关于资本、劳动、基础设施的函数，私人消费是关于工资、转移支付的函数，政府消费和私人消费同比例变动，政府的政策工具有税收、转移支付，政府可以投资于基础设施或通过税收影响生产，进而影响工资和私人消费，也可以通过转移支付直接影响工资和私人消费。

（二）研究对象

范德普勒格（Van der Ploeg，2012）的模型中，研究对象是一个资源丰裕、资本稀缺，存在对外债务的发展中经济体，但是这一假设不符合我国现状，因此我们的研究对象是一个资源丰裕、国内资本市场能够满足国内资本需求的国家，资本价格低于国际市场，且可以通过发行债券对内融资，而不需要像资本稀缺国家那样进入国际市场筹资，因此国内实际利率由资本边际产出决定。

（三）生产函数的设定

在范德普勒格（Van der Ploeg，2012）的模型中，产出是一个外生变量，在其扩展模型中，产出是一个关于劳动、资本和基础设施投资的函数，但是在中国的经济增长过程中，矿产超额收益与经济增长之间存在着密切的关系，经济增速的提高往往伴随更大规模矿产超额收益的出现，反之则减少。因而，这里不再将产出视为与矿产收益无关的外生变量，而是在二者之间建立起相关联系。

（四）目标函数的设定

社会生产的目的是追求社会效用的最大化，社会效用的大小是由消费决定的，消费由私人消费和政府消费组成，私人消费由社会总产出和个人能够得到的转移支付共同构成。

以下是对模型设定的数学表达：

第一，关于生产函数。在这个封闭经济中，产出内生于私人资本和资源收益，$Y = N^{\alpha}(t)K^{\beta}$，$Y$ 是总产出，是关于资源投入和私人资本的函数，$N(t)$ 是资源中用于生产的部分，K 是私人资本，α 和 β 表示资源和私人资本的产出份额，$\alpha + \beta = 1$，即规模收益不变。

第二，关于消费。产出完全被用于消费，没有储蓄，私人部门的消费为 $C = Y + T$，C 是消费总量，Y 是总产出，T 是政府转移支付，消费的总量由产出和政府转移支付决定。

第三，关于预算约束。国内资本市场的利率 r 由资本的边际产量决定，为了分析的简便，假定资本在一定时期内是一个常数。私人部门不能进入资本市场，只有政府部门可以进入，因此，政府需要选择一个合适的 F 和 T 来实现社会效用最大化，社会的预算约束是 $\dot{F} = rF + G + C - Y - aN(t)$，$F$ 是政府债务，G 是公共消费，a 是资源收益中成为政府收入的部分，国内资本市场的利率等于资本的边际产出，即 $r = \beta N^{\alpha}(t)K^{\beta-1}$。

第四，关于目标函数。社会效用由私人消费和公共支出构成。$U = \int_0^{\infty} \dfrac{C^{1-\frac{1}{\sigma}} + \psi G^{1-\frac{1}{\sigma}}}{1 - \dfrac{1}{\sigma}} e^{-\rho t}\mathrm{d}t$，$U$ 是社会总效用，ψ 是公共消费权数，$\varphi \geq 0$，σ 是跨期替代弹性，ρ 是消费的时间偏好系数。

二、均衡分析

根据以上假设，建立汉密尔顿函数：

$$H(C) = \frac{C^{1-\frac{1}{\sigma}} + \psi G^{1-\frac{1}{\sigma}}}{1 - \dfrac{1}{\sigma}} + \lambda\left[\beta N^{\alpha}(t)K^{\beta-1}F + G + C - N^{\alpha}(t)K^{\beta} - aN(t)\right]$$

$$(5.1)$$

$$\begin{cases} \dfrac{\partial H}{\partial C} = C^{-\frac{1}{\sigma}} + \lambda = 0 \\ \dfrac{\partial H}{\partial G} = \psi C^{-\frac{1}{\sigma}} + \lambda = 0 \end{cases} \tag{5.2}$$

由方程（5.2）得到效用最大化时的政府消费和私人消费的关系：

$$G = \psi^{\sigma} C, \quad \lambda = -C^{-\frac{1}{\sigma}} \tag{5.3}$$

$\dot{\lambda} = \rho\lambda - \dfrac{\partial H}{\partial F} = \rho\lambda - \lambda\beta N^{\alpha}K^{\beta-1}$，将式（5.3）代入得到私人消费变动方程

（5.4）：

$$\begin{cases} \dot{\lambda} = \dfrac{\partial \lambda}{\partial t} = \dfrac{\partial (-C^{-\frac{1}{\sigma}})}{\partial t} = -\rho C^{-\frac{1}{\sigma}} + C^{-\frac{1}{\sigma}}\beta N^{\alpha}K^{\beta-1} \\ \dfrac{1}{\sigma}C^{-\frac{1}{\sigma}-1}\dot{C} = -\rho C^{-\frac{1}{\sigma}} + C^{-\frac{1}{\sigma}}\beta N^{\alpha}K^{\beta-1} \\ \dot{C} = \sigma C(\beta N^{\alpha}K^{\beta-1} - \rho) \end{cases} \tag{5.4}$$

消费的增长率是跨期替代弹性、资本对生产的贡献程度、生产中资本的数量和用于生产的资源收益的增函数，是消费的时间偏好的减函数。当生产中投入的生产要素数量增加时，产出也会增长，因此消费会达到更高的水平，消费存在正的增长率。当 $\beta N^{\alpha}K^{\beta-1} - \rho = 0$ 时，私人消费和政府消费的变动率为0，经济达到稳定状态，此时可以得到生产性的资源收益和私人资本的函数关系方程（5.5），二者同方向变化，这也说明资源收益用于生产往往会推动物质资本存量的增长。同时，可以得到稳定状态下私人消费和政府消费的函数表达方程（5.6）。

$$\begin{cases} \dot{C} = 0 \\ N^{\alpha} = \dfrac{\rho}{\beta}K^{1-\beta}, \quad N = \left(\dfrac{\rho}{\beta}K^{1-\beta}\right)^{\frac{1}{\alpha}} \end{cases} \tag{5.5}$$

将方程（5.5）代入 $C = Y + T$，得

$$\begin{cases} C = N^{\alpha}K^{\beta} + T = \dfrac{\rho}{\beta}K + T \\ G = \psi^{\sigma}\left(\dfrac{\rho}{\beta}K + T\right) \end{cases} \tag{5.6}$$

最后，通过政府财政预算平衡 $\dot{F} = 0$，

$$\beta N^{\alpha}(t)K^{\beta-1}F + G + C - N^{\alpha}(t)K^{\beta} - aN(t) = 0$$

将方程（5.5）、方程（5.6）代入得到经济达到稳定状态，且财政预算平衡时，债务、物质资本、生产性资源收益和转移支付之间的关系，包含资源收益的三种用途，生产、转移支付和偿还债务。

$$\rho F = \frac{\rho}{\beta} K + a \left(\frac{\rho}{\beta} K^{1-\beta} \right)^{\frac{1}{\alpha}} - (1 + \psi^{\sigma}) \left(\frac{\rho}{\beta} K + T \right) \tag{5.7}$$

综上，在实现 $\dot{C} = 0$，$\dot{F} = 0$ 时，$N = \left(\frac{\rho}{\beta} K^{1-\beta} \right)^{\frac{1}{\alpha}}$，均衡的资源收益是私人资本的增函数，随着私人资本增加，需要有更多的资源投入生产中，维持消费的稳态；资源收益在生产中的贡献越大，生产所需资源收益越少；家庭越偏好现期消费，稳态下的生产性资源越多，以获得更高的消费量。方程（5.6）是稳态下的私人消费和政府消费，与政府转移支付有关。方程（5.7）是预算平衡时政府债务和政府转移支付的关系，二者反向变动。

三、资源收入冲击对稳态的影响

下面考虑稳态的变动，如果经济中突然出现了未预期到的资源收入，该收益可以全部或部分成为预算收入，那么会出现以下几种对该资源收益的管理方式。

（1）如果这笔资源收益全部成为预算收入，则政府出现预算盈余，可以通过偿还债务或增加转移支付重新平衡，偿还债务最初不会改变消费，但在新的预算平衡水平下，对内债务下降会在长期提高私人资本存量，经济若要重新回到稳态，需要更高的生产性资源收益。因此，经济的稳态增长路径会提高，均衡的消费也会提高。

（2）如果新增的预算盈余没有通过偿还债务，而是通过增加政府转移支付来进行平衡，则消费会立刻达到一个更高的水平，但由于私人资本不会发生变化，用于生产的资源收益数量也不会改变，因而生产函数和产出水平不变，增长路径亦不会发生改变。从长期来看，消费仍会回到原来的水平。所以对于政府来说，更好的资源收益使用方式应是偿还债务。

（3）如果新增的资源收益中有一部分进入生产领域，根据式（5.4），利率高于消费的时间偏好系数，消费会加速增长，私人资本增加，社会消费达到更高的水平，随着资本的增加，利率开始下降，最后重新回到稳态，这时经济获得更高增长路径和更高的消费；其余一部分资源收益成为政府收入，通过偿还债务或增加政府转移支付对经济产生影响，如果偿还债务，那么经济的增长路径和消费水平还会更高，如果进行转移支付会在短期获得更高的消费，但长期没有影响。

综上所述，基于若干符合中国实际情况的基本假设，得到以下结论：当政府获得意外的资源收益时，最优的使用方式是投资于生产，其次是偿还政府债务，最后是通过转移支付进行再分配。当然，以上增长路径的提高需要私人资本对生产性资源收益的数量变动作出及时反应，要素流动和市场资源配置效率很大程度上决定着资源收益的使用效果。

| 第六章 |

矿产资源收益国家治理
体系构建与政策安排

第一节　目标设定与总体架构

　　国家治理体系建设是基于中国特色社会主义市场经济国家发展所提出的一个特定命题。这里所说的"治理"，相较于管理而言，最大的区别在于前者是基于平等关系的多主体参与活动，彼此之间不存在一方对另一方的命令和控制，后者则来自某种权威或权力主体自上而下的引导、监督和控制。矿产资源收益中的超额收益来自中国特殊的工业化进程发展需要，是中国社会主义制度下资本积累在中等收入阶段不得不面对的客观存在，需要通过国家顶层设计构建一个包括政府、市场、社会在内的综合治理体系。本章我们将具体研究矿产超额收益如何通过政府、市场、社会三方面的协作配合，实现积极的治理效果。

一、治理目标

由于治理是由多主体参与的复杂活动，要确保各方主体行动的一致性和协调性，必须基于一定的目标牵引。根据矿产超额收益的形成机理和对中国扩大再生产过程中资本积累带来的不利影响，以及矿产资源收益的最优分配使用路径，矿产资源收益在进行综合治理时各主体应紧密围绕如下目标统一展开行动：

第一，推进资源能源节约。矿产超额收益产生的根源是数量扩张型经济增长产生的能源资源依赖，因而在我国新能源尚未大规模开发和使用之前，矿产超额收益治理的首要目标，是要从总量和强度两个方面降低存在明显供求缺口的能源消耗量。尽管从当前看来，矿产超额收益绝大多数集中在对电力供应起主要支撑的煤炭领域，但是不排除将来石油、天然气、个别金属和非金属矿产等因供需缺口不断扩大而使相关行业出现新的超额收益。对于能源资源而言，节约目标可具体化为如下几个方面：一是在宏观层面不断降低单位国内生产总值能耗，推进单位能源能够贡献更大的产出水平；二是在产业层面，降低高能耗产业在国民经济中的比重，推进替代产业的发展；三是在行业和产品方面，降低火电供电煤耗和吨钢综合能耗，提升诸如燃煤工业锅炉、中小电动机、风机、泵等耗能设备的能源效率。

第二，推进高质量发展。矿产超额收益虽然会加剧宏观经济的整体运行风险，但是通过对矿产资源收益分配最优路径的研究可知，在本国产出和矿产收益存在密切关联的情况下，矿产收益的最佳用途仍然是用在当前生产，倘若由政府收缴并储蓄起来，在未来也应主要用在生产而不是消费。这表明，矿产资源收益治理的目标不在于将其从生产领域撤出，而在于如何将其在社会主义扩大再生产中发挥出积极的作用。要做到这一点，关键要解决如何为过剩资本的运动、周转和循环提供新的出路。前文曾指出，西方资本主义国家在应对生产过剩问题上存在外部转嫁、政府调控和异质生产三种方式，其中异质生产是实现资本蜕变和升级，从而成为较彻底解决生产过剩问题的最佳方式。中国的资本过剩与资本主义的生产过剩虽有本质区别，但上述提到的三种途径对中国而言仍有借鉴意义，特别是其中的异质生产也同样代表了中国资本积累的演化方向。异质生产的关键是创新，核心是人才，支撑是技术，途径是差异化竞争，结果是高质量发展。因而要对矿产超额收益进行有效治理，将其引导到对经济增长有正向推动的方面上来，就是要推动包括超额收益在内的过剩资本走上向异质化生产演进的道路，尽快挣脱数量扩张型的经济增长模式，尤其要打破中国资本积累中的两个"固化"问题，激发创新活力，提升创新动力，培育创新能力，优化经济结构，推进产业升级，提升在全球价值链中的地位，走高质量发展道路。

第三，化解经济运行风险。在中等收入发展阶段，资本倾向于选择资本密集型产业发展，致使大批资本在生产资料领域集聚，从而形成十分庞大的产能。这些产能在以数量扩张为主的经济高速增长阶段，因海外需求的强力支撑而得到有效利用，但是自次贷危机全球经济步入长期调整期后，特别是以美国为首的发达资本主义国家经济增速不断放缓，原有的世界分工格局被打破，对国内大量产能进行消化的国际市场空间出现明显萎缩，致使中国自2013 年以后开始出现不同程度的产能过剩问题。前文已说明，产能过剩的实质是资本过剩，是大批资本停留在生产资本状态无法向下一形态转变的外在表现。超额收益作为过剩资本的重要来源，多年来参与在中国的资本积累进程中，一定程度上加剧了中国宏观经济运行的整体风险。因而对其进行治理，一定要以最大限度缓解资本过剩基本矛盾、消除过剩产能，推进供求关系平衡为目标，最大限度降低经济运行风险。

二、总体架构

矿产超额收益形成于以煤炭开采为主的矿业部门，又通过进入以数量扩张为主导的资本积累进程而不断繁衍增长。因而对矿产超额收益的治理既要遏制源头、控制增量，也要抑制已形成的超额收益在各个资本积累部门的扩张，同时还要防范由此可能造成的经济风险。由此可见，矿产超额收益的治理领域不仅仅在矿产开采行业，广泛复杂的经济联系早已将超额收益分散在国民经济的各个领域，涉及的主体千千万万，也远非仅靠政府一己之力能够胜任。必须建立包括政府、企业和社会在内的共治体系，从宏观制度层面、中观产业层面以及微观社会和企业层面推进这一系统工程。

（一）宏观层面：构建矿产资源收益共享制度

在我国未脱离数量扩张型的经济模式并且能源供需缺口短期无法消除之

前，我国的能源市场化改革只能渐进推进，超额收益形成的体制根源不宜过早触动。应借鉴世界上转型成功的资源型国家或地区在资源收益管理方面的经验，由政府在宏观层面建立能源矿产收益的共享制度。这是因为，能源矿产超额收益虽然是因特定的体制安排所致的不应该出现的企业收益，是对相关生产部门创造价值的挤占，但终究是社会财富的一部分。在无法避免其产生的情况下，关键是要做到合理地使用。上一章的理论分析曾证明，在我国当前数量型经济增长模式下，矿产收益通过纳入政府统一管理和使用可以推动经济总量达到一个更大规模的水平。挪威、博茨瓦纳、俄罗斯、美国阿拉斯加等矿产资源丰裕国家和地区也通过实践数次证明，矿产收益只要做到全民共享，不为个别主体所控制，而是由政府代表公众利益对其进行科学使用，不仅不会使这些国家遭受"资源诅咒"，反而会因为资源繁荣实现国民经济的持续快速增长。所以，国家应主要应对矿产超额收益在增量上的扩张对宏观经济造成的不利影响，通过建立科学的超额收益提取和管理机制，将其纳入中央政府进行集中管理和使用。

（二）中观层面：推进能源革命和产能管理

矿产超额收益归根到底是由中国相对有限的能源供给能力与数量扩张型经济产生的巨大能源需求之间存在较大的缺口所致，要缩小这一缺口需从两个方面进行：一是增强我国主要能源的供给能力；二是降低经济活动对能源的依赖度。首先，看能源供给方面，我国作为全球矿产资源特别是煤炭资源相对丰裕的国家，理论上而言只要煤炭开采和发电能力充足，电力足额供应是可以保障的，但是从步入中等收入阶段以来中国经济增长实践来看，高速的数量扩张所产生的能源需求，不仅会给环境造成不可逆的破坏性影响，更会固化数量扩张的经济增长模式，导致中国经济长期处在国际分工的中低端。因而，即使中国难以在短期内培育出增长新动能，依然需要通过数量扩张实现经济增长，由此产生的庞大能源需求也需逐渐脱离火电，实现能源供应从依靠不可再生的化石能源转向可再生的新能源，实现能源供给结构的多元化发展。其次，看能源需求方面，迄今为止，中国经济增长消耗的最主要的能源依然是煤炭，是世界上最大的煤炭消费国。对煤炭的高度依赖主要还是和单一的电力供应结构有关，火力发电依然是最主要的发电方式。因而，高的煤炭消耗实际是高的电力消耗。一般来说，只要经济增长保持一定的正速度，电力消耗总量都会相应继续增加。中国作为尚处在中等收入阶段的发展中国家，经济增长依然和电力消耗保持着高度的正向相关系，距离步入电力总量缩减的状态还有很长的路要走，在当前阶段所能做到的是着力控制增量，通过各种节能手段先保证电力消费增速不断放缓。综上两个方面，要消除煤炭超额收益的体制根源，前提是要推进以煤炭替代为主要任务的能源供给革命和以提高能源效率为核心的能源消费革命，只有能源市场的供求关系趋于平衡，能源价格才能在市场环境下保持相对稳定，不会在经济体高涨期出现能源价格的暴涨，从而在根源上避免新的煤炭超额收益的出现。

除在根源上控制煤炭超额收益的增量外，已经流入国民经济各部门的煤炭超额收益存量也需在中观层面，通过产业的优化升级、结构和布局的调整来实现。前文已数次说明，煤炭超额收益是过剩资本的重要组成部分，而过剩资本与过剩产品的不同之处在于，后者表现为具有一定使用价值的商品已经生产出来并在库存上大量积压，前者则是生产商品所用的机器、厂房、设备及原材料的大批闲置，即所谓的产能过剩。因而对超额收益存量进行治理，很大程度与过剩产能的治理有关。从理论而言，当一国经济出现过剩产能时有两种思路进行化解：一种是直接压缩产能，将产能规模缩小；另一种则是转移产能，将本地区的过剩产能向外转移。中国推进的供给侧结构性改革的很多方面与此有关，虽然已经取得不小的成效，但是面对庞大的过剩资本存量仍存在不少问题有待解决，而针对这些问题的解决路径和政策安排也就自然构成了矿产资源国家治理的有机组成部分。

（三）微观层面：培育创新要素推进异质生产

在以数量扩张为主的资本积累过程中，煤炭超额收益作为停滞在某种状态的资本，是因缺乏消化其价值的购买力而显得相对"过剩"。因而，倘若能够改变已有的资本积累模式，为资本价值的实现提供新的内部消化通道，则原先处在过剩状态的资本就会再次运转起来，继续在不断增殖中创造更多的物质财富。在本书第二章中，我们曾提到资本主义社会化解生产过剩存在三种方式，中国的资本过剩虽与资本主义的生产过剩有本质区别，但可以借鉴这一思路寻求化解路径，具体来说有两种选择：其一，通过扩大外需和财政政策的需求刺激，诸如扩大出口、增加财政转移支付、加大基础设施建设等，扩大终端和中间品需求，由此使闲置的产能再次运转起来，继续贡献经济增长。其二，通过提高劳动者的知识储量、技术研发能力等，推进企业提升以劳动复杂程度为核心的创新要素的培育，由此带动一系列新产品、新产业、新业态的出现，由供给侧的创新激活需求侧新的增长点，通过具有差异化竞争特性的新兴产业的发展帮助传统产业消化过剩产能。在上述两种选择中，第一种选择不仅需要国外购买力提升等不可控因素的支撑，而且会有带来通货膨胀的风险，更为重要的是可能会进一步固化以数量扩张为主的经济增长模式，甚至可能造成更多矿产超额收益的形成，显然只能作为短期应急手段，不宜于长期或频繁使用。第二种选择则首先是对数量扩张型经济增长模式的一种摆脱，强化基于创新所带来的差异化发展，不仅可以通过新需求的增长来消化过剩产能，还能够促使已有产能的升级改造，使其可以在更高的质量层次服务经济发展。因而，提高劳动复杂程度，提升劳动者的创新能力，推进异质性生产，既是中国跨越中等收入陷阱，步入高收入阶段的根本举措，也是化解包括矿产超额收益在内的过剩资本的最佳路径。

三、总结

矿产资源收益国家治理体系的构建是为缓解中国在中等收入阶段特定矛盾，规避中等收入陷阱而在国民经济社会各个层面全方位推进的系统工程，是中国特色社会主义市场经济在中等收入阶段持续健康发展的客观需要。其目标不在于局部地区、局部领域的兴盛，而在于为全国整体经济迈向新的发展阶段提供保障和支撑。其覆盖的领域也不限于矿业部门自身，而是国民经济的各部门。治理的内容也不局限在能源领域，而会涉及宏观层面的顶层设计，中观层面的产业调整，以及微观层面的生产要素结构转化和新动能再造。为了明确国家应当具体如何对矿产资源收益进行治理，在下文我们将对矿产收益治理在不同层次上所需要解决的重点问题、实施路径及相关政策安排逐一进行研究。

第二节 宏观层面：建立和完善矿产资源收益共享制度

矿产资源收益共享制度是将矿产收益中的超额收益部分通过政府统一收缴成为全民公有财产，以国家利益最大化为宗旨对收益进行管理和使用。下文将结合世界各国在矿产资源收益管理方面的成果经验，明确我国建立矿产收益共享制度的必要性和紧迫性，并在分析政府、企业和社会三者关系的基础上，就矿产收益如何进行征收、管理和使用等问题进行具体研究。

一、矿产资源收益共享的国际经验

当前，国内外学界对矿产资源收益如何纳入国家层面进行有效治理开展了大量国别案例研究，既包括挪威、俄罗斯、美国阿拉斯加等一些经济较发达的资源富集地区，也包括博茨瓦纳、智利、哈萨克斯坦等一些发展中国家。这些研究较系统地阐述了各国进行矿产收益管理的方式，同时对各国政府征收矿产收益的条件和标准、基金的具体运作模式或财政的管理手段等问题进行了较深入的研究，并由此对我国的矿产收益管理提出了借鉴性的建议（陈茜茜，2011；景普秋，2015；景普秋和范昊，2013；Vander Ploeg and Venables，2011）。也有一些案例从反面说明由于矿产收益管理和使用不当，造成了资源收益流失、财政收入骤降、经济发展缓慢等很多严重的经济后果（张利爽，2015；芦思姮和高庆波，2016；Collier and Venables，2008）。

尽管当前学者已经对很多国家的矿产资源收益管理的方法和手段进行了考察研究，但是由于各国所处的历史阶段和国情不同，这些案例研究所形成的经验往往不能对我国资源型地区矿产资源收益管理制度的构建提供直接有效的指导。由于缺乏对矿产资源收益管理一般规律的探究，盲目照搬具体做法难免出现南橘北枳的不良后果。基于此，我们拟在前人已有案例研究的基础上，跳出世界各国和地区具体国情和历史环境的局限，将各国资源收益管理的实践经验上升为一种规律性的认识，以便进一步明确矿产收益管理的前提条件、方法策略等重大问题。

（一）矿产资源收益治理的原因分析

面对"资源诅咒"的困境和资源型地区转型的难题，矿产收益管理被实践证明是帮助这些国家走出困境的有效途径，然而从具体的案例考察中发现，有些国家通过对矿产收益进行治理，成功规避了资源诅咒，实现了地区经济的持续健康发展，也有些国家则不顾本国国情和历史条件，对矿产收益分配进行了不当干预，反而造成了矿产开发部门收益流失，宏观经济受损等严重后果。这表明，矿产收益并非在任何情况下都需纳入一国或地区的治理范围，一定要在满足相应的条件之下才会实施，只有首先明确了矿产收益进行治理的条件，才能使其在经济发展中发挥应有的积极作用。

1. 必要条件：矿产收益对经济发展影响较大

世界上有很多国家对矿产收益进行管理，它们管理方法各异，实施效果有成功也有失败，但存在两个共同点：第一，矿产储量大，产量及储量在世界排名前列。例如，石油储量丰富的伊拉克早在 1951 年就开始对石油收益进行管理，成立了石油收入的分配机制。盛产钻石的博茨瓦纳在 1972 年采取了放开开采环节、控制流通环节的措施来管控钻石收益。石油天然气大国俄罗斯自普京政府以来成立了石油稳定基金。金属矿产丰富的智利在 1985 年建立了铜稳定基金。虽然上述各国的经济发展阶段和水平各不相同，但共同的特征都是某类矿产资源储量大，在全球总储量中占据较大比重。

第二，资源产值占一国 GDP 的比重高，矿产收益对国家经济增长影响大。如图 6-1 所示，在考察的几个矿产收益管理国家中，可以直观看到俄罗斯、挪威、博茨瓦纳、伊拉克、委内瑞拉、哈萨克斯坦几国矿产资源收入在

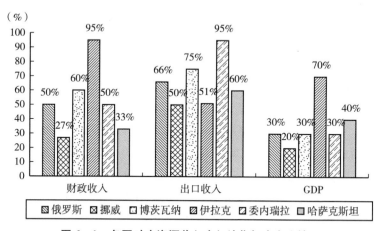

图 6-1 各国矿产资源收入在经济指标中占比情况

资料来源：EIA 原油库存数据；《挪威油气产业存在巨大市场》，载《中国经贸》2013 年第 2 期，第 6 页；秦宏斌：《博茨瓦纳：被钻石改变的国家》，载《中国黄金珠宝》2006 年第 2 期，第 62 ~ 68 页；《伊拉克的经济状况与投资环境》，摘自商务部网站；杨丽丽、朱颖超：《当前委内瑞拉油气形势及中委油气合作展望》，载《中国国土资源经济》2015 年第 11 期，第 36 ~ 39 页；J. 库兹涅尔、孙溯源：《哈萨克斯坦石油精英及其对能源政策的影响》，载《俄罗斯研究》2012 年第 1 期，第 125 ~ 153 页。

经济指标中的占比情况，这些经济数据都表现出对矿产收益的高度依赖。一是矿产收益对出口额的贡献普遍都在50%以上；二是矿产收益在财政中的占比较大，其中伊拉克最高为95%，挪威最低也有27%。三是矿产收益对GDP的贡献都在30%~40%左右，其中伊拉克高达70%。除以上直接贡献外，如果再考虑到矿产部门对相关产业的拉动作用以及提供就业岗位所带来的产出，经济发展对矿产收益的依赖程度事实上会更高。

2. 充分条件：矿产收益治理关乎国家或区域的稳定与发展

一个国家矿产资源储量大并且经济发展对矿产收益依赖度高，是进行矿产收益管理的前提，但是从各国案例情况来看，在必要前提基础之上，还需要其他因素的影响才会使矿产收益管理从偶然走向必然。诸如，乌克兰、巴西有大量的铁矿石资源，秘鲁、澳大利亚的铜矿储量丰富，矿业产值在其国内生产总值中同样占比大，但是这些国家仅仅是对矿产资源进行监管，并没有对收益的征收、保值增值、使用领域等方面作特定的制度安排。究其原因，会发现进行收益管理的国家与其特定的国情因素和政府战略意图密切相关，只有下文所述的三个条件至少满足其中之一，才能促使一国或地区的政府对矿产收益进行管理。

(1) 资源价格的波动冲击到整体经济，影响了宏观经济运行的稳定性。通过各国案例考察发现，导致这些矿产丰富国家进行矿产收益管理的第一个重要原因在于矿产资源价格经常波动，这种波动对宏观经济的动态运行产生了巨大的干扰作用，也对本国经济发展造成了很多方面的困扰。具体来说，矿产价格波动对本国经济的冲击表现在以下三个方面：

第一，矿产资源价格波动导致一国经济运行不稳定，甚至发生债务危机。俄罗斯作为石油大国，石油价格和GDP长期存在较高的相关关系（见图6-2）。1998年的国际油价的下跌，不仅使俄罗斯国内生产总值降到近年来最低点，而且导致政府背负的巨额债务无法偿还，财政赤字严重，人民税收负担繁重，对国家经济发展造成严重破坏。2000年之后，国际原油价格开始上涨，而由于当时的石油收入大部分控制在寡头手中，并没有明显改善俄政府的财政收支状况，才促使普京政府在2004年建立了石油稳定基金。

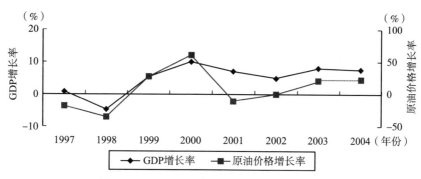

图 6 - 2　俄罗斯经济增长率与原油价格走势

资料来源：根据世界银行网站数据整理。

　　第二，价格波动对一国矿产资源出口乃至国内经济造成不利影响。据各国案例研究显示，资源丰裕型国家或地区在融入外部市场之初，通常都会选择将矿产资源作为主要的出口资源，以换回本国工业化发展所需的进口物资。当资源价格发生波动时，矿产出口部门收入的不稳定变动，会增加国内经济运行的不稳定性。哈萨克斯坦长期以来依靠石油出口，石油出口额占 GDP 的比重达 40%，从 1997～2015 年，国际石油价格经历了两升两降，在两次上涨的时期，石油价格年均增长率为 37.32%，相应的石油出口额上涨率达130%，致使哈萨克斯坦的石油部门收益陡增，进而带动了国内相关产业的迅速发展，并由此购进了大批本国企业和居民所需的设备及生活用品。但是在2009 年和 2014 年国际油价两次下降时期，哈萨克斯坦出口额受到影响大幅下滑，不但石油采掘业、加工业成本大于石油销售价格，相关产业效益下降，而且推进本国工业化进程中需要的设备、原材料等也因为油价的下跌而无法满足需要。正是因为无法忍受这种极端局面，哈萨克斯坦于 2000 年成立了国家主权财富基金。①

　　第三，矿产资源价格波动破坏了本国货币和金融市场的稳定性。国际油价的波动加剧国际资本的进出，国际游资会形成一种预期，导致资金炒作，扰乱一国的金融秩序，进而产生货币贬值，通货膨胀等一系列发展隐患。典型代表国家仍然是俄罗斯，1997 年国际石油价格下跌，俄罗斯财政状况急剧

---

　　① J. 库兹涅尔、孙溯源：《哈萨克斯坦石油精英及其对能源政策的影响》，载《俄罗斯研究》2012 年第 1 期，第 125～153 页。

恶化引发连锁反应，国债规模急剧膨胀，国内股市狂跌，美元兑卢布汇率攀升，人们争相抛售卢布，货币的大幅贬值致使通货膨胀加剧。而短期国债价格的大幅下跌，更加重了政府还本付息的负担，偿债风险急剧上升，一度使银行陷于困境乃至破产的危机，造成了严重的金融危机。

综上分析，在矿产收益对一国经济影响较大的前提下，如果矿产价格的波动会通过影响一国的经济总量、出口贸易以及金融市场等方面，对整体经济运行造成冲击，那么就必须将资源收益纳入政府管理范围，以此维持本国经济运行的稳定。

（2）一国或区域的发展战略或发展目标只有借助对矿产收益的管控和治理才能实施。战略是一个国家出于发展需要，由政府主导综合运用各方面力量实现某种目标的手段。历史上很多国家在面对发展中紧迫的、至关重要的问题时，不会通过市场机制慢慢调节，而是充分发挥国家主动性，有意识地制定国家战略。这种战略带有很强的目的性，它既能使暂时落后的大国迎头赶上，也能使小国能够发挥自身优势快速发展。历史上制定战略的国家有很多，例如：20 世纪 60 年代以来，韩国实行了"出口主导型"经济开发战略；日本在 20 世纪 70 年代确立了"经济中心"导向型国家战略；拉美国家在 20 世纪 80 年代制定了进口替代战略等。

很多资源丰裕型国家都有战略指引，例如，俄罗斯的"普京计划"、博茨瓦纳的多元化发展战略等，当这些国家战略的实施必须依靠矿产收益管理，使收益在融资、控制经济命脉、发展产业、集中和分配财富、平滑消费、促使投资增长等方面发挥作用时，政府就会将矿产收益纳入治理范围。需要强调的是，此时对矿产收益进行治理的目的并不是单纯地获取资金支持，而是要在战略实施中发挥不可或缺的关键作用，具体表现有：第一，通过矿产收益治理使国家能够控制经济命脉，从而使政权得以巩固，国家安全战略顺利实施。诸如博茨瓦纳通过将钻石的所有权收归国家所有，统一管理其收益，才实现了对外独立、对内安定的良好政治局面。第二，通过矿产收益治理有效抑制"荷兰病"，实现一国产业的多元发展。仍以博茨瓦纳为例，在本国经济发展落后、资本稀缺的情况下，博茨瓦纳为了建立本国相对独立的工业体系，通过将钻石收益权掌控在国家手中积极推进多元产业的发展，避免了经济结构的单一化。第三，对矿产收益进行治理可以维持代际公平、实现平滑消费，进而达到宏观经济稳定的战略目标。美国阿拉斯加州在 1969 年通过对普拉德霍海湾的石油进行租赁，获得了 9 亿美元的收入，而石油收益的突然爆发反而给阿拉斯加宏观经济的稳定带来了不利影响。1976 年，阿拉斯加州利用石油收益建立了永久基金，政府每年将基金收入以分红的形式分给阿拉斯加州公民，保证每一代人的均匀消费，以此维持代际公平、实现平滑消费，消除了石油收益集中爆发给宏观经济带来的不稳定因素。[①]

（3）一国或区域非劳动人口占比过高的特定人口结构导致财政的民生类支出压力较大。通过对样本国考察发现，人口结构往往也是决定一个国家是否对矿产收益进行宏观管理的重要因素，如果资源型丰裕型国家的非劳动人口占总人口比重高，该国也会对矿产收益进行管理。具体可分为如下两种情况：

一是人口老龄化问题严重。在所考察的矿产收益管理国家中，一些国家的人口年龄结构明显地趋向老化，许多已经发展成"老年型"国家。人口老龄化需要一国必须有足够社会保障资金做后盾，从而必然会对财政支出提出较高的刚性要求，政府在税收有限的情况下，为了缓解财政在养老方面的支出压力，通常都会选择将本国丰裕的矿产收益收缴上来并用于养老支出。挪威是一个较早进入老龄化的国家，早在 20 世纪 60 年代初期，挪威 65 岁以上的老年人口在总人口中就占到了 11%，在 60~80 年代该比例一直上升，并在 1991 年达到 16.37%。[②] 快速老龄化使公共养老金支出总额和比重不断上升，给政府造成沉重的财政压力。70 年代后，挪威大批油田的开采给不仅给石油部门带来了巨额收益，也给政府提供了重要的税源，养老支出压力一度缓解。但是由于国际原油价格波动不定，挪威财政时而宽裕、时而紧张，特别是 80 年代初石油价格暴跌后，财政收支出现巨大缺口，并直接导致了国家政权的更替。新政权上台后，为避免重蹈上届政府覆辙，保证养老支出有稳定的资金保障，决定将石油收益从财政中分离出来，成立石油基金，通过向海外市场投资获取利息收入，来建立用于支付养老的稳定收入流。

二是非雇佣劳动人口占就业总人口的比例较高。有些资源丰裕型国家市场化程度并不高，存在明显的二元结构，个别城市按照现代工业化的逻辑进

---

① 周建军、黄胤英：《社会分红制度的历史考察：阿拉斯加的经验》，载《经济社会体制比较》2006 年第 3 期，第 72~76 页。

② 数据源于 Wind 数据库。

行发展，而广大乡村的人口仍然保持着工业文明前的状态，进行着自给自足的生产和生活，与现代文明并行存在。工业化城市中的人口具有在市场环境下获取工资报酬的能力，并因此可享受工业文明提供的社会保障服务，但处于工业文明之前状态的非雇佣人口并没有由企业、社会所构筑的稳固"安全网"，一旦因突发事件丧失劳动能力，或无力支撑自身的生存，就会造成社会的不稳定。为了给这些非雇佣的劳动人群提供可靠的社会保障，一国财政同样要为此进行巨大的财政投入，显然这部分投入仅靠个别城市工业系统提供的税收是无法承担的，在此情况下，政府最便捷的解决方法就是支配矿产开采收益，以此作为保障非雇佣人口安定生活的资金来源。博茨瓦纳在这方面是一个典型，该国大约80%的居民是脱离工业系统的农牧民和原始族群，基本上是自给自足，与现代工业社会隔绝。在这种情况下，博茨瓦纳政府为了有能力为这些不创造工业价值的人提供生活保障，维持社会安定，便将矿产收益的一部分用于这类民生性支出。

（二）矿产收益治理过程中的差异化征收策略

矿产收益的征收要考虑到企业经营者和政府利益两个方面的平衡，政府需要利用矿产收益实现其经济社会目标，而企业开发和经营的目的是要实现盈利目标。所以政府对矿产收益的收取必须有合理的制度安排和科学的征收依据，在国家对矿业企业征收高额税收或收取相关费用的同时，也要采取一定的手段保证企业自身利益的实现。对于矿产收益的征收，根据各国矿权所属和矿业企业的不同类型可以分为三类：

第一类征收对象是国家管控的大型国有企业。对于这类国家而言，矿产收益通常被纳入国家财政体系，国家矿业公司的预算和财政管理都要通过财政预算审批，同时国有矿业公司也享受着政府给予的优惠政策。在这种情况下，国家控制着矿产资源开发的生产经营过程，并作为该公司的唯一股东拥有决定公司利润分红的自主权，通过税款、股息的方式获取利润。因而如果要征收较之以往更多的矿产开发收益时，只需根据企业收入情况在政府和企业之间做一个分割比例即可。例如，石油资源丰富的委内瑞拉，通过逐步改革，将矿产资源所有权收归国有，政府凭借其拥有的石油开采所有权，和石油公司签订协议按照50%~65%的比例分割收入，以此将更多的石油收入控制在政府手中。

第二类征收对象是本国的非国家控股矿产企业。为了避免政企矛盾，政府通常会从两个方面迫使企业接受缴纳更多矿产收益的要求。一方面，是依靠国家权力，出于宏观管理的需要，以解决养老支出不足、偿还债务、稳定经济等维护国家和地区发展利益为由要求企业缴纳收益。另一方面，政府会通过制定对矿业企业的扶植政策，在融资等方面为矿业公司提供必要协助，甚至向公司注资以支持其进一步发展，避免因政府的介入而导致企业利益受损。在政府顺利将矿业企业逐步纳入管理范围后，可以采用两种方法对企业的矿产开发收益进行征收，一是以更高税率的所得税和更高比例的矿区使用费来征收（陈祖海和丁莹，2018；景韬和王娟，2018），另一类是制定矿产品的基准价格，将市场价格高于基准价格的部分收缴上来。基金通常会与国际矿产资源价格的变动挂钩，如果矿业公司的实际价格没有超过由政府每年制定的基准价格，公司就不必上缴收益。例如，俄罗斯石油行业最重要的两项税收是石油资源开采税和原油出口关税，两项税收均与国际油价挂钩，当原油价格大于每桶基准价格时，石油产品的税收才可计入稳定基金。智利将征收上来的铜矿收入一部分存入铜稳定基金，基金的存储规模也取决于基准价格和实际价格的差额，这个基准价格每年均由政府部门测算并确定。

第三类征收对象是进入国内市场的跨国公司，其征收方法和国内企业基本相同，但是由于跨国公司通常规模大，自身实力强大，具有丰富的行业经验，受所在地政府的约束较小，对其征收矿产收益的难度较大。为克服困难，各国或地区的政府大多基于特定的历史背景，与跨国投资的矿业公司就矿产收益分配问题进行谈判，双方通过订立合同制定政府收取的税费标准，规定资源国政府和外国公司的权利和义务，使政府能够向跨国公司征收较高比例的税收。作为迫使跨国公司同意更高税收的筹码，需要政府在前期对跨国公司给予一定的特权和优待，诸如赋予跨国公司在有些区块具有垄断开采权，对跨国公司早期运营给予补贴或税收优惠等。例如，博茨瓦纳政府在与南非德尔比斯公司成立了 Debswana 公司共同开发钻石收益后，给予了德尔比斯公司较多的资源勘探权，才在后续谈判中将政府在钻石矿的干股从 15% 提高到 50%。挪威则是基于 1973 年国际石油危机爆发的背景，带着未来预期石油行业利润、石油禁运国际背景下新油田发现、宗主国债权安全性等众多谈判筹码，乘势与跨国公司就石油行业收益分配问题进行了谈判，使对方接受了征收 50% 特别税的要求。①

（三）矿产收益治理中的两种管理模式

对于资源丰裕的国家或地区，矿产收益作为财政收入的重要部分，在政府对矿产收益顺利进行征收的前提之下，如何对矿产收益进行合理的管理和利用，更是每个国家和地区所面临的重要任务。一般来说，对矿产收益的管理方式有两种：一种是将矿产收益直接纳入国家预算管理，由财政部作为矿产收益的管理人；另一种是将征收上来的矿产收益缴存基金，通过建立基金进行管理，并由银行作为基金的运营部门，对基金进行投资、保值增值的运作。下文将从各国矿产资源管理的实践出发，就矿产收益管理的两种方式进行具体论述，并通过考察各国矿产收益的管理体系、机构运作、基金投资策略等具体领域，从中找到各国管理矿产收益的一般规律。

1. 预算管理模式

从各国矿产收益管理考察中发现，有的国家将矿产收入作为专项资金纳入财政预算，或者将基金中一部分分离出来纳入公共预算。如果一国政府是致力于解决财政危机、偿还债务、发展生产等一些现实问题，通常会将矿产收益纳入统一预算体系，或者放入财政下设的专项账户中，由政府授权财政部成为矿产收益的管理人，制定投资计划，以解决当前经济发展中的迫切问题。采用预算管理模式的国家通常有比较完善的政治、经济制度，财政透明度高，并且要设立有效的监督机构保证财政预算的合理使用。例如博茨瓦纳，由于政府急于发展国内生产，所以对矿业收入采用预算控制，以财政支出的方式将钻石收益投资于基础设施、金融资产、教育、医疗等生产领域或民生保障方面，这种做法以政府为纽带，将矿产收益资本化，使它持续发挥生产性和投资性作用。另外，博茨瓦纳还建立了"可持续预算指数"、产权制度和国家公信体系，对矿业收益的管理起到保护和监督作用。②

2. 基金管理模式

除预算模式外，大多数国家对矿产收益采用基金管理，这是由于这些国家更重要的目标是为了稳定经济，跨期平滑收入，应对养老危机等长期发展

①② 景普秋、范昊：《矿业收益管理与经济增长奇迹：博茨瓦纳经验及对中国的启示》，载《中国地质大学学报（社会科学版）》2013 年第 2 期，第 1～7 页、第 140 页。

问题，而且国内的金融市场通常比较完善，对基金能够进行有效运作。基金管理模式相当于在当前的丰厚收入与未来可能出现的资金不足之间建立平衡机制，可以有效应对经济社会发展的不确定性，同时通过将矿产收益转入多样化国际金融资产投资组合中，为子孙后代积蓄财富。

各国基金管理可分为四个层次：政府——基金所有者；财政部——基金管理者；中央银行——基金日常运营；专门的投资管理公司——制定基金投资计划。挪威、俄罗斯等很多国家都采取这种模式，由政府授权财政部对基金进行管理，财政部委托中央银行对稳定基金行进日常的具体运营，有时还会在央行下设独立的投资管理公司，专门负责基金的投资。通过从政府到财政部再到中央银行实行的层层管理监督，每年由下至上对基金使用情况进行报告，最后由政府向全社会公布基金使用信息，接受全体民众的监督。

各国基金的成功运行，背后必然有着独特的基金增值投资策略，其主要做法是将基金划分为"稳定"和"储备"两个功能。其中，"稳定功能"部分主要用于短期投资，以便获得更高收益，增加基金规模，"储蓄功能"部分用于低风险的长期投资，维持基金的稳定。基金保值增值的另外一个特色是定期评估调整机制，即根据市场变化、基金规模、管理模式、经验积累等因素，定期调整投资范围，由开始的单一保守型投资逐渐变为开放多样性的投资策略。哈萨克斯坦的国家基金大体分为"储蓄功能池"和"稳定功能池"两部分，储蓄池的基金只能存入银行获得收益，而稳定池基金主要投资于国债、外汇现金等金融产品，整体来看基金增值途径处于相对保守状态。挪威石油基金的投资范围从最初的国债逐步扩展到债券、股票、房地产以及新兴市场等多个领域，投资组合的高度分散，为国家带来了多元化的货币结构，提高了资源产品价格波动的对冲能力。

基金收益的分配，也是基金管理的重要一环，关乎基金的作用能否有效发挥。在具体分配过程中，关键是要确定基金在当前使用和未来使用的比例，前者用于弥补政府当前的财政赤字、偿还债务、维持矿产价格稳定等方面，后者则作为储蓄基金服务于后代。在挪威的石油基金中，政府规定了"4%规则"，也就是基金中每年用来弥补政府一般财政赤字的份额控制在基金本金的4%，相当于基金长期投资每年的收益。这样做确保了政府不是简单地将石油财富花费掉，而是形成国民资产。[①] 俄罗斯石油稳定基金可以在石油价格低于基准价时用来弥补联邦预算赤字，或者在基金总规模超过5000亿卢布时，部分用于偿还国际债务和弥补养老金缺口。自2008年2月起，俄罗斯稳定基金一分为二，拆分为储备基金和国家福利基金[②]，两种基金的资金来源和功能定位有所不同，储备基金的主要功能是为缓冲国际石油价格下跌对俄罗斯可能造成的预算冲击；国家福利基金则主要用于对公民的养老积累拨款，并对风险资产进行增长型的投资。哈萨克斯坦的国家基金每年可向中央财政划拨部分资金以弥补预算缺口或是资助特别项目，但是数额不能超过上年度基金余额的1/3，如果可转移的基金额度本年度没有用完，可留给下一年度发展项目[③]。

二、我国建立完善矿产收益共享制度的必要性

在中国进入中等收入发展阶段的前十几年时间里，以数量扩张为特征的高速经济增长所产生巨大需求，使以煤炭为代表的矿产部门积累了巨额的矿产收益。其中，诸如山西这类产煤大省，在资源煤炭工业产值甚至达到地区生产总值的一半以上，占工业增加值的比重高达70%。参照上文分析的国际经验，如此可观的矿产收益规模下应当考虑建立矿产收益共享制度，将矿产收益中需纳入国家治理范围的矿产超额收益征收上来进行统一管理和使用。但是，由于我国当时缺乏在矿产收益管理方面的深入研究，直观认为中国虽然是矿产资源丰富的国家，但整体并未呈现出典型资源型经济运行特征，因而并未对国际上那些典型资源国家和地区的做法进行足够的关注和分析研究，长期认为矿产部门的兴与衰只是与行业发展问题（局部过热或产能过剩）或与个别以矿产开发为主的地区发展问题有关，低估了矿产收益对宏观经济造成的持久冲击。

---

① 戴利研：《资源型主权财富基金运营模式研究——以挪威和俄罗斯主权财富基金为例》，载《世界经济与政治论坛》2012年第6期，第35～44页。
② 郭晓琼：《俄罗斯联邦稳定基金的发展》，载《俄罗斯中亚东欧市场》2008年第1期，第8～14页。
③ J. 库兹涅尔、孙溯源：《哈萨克斯坦石油精英及其对能源政策的影响》，载《俄罗斯研究》2012年第1期，第125～153页。

当前，中国应建立矿产收益共享制度的理由如下：

第一，矿产收益治理的对象是因电力价格管制所导致的煤炭过度需求形成的超额收益，在超额收益存在的体制根源没有消除，即中国的能源供求关系尚未平衡，电力等能源产品并未实现完全市场化之前，没有客观依据能够表明超额收益会因为当前能源市场的短暂低迷而永久消失。这是因为，电力短缺是中国自步入中等收入阶段以来一直存在的发展短板，尽管中国的电力建设步伐不断加快，总装机容量已经居世界第一，但是在应对中国庞大的电力需求特别是间歇性用电高峰时仍存在供应瓶颈。这就意味着中国在未来一段时期尚无法完全放开电力市场。目前，尽管中国的电力市场化改革已经将电力的生产端和配售端放开，但是占据举足轻重的运输环节仍然由国家电网垄断，这相当于电力产品的"批发价格"仍然是主要体现政府意愿的管制价格，只要这种管制价格低于正常的市场价格，企业就依然存在对电力资源的过度需求，由此也必然带来过度的煤炭需求。尽管我国近些年来一直在努力地降低煤炭在发电中的比例，并且对煤炭产量的增长进行了严格的控制，但是只要诸如核电之类的新能源发电尚未全面发展起来，煤炭作为发电最重要的动力源的地位就不可改变，一旦中国的下游产业经过转型升级步入一个新的高增长阶段后，或者在此期间数量扩张的经济增长方式仍然有用武之地，就不可排除电力需求再次高涨并由此拉升煤炭价格的可能性。据国家统计局数据显示，自 2012 年以来中国煤炭价格指数虽然出现了连续四年的持续下滑，但是自 2016 年以来开始转入恢复性上涨，上涨势头一直持续到 2018 年 6 月，并在此后始终保持在高位运行。煤炭销量也呈现与之相一致的变动走势，在经历了 2014～2016 年连续三年负增长后，自 2017 年起又开始平稳上升。种种迹象表明，只要中国的煤炭行业经过产能改造达到国家要求的环保标准和安全标准，日益复苏的国内经济会继续为矿产部门积累巨额财富提供机会，超额收益尽管不大可能再出现如 2002～2011 年那样的快速积累，但仍有继续积攒新增量的空间。只要超额收益没有从根源上消除，就必须建立相应的矿产收益的共享制度对其进行治理。

第二，矿产市场行情好坏与资源收益规模的大小并不是国家是否要对矿产资源收益进行治理的决定性条件，关键要看矿产收益共享是否在国家层面具有战略价值。从各国实践情况看，俄罗斯、博茨瓦纳、挪威等国并不是在矿产价格高涨时才决定设立矿产收益管理基金或将矿产收益纳入财政管理，也从来没有因矿产价格的下跌而取消这种共享制度。例如：俄罗斯和挪威是因为早期饱受国际原油价格波动，不愿意再因原油价格的波动而影响本国经济的平稳运行；博茨瓦纳更未考虑钻石价格在当时的涨跌情况，只是为了在建国之初更好控制国家经济命脉、推进本国的工业化进程。因而，即使我国煤炭市场在一段时期处在相对低迷的状态，也不能据此否定矿产资源收益共享制度的建立。

第三，建立矿产收益共享制度不仅在战略层面有效抑制了矿产超额收益对宏观经济的消极影响，还可为我国当前推进的能源供给革命以及广大资源型地区的经济转型提供有力制度支撑。根据上文的国际经验分析可知，一国对矿产资源收益进行治理，可以起到稳定矿产资源价格、推进地区发展战略实施以及缓解财政的民生支出压力等方面的作用。当前我国能源供给革命方兴未艾，能源供给结构转变和新能源开发的重任基本落在传统的能源矿产富集地，很多地区都将清洁能源供应和新能源开发作为重要的地方发展战略来抓，矿产收益共享制度的建立一方面可以促使资源型地区的政府摆脱过度依赖化石能源开发的老路，另一方面也能够为其新能源开发战略提供必要的资金支持，以减轻当前国家财政在新能源补贴方面的支出压力。同时，我国广大资源型地区大多地处山区，是很多贫困人口的集中地，资源型地区政府在既要推转型、又要抓民生的多重任务面前往往会因拮据的财政收入而捉襟见肘、顾此失彼，而矿产收益的治理恰恰可以为这些地方的民生发展提供另一个支持渠道，有助于帮助地方政府将精力更多集中在能源供给能力的提升上。

总之，立足中国在中等收入阶段的基本矛盾和关键问题，结合中国当前以数量扩张为主的经济增长尚未退出历史舞台，能源供需缺口还将在一定时期存在的现实国情，以及推进能源革命和资源型地区良性发展的时代需要，国家应在宏观层面进一步加强矿产收益的管控，无论当前煤炭市场的行情是好还是坏，都应尽早建立矿产收益共享制度，将矿产收益中的超额收益部分收缴上来，削弱其对社会扩大再生产的不利影响，并通过科学的管理和使用将其引导到推进国内经济转型升级的积极作用上来。

三、矿产收益共享制度构建的前提：政、社、企关系再造

在有矿产超额收益存在的情况下，政府出于国家总体利益考虑需要以参

与者而不是管理者的身份介入市场中，对以煤炭企业为代表的市场主体经营活动进行深度、有效而且必要的干预，而矿产收益共享制度就是实现这种干预的具体载体。这表明，矿产收益共享制度要顺利实施，在传统的政府、企业和社会关系下是难以进行的，政府需首先转变职能，敢于更加深度地介入矿产领域的生产经营活动，其次需要在新的职能观引导下重塑与市场和社会的关系。在下文，我们将结合我国主要煤炭产区的现实情况，具体研究在矿产收益共享制度建立背景下，政府、企业、社会关系之间会发生的变化。

（一）矿产富集地区传统的政社企关系：以煤炭产区为例

在我国，由于矿产资源是全民公有财产，而政府又是全民利益的代言人，因而政府在矿产富集地区经济社会发展中的主导性通常较强，处在政社企三者关系的中心。

首先，看政府和企业的关系。目前，我国主要煤炭开采区的政府主要在三个方面与煤炭企业产生关系：一是在矿业权授予上，政府会根据国土资源开发计划，对经勘探可以开发的矿产，以授权的方式交由煤炭企业开发经营，同时会对煤炭企业的开采量和开采速度作出一定程度的限定；二是在矿产开采环节，政府会对煤炭企业的生产标准和安全、环保设施提出一定的要求并进行监督管理；三是在煤炭收益分配环节，除去所得税、营业税、增值税等一般税收外，政府会以矿产所有者的身份向煤炭企业征收资源税，采矿权、探矿权使用费、采矿权价款、探矿权价款等。

其次，看政府和社会的关系。众所周知，煤炭主产区的生产经营活动大多与煤炭开采有关：一方面，难以发展起对劳动力吸纳能力较强的制造业，加之矿区不具备发展农业的有利条件，导致很多当地居民缺乏就业机会，收入微薄；另一方面，煤炭开采对当地水资源、地质结构及生态环境造成很大破坏，导致社会用水紧张、空气质量差等环境问题频出。在此情况下，政府通常都会扮演贫困居民救济者和生态环境治理者的角色，通过财政转移支付向矿区贫困人口发放补贴，同时动用各级财政资金对矿区生态环境进行治理。

从上述我国煤炭主产区的政社企关系来看，要真正做到煤炭收益共享的难度很大。这是因为：第一，政府与煤炭企业的关系除了一般的政企关系外，事实上维系着一种委托代理关系，政府作为全体民众利益的代言人在其中充当着矿产所有者，也就是委托的角色，煤炭企业则是受政府授权，代理经营煤炭矿产资源，煤炭企业在收益分配环节上缴的普通税费之外的各种税费，实质上是向委托人作为矿产所有者支付的各种租金，我国的资源税长期以来都实行计量征收而非计价征收，原因正在于这种地租性质。而和勘探权有关的费用，也不过是代理人弥补委托人在前期为开发矿产所做前期准备工作发生费用的补偿。所以，政府在对煤炭企业收益进行分割时，主要考虑的是所有者的利益得失，即委托的资产是否通过代理经营实现了保值增值，并未考虑这部分利益所得是否会对整体社会经济带来影响，因而也不可能达到上文所提到的矿产资源国家治理的预期目标。从实践情况来看，政府仅凭借矿产资源所有者代言人的角色对矿产收益进行管理，虽然将相当一部分矿产收益掌控在国家手中，但从效果来看除了增加了各级财政收入外，对宏观经济及资源型地区经济结构的调整升级并没有起到明显的推动作用。相反，政府还会为实现租金收益最大化对资源开采部门产生依赖，加剧地方产业结构以煤为主的单一化发展。我国的产煤大省山西，自中国步入中等收入阶段以来，产业结构虽几经调整，但结果却是越调越重，以煤焦冶电为主的传统能源重工业占地区生产总值的比重从 2000 年的 22.78% 提高到 2013 年的 44.98%，其中煤炭产业的工业增加值占比曾一度高达 60%。[①] 这表明，传统的政府和企业关系下的矿产收益分配还不能很好地体现共享的性质，反而存在诸多负面效应。政府只有跳出矿产所有者代言人的身份束缚从更高层次的国家利益出发谋划，才能够理顺当前矿产领域错综复杂的政企关系、企地关系，实现煤炭收益真正的全民共享。

第二，政府在社会事务的管理过程中，将上缴上来的矿产收益混同于一般财政收入，通过再分配的手段对地区社会民生事业进行投入，虽然从短期来看使矿区居民享受到了矿产开发带来的好处，但从长期来看并不利于地区居民生活水平和生态环境的持久改善。

首先，看对居民生活的影响，国外一大批学者的研究早已表明，在资本稀缺的欠发达地区，矿产收益并不适宜像发达国家那样以平滑代际消费为目标直接用作民生福利性支出。我国资源型地区大多处在中西部农村地区，资本稀缺是一个不争的事实，但在此情况下，很多资源型地区的政府依然实行着"以矿养民"的发展思路，即在矿产品行情较好的情况下，通过向矿业企

---

① 根据《山西统计年鉴》提供的数据而得。

业征收各种税费以充裕当地的财政收入，再将财政收入相当一部分的比例用于当地居民的教育、医疗支出，甚至用于移民搬迁，虽然这些成绩从当时来看相当令人瞩目，很多方面甚至连经济发达地区都望尘莫及，但一旦当地赖以生存的矿产开采行业遭遇不利的外部市场环境，进而导致产量萎缩或收益下滑时，这样的局面就很难继续保持下去。自我国步入经济新常态以来，煤炭因外部市场需求的骤减一度进入发展的冰冻期，随之而来的供给侧结构性改革又导致了煤炭生产出现改革开放以来从未出现的负增长现象，供需双方的萎缩使很多煤炭主产区的政府和居民失去重要的收入来源，原本富裕的生活状态难以维持，掩藏在资源繁荣背后的贫困现象日益明显地暴露出来。

其次，看地区生态环境的改善情况。资源型地区政府由于在传统政企关系下对以煤炭开采为经营业务的企业依赖很大，而这类企业在实现效益的过程中往往要以破坏生态、牺牲环境为代价，因而在面对地区生态环境修复和治理问题上，地方政府经常处在要经济利益还是生态利益的两难选择的境地。这就导致政府在扮演传统社会事务管理者角色的过程中，时常要在环境和经济利益之间进行权衡，视国家的重视程度和对地方政府的政绩考核要求而定，无法在生态环境方面进行一贯持久的投入。仍以山西省为例，在 2014 年之前，山西省资源税、可持续发展基金及其他具有生态补偿性质的税费名目具体而详细，除资源税之外，可用于生态环境保护的还有可持续发展基金、矿山环境恢复治理保证金、排污费、水资源费等。据统计，山西省资源税总额 2004 年仅有 8.7 亿元，到了 2013 年已经达到 51.65 亿元，年均增长率为 22%，其中 2004～2008 年是增长高峰期，年均增长率高达 38%。[1] 但与此同时，当地的煤炭开采区生态环境的生态补偿状况却并不乐观。据统计，2007～2013 年煤炭开发收益迅速扩张的"黄金期"，山西省地方财政用于环境保护的支出由 44.97 亿元增至 98.16 亿元，年均增长率仅为 14%。[2] 而此期间因采矿造成的采空区及由此引发的地质灾害依旧频繁地发生，森林覆盖率指标也基本保持平稳趋势，增长幅度很小甚至是不增长，并没有迹象表明政府因财力的充裕对生态环境进行了更大力度的投入。在煤炭市场行情不佳后，资源型地区政府财政收入增速明显放缓，环境保护方面的支出在国家对环境问题空前重视的情形下显得十分拮据，只能以牺牲地方发展为代价，将投资建

---

①② 《山西统计年鉴》。

设资金转向生态环保领域，并通过更加严格的环保监督促使企业在节能环保方面进行更多的投入，结果造成地方经济转型空间有限，企业运行成本增加等发展问题，出现保护环境就要损失经济利益的顾此失彼的现象。

总之，在传统的"政社企"关系下，地方政府出于自身效用最大化的考虑，在资源繁荣期时容易对矿产企业形成强依赖关系，并且在利益分割上时常与企业发生冲突，不仅没有体现共享，反而造成政企矛盾、企地矛盾，而收缴上来的收益一方面并没有显著用于生态环境方面的修复和治理，另一方面也不能从根本上改变当地居民贫穷落后的面貌。而到了资源衰退期，前期的资源繁荣所积累下的资源财富并没有为资源型地区摆脱发展窘境起到任何推动或缓解的作用。这充分说明，政府基于传统职能定位处理与企业和社会的关系，并不能有效做到矿产收益的共享。

（二）基于矿产收益共享目标实现的"政社企"关系再造

矿产收益共享不是市场自发形成的产物，而是出于国家利益自觉行动的结果，政府在其中发挥着关键性的作用。因而，为了实现矿产收益真正的共享，"政社企"关系再造的核心仍在政府，政府必须在新的职能观指引下实现如下三个方面的转化：

1. 政府角色转化：从管理者、所有者转向市场参与者

前文研究曾指出，在社会主义市场经济制度下，政府与市场的关系并非像西方市场经济国家那样界限分明，也不一定是此消彼长的关系。在改革开放以来社会主义市场经济发展历程中，政府在必要的发展阶段都曾以一定的方式参与了中国特定的资本积累进程。其中，矿产超额收益本身就是政府因参与其中所导致的一个结果。正所谓"解铃还须系铃人"，矿产超额收益的治理不能依靠政府从资本积累进程中脱离出来，成为高高在上的管理者来实现，也不能仅仅充当所有者的角色，而应继续以资本积累参与者和重要影响者的角色，全程介入矿产超额收益的增量控制和存量削减过程。具体到建立矿产收益共享制度方面，政府应当明确矿产部门旺盛的需求以及随之而来的庞大收益并不完全是市场供求作用的结果，也并非全部是矿产企业自身经营的成效，而主要还和中国快速的工业化进程以及相对不足的能源供给能力有关。尤其矿产收益中的超额收益部分，是政府代表全民利益快速推进工业化进程的副产品，一方面给政府促进经济增长提供了便利，但也使其背负着发

展风险。矿产超额收益既然取之于政府、也自然应当用之于政府。因而，政府向矿产企业收缴超额收益，并不是基于矿产所有者身份，更不是一般意义的宏观经济调控者，而是以资本积累参与者的身份索要自身理应支配的部分。这部分收益不是政府财产，也不构成财政收入，而是出于宏观经济增长稳定的全民财产，具有极强的共享性质。

2. 政府职能转化：从再分配转向初次分配

矿产开采收益共享本质是初次分配，而不是再分配。从各国实践看，矿产开采收益共享并不是简单从企业已实现的经营收入或净利润中抽取出一部分，再以转移支付的方式去平衡不同群体或地区的收入水平。共享收益金提取的基础是矿产超额收益，在理论上，超额收益不属于企业经营所得，需要在初次分配环节从企业收益中分离出来，由广大公众及后代支配（Sinner and Scherzer，2007）。正因如此，各国在共享矿产收益时，采用的都是事前分配，而非事后分配，即财政部门会在矿产企业收益实现之前通过一定的方法事先确定出矿产企业的"合理"收益水平（该水平接近资本的平均市场报酬率），要求企业在扣除各项成本费用和获取这部分"合理"收益之后将余额按照一定的比例上缴财政（比例的高低取决于政府利益和企业利益的平衡）。可见，矿产收益共享金的提取，实质是将矿产收益在要素报酬、政府税费、后代利益和公众利益之间进行分配的过程，属于初次分配环节的活动。

因而，为构建新型的"政社企"关系、实现矿产收益共享，无论矿产企业是否是国家经营，政府都要摆脱纯粹的收入再分配职能，基于共享原则积极介入到矿产收益的初次分配环节。

3. 政府工作重心转化：从侧重公平转向侧重效率

矿产开采收益共享的根本目的是效率，而不是公平。我国很多资源富集地区的政府都认为矿产收益上缴财政的主要用途是改善当地民生、维护社会公平，但是从各国实践来看并非如此。俄罗斯和多数欠发达国家的首要目的是规避"资源诅咒"，主要将收缴的矿产收益用于平抑矿产价格波动、平衡财政收支和维持宏观经济的稳定。挪威等发达国家虽然将矿产收益大部分用在了民生福祉上，但依据的是 Hotelling-Hartwick-Solow 理论体系，旨在通过平滑消费来消除突发性的资源收入给宏观经济的均衡发展造成的干扰，从而实现矿产资源在代际使用上的帕累托最优（Auty，2001；Barnett and Ossowski，2003）。而且，国外学者的最新研究成果表明，这种基于永久收入假说（PIH

或 BIH）所形成的矿产收益分配方法仅限于市场完善的发达经济体，对于资本稀缺的欠发达国家而言并不适用，后者应该将矿产收益重点用在增加当前的投资方面，而不是各代的消费支出上（Collier et al.，2010；Van der Ploeg and Venables，2011，2012；Van der Ploeg，2011，2012，2014；Bremer and Van der Ploeg，2013）。

因而，对于我国经济欠发达的资源型地区而言，矿产收益不宜过多用于民生方面的支出，政府在社会事务管理上，不能简单通过转移支付增加地区居民的收入，而应积极引导当地居民从事矿产之外的生产性活动，为居民的就业打开更多渠道，依靠产业的多元发展提升居民的劳动生产率，以效率提升来提高居民的收入水平和生活水平。

在政府实现上述三个方面的转变后，政府与企业、政府与社会、企业与社会之间的关系也会相应发生变化，具体表现在：

第一，政府与企业从管理和被管理的关系转为地位平等的收益分享关系。煤炭为代表的矿产收益因政府特定的体制安排而存在超额收益，导致政府有权直接介入企业初次分配环节，对存在超额收益的部分进行征缴。此时的政府已经不是征收增值税、所得税或者体现所有者利益的资源税时的宏观管理者，而是与资本、劳动等生产要素一样获取由自己的行为所贡献的所得。政府是否应该向企业征缴获取所得，不再取决于企业收入和盈利，而主要看是否因体制因素导致了矿产品价格的暴涨。政府和企业在分配环节处在平等的地位上各取应得的收益。

第二，政府与社会从援助与被援助的关系转为彼此分工的共治关系。矿产超额收益是国家出于工业化进程发展需要而形成的本不应在市场体制下出现的收益，是出于全民长久利益考虑的权宜之举，因而最终的归宿仍然要回到公众利益中。任何个体都无权将其作为实现自身利益的工具，即使政府拥有收缴和支配矿产超额收益的权利，也不能出于自身利益独自决定矿产超额收益的使用。从理论而言，因快速工业化产生的巨大能源需求所导致的一系列社会问题，诸如矿区生态环境破坏，矿区居民就业渠道较少，收入来源单一，教育医疗服务数量不足，质量较低等，是社会民众为支持中国特定的工业化进程所作出的必要牺牲，是矿产超额收益形成后需要补偿的首批群体。政府在此过程中，最主要的职责是将矿产超额收益转交到该群体手中，由后者根据自身发展需要自行决定用途，而不是立足于再分配的功能，着重体现公平。因而，在矿产超额收益的治理过程中，社会群体具有较高程度的参与度和自主性，不再被动接受政府的安排，带有明显的自治性质。当然这种自治也并不意味着矿产超额收益可以随意使用，如果社会群体将超额收益用在不利于自身生存发展环境长久改善的方面，依然又走上竭泽而渔的老路，则政府同样对其有监督的职责和加以引导的义务。

第三，企业与社会的关系从相互分离对抗转为相互依存和影响。在一般市场经济环境下，企业与社会之间通常是一种相互依存的关系，诸如企业为了生产经营会就地取材，使用所在地可提供的矿产资源、土地和劳动力，当地居民则通过向企业提供劳动获取收入等。资源型地区企业和社会的关系相较于非资源型地区而言，对当地劳动力的依存关系相对较弱，对自然资源的依赖较强，表现出来的更多是对当地资源的攫取和与当地居民的对抗。在矿产超额收益从矿产企业收益中分离出来，并通过政府将其中一部分转交由当地政府和居民支配使用后，为了使地方居民能够获得更多的就业机会和良好的生活环境，超额收益必然会用来发展多元产业，以及对矿产企业造成的环境破坏进行修复和治理，将促使矿产企业之外的新兴企业与当地民生事业的发展建立起紧密的联系，推动产城一体化发展。

四、构建我国矿产开采收益共享制度的初步构想

矿产开采收益共享，不是对企业投入要素报酬的随意侵占，也不是出于公平所进行的二次分配。从理论上讲，收益共享的部分仅限于矿产资源因特殊体制安排所致的过度需求而引起的超额收益。由于当前我国存在超额收益的矿产行业主要在煤炭开采行业，因而下文关于矿产收益共享制度的构想全部基于煤炭收益展开。

（一）完善煤炭行业税费体系，尽快开征独立环境税

煤炭开采造成的大气污染、生态破坏及地表塌陷等环境问题，在很大程度上可以被界定为负外部性问题，应通过征收庇古税予以解决，不在矿产收益共享范畴之内。由于我国尚未形成专门的、系统的以环境保护为目的的税收制度，在煤炭行业只有资源税、资源补偿费等部分涉及环境补偿，且比例甚小、缺乏强制约束，导致企业负外部性成本并未明确界定，这势必会对资

源租的正确提取造成一定程度的干扰。因此，要实行矿产收益共享制度，前提须对煤炭行业征收包括碳税、水污染税、固体废物税、生态破坏税在内的各类环境税。除碳税外，上述税种均由地方税务部门征收，并按一定比例在中央和地方政府间进行分配，具体分成比例的确定以偏向矿区所在地为原则。地方政府应将环境税纳入专项税收，专门用于资源型地区的生态修复与环境治理。考虑到新增税负会增加企业成本，进而会提升煤炭价格，因而出于宏观经济稳定需要，建议在增设环境税的同时，适度降低资源税率和资源补偿费率，确保煤炭企业税收负担不出现明显上升。

（二）建立煤炭开采收益共享基金征收制度，从煤炭企业净利润中提取共享收益

目前，国际上的矿产收益共享制度可分为两种形式，一种是基金，另一种是资源租税（RRT）。鉴于税收的方式对财政管理水平的要求较高，且一经确定很难改变，主要适用于美国、英国、澳大利亚等发达国家，实施起来难度较大，建议采用独立性较大和灵活性较强、更容易做到透明公开的基金制度。具体来说，可借鉴大多数国家的通行做法，避开现有税费体制的影响，在煤炭企业收入扣除各项经营成本以及税费（包括环境税）之后的净利润部分，按照一定的比例单独提取共享收益基金。

基金提取的具体方法有两种：一种是效仿挪威，在净利润基础上直接设置一定的比例（挪威是50%）提取即可。另一种可借鉴俄罗斯，首先由国家有关部门测算煤炭企业的合理利润率和正常成本，以此确定一个煤炭的基准价格，该价格在理论上接近煤炭产品当前真实的边际价值。其次用煤炭产品的现实市场价格减去基准价格，乘以销售煤炭的数量，得到煤炭企业的超额利润。最后以一定的比例（通常是100%）将这部分超额利润征收上来。上述两种提取方法各有优劣。挪威的做法比较简单易行，只要对企业具有很强的管控力便可实施，但净利润分成比例的设定难度较大，容易发生利益冲突。俄罗斯的做法比较精确地分离出了企业因价格波动产生的不合理收益，但是操作起来有两大难点：一是基准价格如何确保合理，二是市场价格如何监测。当前，中国在这两个问题的解决上都有难度，需要从以下两方面入手进行相关改革：

第一，实现竞争性矿权出让，最大限度减少企业和政府在基准价格水平

确定方面的不必要博弈。根据以往经验，国家在制定出基准价格并征收共享收益金后，企业通常都会利用信息优势以企业经营亏损为由倒逼政府提高基准价格水平。为了避免双方在基准价格是否合理的问题上长期争执，政府须全面推行煤炭开采有偿取得制度，通过招标竞价方式出售矿权。在充分竞争的情况下，企业不仅可以将其接受基准价格的事实展现出来，还使其失去了利用隐瞒成本而获取暴利的可能。最终，激烈的市场竞争使中标的企业只能获取行业平均利润，通过制定基准价格消除行业暴利的目的也就得以实现。

第二，深化煤炭价格市场化改革，增强煤炭价格的统一度和透明度。煤炭和石油相比，既无国际价格可供参考，又无代表性企业提供指引性价格信息，要把握每家企业每笔煤炭的真实交易价格难度很大。因此，为了使政府在征收煤炭收益金时有可靠的价格信息作参考，必须深化煤炭价格市场化改革：一是尽快解决电煤价格的双轨制问题；二要在流通领域推行资源整合，构建以大型煤炭流通企业集团为主体的有序流通秩序；三要尽快建立以煤炭主产地为依托的全国性的中心交易市场，以港口为依托的集散地交易市场，以区域自给为目的的区域交易市场，以期货合约为标的的期货市场。

（三）建立煤炭收益共享基金管理体制，由财政部牵头实行中央统一管理

我国建立煤炭收益共享基金以补偿后代与煤炭矿区所在地为目的，具有较强的公益性，比较适合由政府的财政部门征收与管理。因此，可由财政部牵头制定"煤炭收益共享基金管理办法"，搭建共享收益金管理的体制框架。

1. 关于基金的征收

初步构想是：

（1）基金征收主体由各级国税部门担任；

（2）基金征收时间，应视基金的具体提取方式而定：如果基金提取是从净利润中按一定比例提取，每年征缴一次即可，征缴时间可与国资委对央企上报国有资本收益的时间保持一致。如果基金采用价差方式征收，则需企业按月上报，分季度、半年度或年度上缴。

2. 关于基金的分配

煤炭收益共享基金要对两大主体进行补偿——后代与地区。后代补偿牵涉全民利益，而地区补偿则只关乎区域发展。为此，基金需在两大补偿主体之间进行分配。可以考虑将分配到后代补偿的基金部分命名为"储备基金"，

意指为后代发展积蓄财富；而对于分配到地区补偿的基金则命名为"煤炭地区发展基金"，意指为煤炭产地经济社会的转型发展提供支持。

基金分配比例的确定有两种方法供选择：第一种，遵循先满足现时所需、后维护后代利益的次序，将当年所收缴的资源收益先归入煤炭地区发展基金账户，由地方政府以项目名义申请使用，财政部审核批准并下拨资金。该基金账户年末不留余额，未使用部分全部划转到储备资金。此方法给予矿区所在地政府较大权力，只要地区申请理由符合该基金使用的相关规定，财政部就优先将基金交由其使用。第二种，在每年年初由财政部编制煤炭地区发展基金预算支出，根据预算额从基金中提取资金归入煤炭地区发展基金账户，余者归入储备基金，年末如发展基金账户仍有余额，也一并转入储备基金。该方法将分配的权力集中在中央，财政部需协同国家发展改革委有关部门，在细致了解全国主要煤炭产区发展实际的情况下作出合理决策。

3. 关于基金的管理

对于划入煤炭地区发展基金的部分，只纳入财政专门账户进行管理。而对于划入储备基金的部分，为了实现保值增值，财政部应与中国人民银行签订合同，开设专门账户，由中国人民银行对基金做投资管理，投资的领域原则上仅限于政府国债，但在确保风险可控的情况下也可考虑投资低风险的国外政府债券、外国央行和金融局发行的公债，国际金融组织的债券，以及在外国银行和信贷组织存款等。基金投资的利息收入在扣除各项必要费用后，全部留存在储备基金。财政部对储备基金的资金业务核算应按照国家预算资金业务核算的程序进行，并将基金投资情况作为财政预算执行情况的一部分向国务院提交季度报告和年度报告。

（四）建立煤炭收益共享基金有效使用机制，以补偿后代和地区为目标实行中央与地方政府多级使用

财政部将煤炭收益共享基金分配至储备基金与煤炭地区发展基金后，要根据其不同的补偿对象有针对性地进行使用。

1. 储备基金由中央政府支配，主要用于能源利用率提高和替代能源开发

储备基金主要用作对后代的补偿，本应由后代根据具体损失状况进行索要，但是由于受损主体在现实尚未存在，只有委托中央政府这一唯一有资格

代表全民利益的主体代为支配。其中，财政部是具体使用基金的执行人。就具体使用方式而言，储备资金由于只来自煤炭行业，不宜纳入公共财政体系用作一般性的财政支出，而应遵循国际公认的代际公平三原则，重点确保不断减少的煤炭资源存量在后代仍可以保持相同的功效，即实现煤炭向每代人贡献的能量值大致相当。为此，储备基金应首要用在可提高煤炭利用率方面的技术研发、设备生产以及产业发展上。其次可用在风能、太阳能等可再生替代能源的开发。最后也可考虑用于提高煤炭勘探、开采效率方面的研发投入。财政部应联合国家能源局等相关部门，以国家立项或企业申请的方式对资金投向作出具体安排。

2. 煤炭地区发展基金由地方各级政府支配，主要用于地区就业和居民生活保障

煤炭地区发展基金是对矿区所在地的补偿，理应由地方各级政府支配使用。对此，作为基金管理者的财政部必须制定一套科学的民主决策和审批程序，以确保资金顺利下放。借鉴欧盟结构基金的做法，建议财政部发起成立中央基金管理委员会，委员会成员由主要矿区所在地的省级政府构成。同时，矿区所在省应成立地方基金管理委员会，成员由主要矿区所在的县市政府构成。具体决策程序是：对于拟获取基金支持的矿区所在地政府，须首先向地方基金管理委员会提出申请，委员会在审核完毕后组织成员投票，得票居于前列者上报中央基金管理委员会，委员会按照同样的程序，根据投票情况最终确定资助项目。鉴于发展基金数额有限，财政部下拨的资金应主要作为政府资本金使用，地方政府需按比例提供相应配套资金。

地方政府申报基金资助的项目，必须是为了弥补由煤炭开采所造成社会经济发展损失，原则上应仅限于在如下几方面进行投入：一是非煤产业的发展。通过支持多元化投资克服"荷兰病"，促进资源地区规避"资源诅咒"，增强资本积累能力和经济增长动力；二是中小企业发展。通过市场准入门槛低、经营灵活、数量众多的中小企业吸纳资源产业之外的过剩人口，挖掘当地劳动力资源的生产潜力；三是生态环境治理。由于历史原因，煤炭主产区曾经为我国工业化的发展作出了巨大贡献和牺牲，要对水资源匮乏等已无法通过负外部性补偿予以解决的严重生态环境问题进行补偿。此外，地方有关在基础设施建设等方面的项目，基金也可根据具体情况酌情投入。

第三节　中观层面（一）：加快电力市场化改革

自中国步入中等收入阶段以来，矿产超额收益主要来源于煤炭领域，而煤炭价格的暴涨往往和国内因电价管制所导致的超额能源需求有关，因而要抑制和避免新的煤炭超额收益形成，必须通过加快电力为主的能源市场化改革来实现。根据中国渐进式改革的思路和经验，电力市场化改革的前提条件，是要保证电力市场供求关系能够基本平衡，不至于因放开价格而导致电价暴涨。但是从实践情况来看，在中国电力价格长期管控的体制背景下，电力供应和电力需求之间始终难以找到相对平衡的状态，通常在经济高涨的时期都会需求远大于供给，造成电力绝对短缺，而在经济低迷的时期又会出现供给远大于需求，造成电力相对过剩。在本节，我们将在系统回顾中国电力市场化改革历程的基础上，找到导致电力供求关系难以平衡的根本原因，并结合当前的电力改革进展探讨制约电力市场化的具体因素，以此提出为克服这些不利因素政府需要作出的政策安排。

一、改革开放以来中国电力市场化改革的回顾与总结

我国的电力市场化改革从打破电力行业的高度行政化垄断经营开始，20 世纪 80 年代初，我国连续几年出现了投资和消费双膨胀的情况，由此导致电力需求快速增加，而当时电力行业由于仍处在计划经济模式下，电力企业的生产积极性较低，以致电力供应能力很难满足日益增长的电力需求，电力供给和需求的缺口开始拉大。1985 年，为了保障电力的充足供应，国家在当时主管电力业务的电力部之外，给予了民间自主发电的权利，允许私营电厂存在，在一定程度上激发了民间资本进入电力行业的热情，缓解了电力供应短缺的问题。然而好景不长，在弱小的私营电厂和庞大的电力部在同一市场经营业务的情况下，前者因为只有发电权而没有输配电的权利，在电力上网运输方面处在完全的劣势，无法实现公平上网，成本也比较高，还不时会出现因电力无法上网而大量浪费的情况，结果导致民间发电的热情大幅降低。按照政企分开的要求，1997 年电力工业部将其全部电力资产划归新成立的国

家电力公司。但是处于绝对垄断地位的电力公司并未因脱离政府部门的直接控制而变得更有效率，尤其是其所属的电网依然使民间私营电厂面临不公平的市场环境。

2002 年以后，随着国内经济的日益复苏，电力需求日渐旺盛，生产积极性并不高的电厂供应能力再次出现不足，国家由此启动了新的电力行业改革。这次改革的重点是打破国家电力公司在生产领域的垄断，国家电力公司被分拆为五大独立的发电企业和两大电网公司，实现了厂网分离，强化了发电企业之间的竞争，也在一定程度上缓解了中小发电企业电力的上网难问题。这种体制安排在此后延续了十几年的时间，但从实践情况看，这次改革仍未从根本上解决电力供求矛盾问题。在 2002～2012 年的十年间，中国经济处在快速增长的黄金发展期，仍处在政府管制下的相对低廉的电价催生了企业对电力的大量需求，此时若放开电力市场必然会导致电价上涨进而增加经济运行成本，但管制电价只会陷入继续让电力需求迅速膨胀进而进一步拉大电力供求缺口的恶性循环之中，面临两难的选择政府只得从电力供给端入手，推进电力先行的工业战略，通过加大新建电厂的建设力度，提高原有电厂的装机容量，加强电网布局和建设等，增强供电能力。巨大的电力投入和生产能力提升，必然导致电厂增加对主要发电原料——煤炭的需求。虽然中国具有足以支撑工业化快速发展的煤炭储量，但是由于国家在煤炭开采计划上坚持可持续发展的有限制开采政策，煤炭供给能力尚不能与快速增长的电力用煤需要相匹配，导致出现 2003～2007 年煤炭价格的暴涨。煤价的上涨给作为市场竞争主体的发电企业带来了巨大的成本压力，在其上网价格仍由国家管控的情况下，利润增长的空间明显被压缩，甚至于出现亏损。结果，尽管下游企业对电力的需求不断增长，但作为供给方的电厂却没有发电的积极性，原本已存在的电力缺口在电厂发电积极性不高的情况下进一步被拉大。国家虽然通过制定重点煤合同和长协价格试图缓解电厂的成本压力，但面对市场利益煤电企业的冲突仍不时发生。在此期间，国家推动电力市场化改革的努力从未间断，诸如 2003 年曾在东北电网或华东电网试点建设区域电力市场，实行竞价上网，但最终因电价的过快上涨而告停。2009 年在内蒙古电力供应远大于需求的情况下推进电力多边交易试点，也因存在多种制约因素而无法实现电价完全由市场决定，只能在国家规定的杠杆价格基础上在一定范围内浮动。

在 2015 年供给侧结构性改革之前，由于经济增长放缓已成常态，国家得以在电力供应相对充足和电力需求相对较低的情况下再次启动电力市场化改革，除了公益性和调节性电力保留发用电计划外，其余电力计划均陆续有序放开，并提出了"管住中间，放开两头"的改革思路，国家电网将退出电力购销环节，只承担电力运输和配送，取而代之以社会资本进驻配售电市场进行市场化运作，电力交易价格由发电企业和售电公司自由商定，电网只收取相应的配电费用。目前电力改革尚在逐步推进实施中，是否能够达到预期效果还有待政府更细致的改革举措。

通过对中国电力市场化改革历程的回顾，可以得出如下几个方面的认识：

第一，电力价格管制和电力供求缺口之间存在一种相互依赖、相互强化的关系，这种关系的存在是制约电力市场化改革的最大障碍。自中国改革开放以来，每当经济出现高涨、电力需求大于供给时，政府都会因担忧放开电力价格导致企业成本普遍上涨而坚持电力价格的计划管控；而这种坚持换来的是经济高涨时期企业更大的用电需求，从而会进一步拉大电力供求的缺口。因而，在经济高涨时期，政府没有推进电力市场化的条件，只有经济增长进入趋势性放缓期才有推进的可能。但是从内蒙古的试点经验来看，在电力供给大于电力需求的情况下放开电价，仍不足以保证电力不出现突发性的暴涨。这里还有一个重要前提需要满足，那就是电力供应的能力要远远超过现实需求，只有当电力供应能力能够满足企业任何突发性的用电高峰时，才能保证电价在放开之后是平稳的。这表明，在以数量扩张为主的经济增长模式下，要顺利推进市场化改革需要具备两个基本条件：一是对能源依赖的经济增长在速度上出现了趋势性的放缓，使电力市场能够暂时处在供过于求的状态；二是中国的电力供应能力已经提升足以应对任何用电高峰的水平。其中，第一点是在客观上要等待时机，第二点则是需要通过主观努力才能实现。因而，扩大发电装机容量和储能规模，提升发电企业的发电效率是推进电力市场化改革的重要一步。

第二，煤炭价格波动是制约中国电力供应能力提升的重要市场因素。在中国电力市场化进程中，政府早已知晓改革的关键前提在于具有足够的电力供应能力。在过去几十年的时间里，特别是在中国步入中等收入阶段的最初十年，国家在装机容量扩容、电厂电网新建等方面都进行了巨大的投入并且取得了明显的成效，装机容量和发电量从世界范围来看都已是首屈一指。但是，由于供给能力是否充裕要相较于需求来说，在数量扩张为主的经济增长方式尚未完全改变之前，庞大经济总量和人口总量可能产生的电力需求究竟会有多大，目前尚缺乏客观的依据进行评估，因而关于中国当前的电力供应能力是否已经达到足备的水平还无法作出定论。在无法确知电力供应的上限在何处的情况下，国家对电力行业的发展要求必然是电力供应能力越强越好。不过，尽管国家对保障电力供应的问题十分重视，在支持和投入上也有目共睹，但从中国电力发展的实践历程来看，电力企业作为自负盈亏的市场主体，其中有很大一部分依赖火力发电的企业，在发电积极性存在着明显的逆周期特点，即：在经济高涨电力需求增加时，发电的积极性不高；而在经济低迷衰退需求减少时，发电的积极性反而提高。这表明，在中国经济大部分时段都处在高速发展的情况下，倘若中国政府不专门对电力生产进行相应的投入，仅凭企业扩大电力生产规模提高电力供应能力的可能性会很小。而在个别时段经济增长出现放缓或下滑时，电力企业即使对电力生产有进行更多投入的积极性，也会因电力需求的萎缩而无法付诸行动。从中国渐进式改革实践的经验来看，短缺商品所在的市场要恢复供求平衡的关系，关键是要激发市场主体的生产积极性，通过相关制度的设计促使其快速增加产量。因而，要使电力资源告别短缺状态，最根本的途径还是要靠激发市场主体的生产积极性，而从中国电力市场化改革的实践历程来看，制约市场主体发电积极性的主要因素便是煤炭价格。

在国家对电力行业实行厂网分离后，中国的火力发电企业处在了一种十分特殊的市场环境下，一方面企业为了生产需要从市场上购买发电所用商品煤，并按照市场价格成交；另一方面发电企业所生产的电能需要出售给仍处在国家高度管控的电网，出售价格由国家部门制定。这就是电力企业常说的"市场煤、计划电"的问题。在电力出售价格管控的情况下，电力企业是否能够盈利很大程度上取决于煤炭价格的高低。倘若煤炭价格能够始终稳定保持一个相对较低的水平，使得向电网出售的电能能够给企业带来利润，企业必然会最大限度提高发电的产量。但是如果出现煤炭价格上涨，企业的盈利空间就会被压缩甚至出现亏损的情况，此时即使市场对电力的需求很大，电力企业也没有动力去扩大产量。中国自步入中等收入阶段之初的十年多的时间里，经济的高涨大幅拉升了全社会对煤炭的需求，煤炭价格一路飙升，给电力企业运营带来了巨大的成本，束缚了企业扩大生产和规模的能力，导致国家即使在此阶段对电力行业产能进行了空前规模的投入，也没有改变电力供应相对短缺的局面，电力缺口时有发生。所以，在火电依然是我国最主要的发电方式的情况下，中国的电力市场化改革的关键，是要保障煤炭供应的充足和煤炭价格的稳定。

二、制约下一步电力市场化改革的潜在风险因素

自从中国经济步入新常态，经济增速逐渐放缓以来，电力需求的下降为电力市场化改革提供了一个有利的市场环境。正是在此有利情形下，国家放开了配售电环节的电力价格，试图由发电企业和终端电力消费者直接对接，由市场供求决定电价，以此终结历史上长期存在的"计划电"，彻底根除"市场煤、计划电"对发电企业生产积极性造成的不利影响，从而实现让电力资源真正由市场进行配置的目标。但是，无论从理论上还是实际情况看，中国的电力市场化改革在实现这一目标的过程中，仍然存在一些可能导致改革无法顺利进行的风险，与之相关的因素包括如下四个方面。

（一）煤炭价格上涨

在电力供应能力是否能够满足潜在需求尚不确知的情况下，电力资源在当前供过于求的市场状态下放开价格，虽然可以在短期一段时间使电力资源相对稳定保持在与当前计划管制价格水平相当的市场价格，但是不能排除未来随着中国新兴产业发展或中西部地区增速提高而导致需求的上涨。从发达国家经济发展过程中的用电情况来看，经济结构的不断升级和经济运行质量的提高可能会降低化石能源消耗的比例，但作为二次能源的电力消耗比例则不一定会降低。如前所述，当今发达国家中除了英国的电力需求出现了随着经济增长稳步下滑的趋势外，其他发达国家的电力需求和经济增长仍保持着正相关关系。中国当前虽然进入了从数量扩张向高质量转变的经济转型期，结构调整过程中出现的企业倒闭、减产、效益下滑等阶段性阵痛会导致电力需求一度下降，但是不能否认，随着新旧产业交替完成和新的区域经济格局的出现，中国庞大的人口和市场资源仍有望爆发出更大的增长潜力，由此带动电力需求的进一步提高。因而，从长远来看，电力市场化改革之后电价不会一直停留在当前接近管制价格的水平，新动能的出现、产业的高端化、区

域发展格局的重塑都不可避免会带来更大的电力需求。在市场环境下，电力需求上升会拉动电价上涨，电力企业会因此增加产量，从而增加对发电原料的需求。煤炭作为我国发电最重要的原料，尽管近些年来一直处在被压制的状态，表现为火电的比重不断下降，但在新能源没有大规模开发和利用之前，仍是我国最重要的能源物资。因此，当电力企业增加发电产量进而增加煤炭需求时，不可避免会带来煤炭价格的上涨。尽管煤价上涨使电力企业不会遭遇"市场煤、计划电"时期的利润缩减，但在价格机制作用下会使其压缩产量，使电力行业在较高的价格水平下贡献一个相对较小的产量。煤价上涨的幅度越大，电力行业压缩的产量规模也越大。当电力供应小于社会的电力刚需时，电力需求缺口就会出现，从而造成电价进一步的上涨，进而重复上述的市场调整过程，导致电价出现螺旋式上升，而产量则不断下滑。由于电力不同于一般商品，作为工业社会不可或缺的能源，因而价格的持续上涨必然带来全社会工业运行成本的提高，再次出现通货膨胀隐患。当这种局面出现时，国家必然会为了宏观经济的稳定，而将电力行业再次管控起来，回到市场化改革之前的状态。由此可见，在电力市场化改革进程中，在火电不能被其他清洁能源发电取代的情况下，煤炭价格的稳定始终占有举足轻重的作用。无论是何种原因导致了煤炭价格上涨，都有可能使电力市场化改革的努力功亏一篑。

（二）电力需求波动

电力作为工业社会重要的基础能源，在市场化过程当中需要关注一个普通商品无须特别留意的问题，那就是价格的稳定性。对于普通商品而言，价格的波动是市场的正常现象，市场就是要通过商品价格上涨和下跌使资源配置到最佳效率状态。但是对于电力来说，电价的上涨却可能普遍性地增加工业运行成本，甚至引发全局性的通货膨胀，这也正是中国政府在电力市场化改革始终保持谨慎态度的主要原因。因而，电力市场化改革推动，首先要最大限度避免因电价上涨所带来的宏观经济风险，这一方面需要电力供应能力的不断提升，另一方面也需要电力需求方面的变化相对稳定。当前我国在电力供应方面尚相对可控，可以保持趋势性的稳定，但是电力需求则波动加大。主要表现在如下两个方面：

一是电力需求总量波动较大。步入中等收入阶段以来，尽管中国一直在努力提升电力使用效率、降低单位 GDP 电耗，电力消费弹性系数在 2003 年达到峰值之后总体呈下降走势，但是从电力消费总量变动情况看，波动程度仍然远高于发达国家（见表 6－1）。这说明，我国自步入中等收入阶段以来，经济增长速度虽然很快，总量也很大，但并未进入像发达国家那样的成熟期，各类经济活动的变数较大，导致电力消费需求还未步入一个相对稳定的阶段。

表 6－1　　　　　　中国与主要发达国家人均耗电量波动情况对比

国家	最大值（千瓦时）	最小值（千瓦时）	方差1	方差2
中国	2153	993	13840503	828
德国	13525	6635	590541	169
法国	14685	6940	633595	173
英国	12284	5130	1894040	325
日本	16324	7820	929527	207
美国	26093	12914	1161089	241

资料来源：根据世界银行数据库 2000～2014 年人均耗电量指标数据计算而来。

二是主要耗电主体目前尚处在变动之中。根据国家统计局的数据，我们对 2001 年以来电力消耗的行业分布情况进行了统计。结果显示（见表 6－2），自 2001 年以来，我国电力消耗占比最高的是制造业，在 2010 年达到比重最大峰值 55%，其次是电力、煤气等能源部门，占比基本在 14% 左右，社会生活消费用电占比只有 10% 左右。2019 年中国开始全面推进制造业的高质量发展，各行业在生产设备、工艺、流程、技术等方面都在经历巨大变化，尤其是化学原料和化学制造、非金属矿物制造、黑色金属冶炼加工和有色金属冶炼加工等高耗能行业，有些进行兼并重组和改造升级，有些关停淘汰，有些则在扩张规模，电力需求方面不可避免会表现出不稳定性和波动性。

表6-2 中国电力消费的行业分布情况

类别	2001年		2005年		2010年		2015年		2016年		2017年		2018年		2019年	
	消费量（亿千瓦时）	占比（%）	消费量（亿千瓦时）	占比（%）	消费量（亿千瓦时）	占比（%）	消费量（亿千瓦时）	占比（%）	消费量（亿千瓦时）	占比（%）	消费量（亿千瓦时）	占比（%）	消费量（亿千瓦时）	占比（%）	消费量（亿千瓦时）	占比（%）
电力总消费量	14633	—	24940	—	41934	—	58020	—	61297	—	64820	—	71508	—	74866	—
制造业消费量	7031	48	13095	53	22870	55	31178	54	32224	53	33594	52	36936	51	38109	51
化学原料和化学制造业	1185	8	2125	9	3145	7	4754	8	4875	8	5122	8	5449	8	5427	7
非金属矿物制造业	793	5	1416	6	2448	6	3105	5	3188	5	3305	5	3506	5	3761	5
黑色金属	1164	8	2544	10	4612	11	5333	9	5282	9	5261	8	6142	9	6460	9
有色金属	717	5	1470	6	3129	7	5505	9	5763	9	6003	9	6698	9	6674	9
电力、煤气及生产和供应业	2362	16	3910	16	6061	14	7994	14	8574	14	8961	14	9582	13	9813	13
生活消费	1839	13	2825	11	5125	12	7565	13	5421	9	9071	14	10058	14	10637	14

资料来源：历年《中国统计年鉴》。

（三）地区发展不平衡

中国东、中、西经济差异较大，分处在不同的工业化发展阶段，地区之间发展不平衡，特大城市和偏远乡村并存，各地区的公共设施、服务条件不同，同一企业在不同地区经营的成本不一样，能够承受电力上涨的幅度也不同。在此情况下，在全国范围内统一放开售电环节，有限的电力资源首先会流向那些出价更高的地区和企业，倘若电力供应充足，则这些地区的电价会因为源源不断的电力资源输入而下降；但若电力供应无法超过需求，或即使超过也只能使价格维持在一个相对较高水平时，经营成本较高地区的企业就会因无力购买而面临无电可用的局面。尽管从理论上而言，当企业面对这种情况时，通常都会选择转移到经营成本相对较低的地区，但在现实中由于很多企业对当地的资源条件具有很强的依赖性，不具备自由移动的能力，一旦移出会导致其他经营成本的提高，因而并不是所有企业都能实现在不同区域间的自由流动。在既定的区域分工体系下，当前地区的企业因电力昂贵而被迫压缩产量时，势必影响到相关的上下游产业，引起产业链上相关产品价格的波动，进而造成整体价格体系的调整和变化，其中不排除因局部性供求失衡所导致的物价上涨，积累通货膨胀的隐患。因而，在电力市场化改革的过程中，倘若不考虑因地区差异造成的企业经营成本的差异，任由市场按照价高者先得的原则配置电力资源，很有可能会引起产业体系的动荡，引发局部甚至全局性的物价上涨。

（四）新能源发电成本过高

国家近些年来一直致力于发电结构的转化，不断降低火电比例，提高水电、太阳能发电、风电等清洁能源发电比例。但是由于清洁能源发电目前尚处在起步阶段，前期投入大、成本高，导致发电成本远高于火电。据行业调研数据显示，当前我国煤电项目平均投资成本约为 3700 元/千瓦，而陆上风电成本为 7760 元/千瓦，海上风电为 14700 元/千瓦，光伏发电约为 8460 元/千瓦，光热发电为 34000 元/千瓦，分别是火电项目的 2.1 倍、3.9 倍、2.3 倍和 9.2 倍。在日常经营过程中，新能源发电的度电成本也高于火电，2018 年全国各地火电的度电燃煤成本基本集中在 0.2~0.3 元，度电成本约为 0.3~0.5 元之间，而光伏度电成本比火电高 42%，海上风电度电成本比火电高

133%～235%，光热发电度电成本比火电高280%。在上网环节，新能源上网电价普遍高于煤电标杆电价，全国脱硫脱硝煤电标杆电价为0.26～0.45元/千瓦时，而陆上风电标杆电价为0.4～0.57元/千瓦时，海上风电为0.85元/千瓦时，光伏电站为0.65～0.85元/千瓦时，光热则为1.15元/千瓦时。因而，在新能源发电成本明显高于火力发电的情况下，国家推进电力市场化改革，将电力企业直接面向终端客户，必然会使新能源发电企业处在竞争的劣势，影响企业投资和生产的热情，从而影响我国电力供应能力的提高。

三、保障电力市场化改革顺利推进的政策措施

从上述可能影响电力市场化改革的种种不稳定因素来看，我们可以得出以下三个方面的结论：一是中国电力供应能力的提高仍是当前最为迫切的问题，尤其是要具备应对间歇性负荷高峰的能力。这一问题不解决，电力市场就不可避免会因暂时性的供求缺口的出现而导致电价上涨，并在其他不稳定因素综合影响下产生连锁反应。二是电力需求受产业结构调整、地区发展差异影响波动较大，尚未进入发展的稳定期，所以在电力资源完全由市场定价后，不可避免会导致电价的频繁波动。三是新能源发电在市场环境下还不具有与火力发电公平竞争的优势，电力对煤炭的依赖在短期内还无法摆脱，煤炭价格的变动仍然是电力市场能够稳定运行的重要影响因素。基于以上认识，为保证电力市场化改革能够继续深入推进下去，消除矿产超额收益形成的体制根源，政府应重点从以下三个方面给予体制机制保障：

（一）建立煤炭价格稳定机制

国家自推行供给侧结构性改革以来，一直都在强调经济运行的"去煤化"，突出表现在对煤炭行业实行了严格的产能限制，以及从环保低碳的角度最大限度地抑制企业对煤炭的使用，具体举措一方面是对煤炭行业的整顿、规范和升级，另一方面也是为了促使电力供应摆脱对煤炭的依赖，削弱煤炭价格上涨给国家能源安全造成的冲击和影响。但是从市场的角度来看，相较于前期投入更大、技术难度更高的新能源发电而言，火力发电仍然是电力企业最易操作且成本最低的发电方式，电力行业对煤炭还存在较大的刚需。在此情况下，通过政策增加火力发电的成本或减少对电力的煤炭供应，反而不

利于我国电力供应能力的提升。因而"去煤"是国家能源改革的长久任务，需要相当长的一段时间通过推进能源供给革命来实现，而在短期电力行业依然对煤炭存有较大依赖的情况下，应将重心放在如何稳定煤炭价格，避免因煤炭价格上涨影响电力市场化改革进程这一问题上来。尽管我国的煤炭市场很早就实行了市场化，煤炭价格基本由市场决定，但并不意味着政府无力主导煤炭价格的走势。事实上，中国政府在煤炭行业的"去产能"就是一种间接调控煤炭价格的手段。这是因为：在经济增速相对放缓和煤炭过剩产能存在的状态下，国家可以根据电力行业发展需求自行调控去产能的规模，在电力行业的煤炭需求小于煤炭供给时，国家可通过制定高的清洁生产标准淘汰落后产能，推进煤炭行业的生产技术条件升级，为未来煤炭的清洁供应打下基础；而一旦经济增长开始提速，电力行业的煤炭需求也随之提升时，就可适当放宽已经完成技术改造的拥有先进产能的煤炭企业的产量规模。其中，放宽尺度的把握将主要取决于电力行业的需求状况，以不引起煤炭价格明显上升为前提。2017 年全年到 2018 年上半年，中国煤炭价格一度因逐渐回暖的宏观经济形势而出现持续性的上涨，山西等几个产煤大省完成产能改造的煤炭企业迅速扩张了煤炭产量，致使煤炭价格在 2018 年下半年就出现了一定程度的回落，并在 2019 年一直保持在相对稳定的水平。由此可见，去产能政策还具有宏观调控煤炭产量以确保煤炭供求平衡的作用。但是，这一举措只适合于煤炭行业存在过剩产能和电力行业的煤炭需求相对较低的情况，一旦经济增长导致电力需求增加，而清洁煤炭供应能力已达上限，煤炭价格仍然有继续上涨的可能。因而从长远来看，国家十分有必要在煤炭矿产收益共享制度的基础上，借助煤炭金融市场，建立专门针对煤炭价格的宏观调节机制。一是打造全国性的煤炭交易中心，打破煤炭市场的地域分割情况，推进煤炭价格的统一化，尽快形成客观反映市场供求的煤炭市场价格体系。二是大力发展煤炭期货期权市场，着眼于远期价格实现，锁定电力企业的用煤成本上涨风险。三是利用煤炭共享基金，参与到煤炭期货等煤炭金融市场活动中来，及时根据市场行情进行逆向操作，确保煤炭远期价格不出现大起大落，为当前煤炭价格的平稳运行保驾护航。

（二）建立电力容量市场机制

电力市场化虽然有助于静态电力资源的优化配置，但是从动态角度来看，电力作为即产即用、转瞬即逝的特殊商品，仅靠现货市场的供求关系决定的电力价格在激励新增电源投资、保障电力长期平稳供给方面的作用还有很大的局限性。这是因为：其一，在中国当前电力需求还不稳定的情况下，电价在放开之后的上下波动势必会影响到电力企业在生产方面的积极性及其中长期的投资决策，倘若现货市场无法有效激励电力企业在扩充电源上进行更大的投入，一旦出现用电高峰就会不可避免出现间歇式的电价上涨，影响供电安全。其二，我国的新能源开发局面尚未打开，前期投入大、固定成本高、市场份额小等在现货市场上存在的问题严重制约了企业在新能源开发方面的积极性。考虑到未来我国新增主力电源主要是水电、核电和火电等，建设周期普遍较长，在此情形下如无配套的保障机制和激励机制，难免出现电力供应短缺局面。其三，电力是资金密集型、技术密集型、建设周期长的行业，特别是随着环境保护要求的不断提高，需要超前规划，并根据不同的电源类型区别对待。以往我们采用单一的电量电价机制，按照各省的平均建设和运营成本确定统一的标杆电价，无法承载不同的电力投资者的全部风险，例如竞价上网过程中也遇到了如何解决不同电源投资的差异问题。因而，为了保障电力市场化改革中，不因电力现货市场的暂时波动而影响中国电力供应能力的长久提高，也为了切实激发企业新能源发电的积极性，应借鉴英、美等国近些年来探索建立起的容量市场机制，将电厂的发电容量作为商品，引入政府、金融机构、企业多类交易主体，由国家电力主管部门根据宏观经济走势预测提前确定容量需求，通过拍卖等方式完成交易，使传统火电厂和新能源电厂都能够在公平、透明的市场上获取超前电力投资应得的补偿和收益。

（三）建立电力增量竞价模式

当前我国的电力市场化改革思路与土地市场化改革非常相似，均是按照不同的领域逐次放开，诸如土地价格主要是在商业用地领域放开，工业用地领域则是划拨、"招拍挂"及市场交易并存，电力价格则主要在工商经济领域逐步放开，而对居民社会用电等则继续政府定价。但是考虑到我国当前产业结构、布局正处在不断调整和变化中，地区之间还存在较大发展差异，在全国范围内实行统一电价的条件还不成熟。20世纪末，六省市电力市场试点和2005年华东区域电力市场模拟运行，采取了政府控制竞争电量比例的方案，是对中国式电力市场模式的有益探索。实践证明，部分电力电量竞争能够保证平均上网电价的相对稳定。借鉴这些成功经验，本书认为电价在工商经济领域的放开仍应遵循渐进思路，分计划用电和市场用电两部分，实行增量电量电价市场化改革。具体思路是：地方政府按照节能发电调度原则制定年度发电计划及计划发电量的日调度发电曲线形成规则，计划电量执行国家制定的上网电价；计划电量之外的上网电量（包括满足需求预测偏差电量及发电机组自身原因引起的实际处理曲线与合同发电曲线的偏差电量）则被视为"增量"，其上网电价由市场竞争形成。

第四节　中观层面（二）：加强金融风险防范与产能管理

矿产超额收益在矿业部门形成后参与到资本积累过程中，致使社会扩大再生产的平衡条件无法成立，成为过剩资本的重要来源，在现实中表现为过剩产能。因而，在外需力量衰退的情况下，如何将经济系统内的过剩产能进行消除或者转移出去，就成为对矿产超额收益存量进行治理的重要内容。

一、科学把握"产能管理"的三大问题

自 2012 年始，中国数量扩张为主的经济增长随着全球经济的衰退日渐显露疲态，失去外部需求支撑的国内资本积累系统有大批处在货币或生产状态的资本无法顺利向下一形态转化，导致以资本过剩为本质的产能过剩问题暴露。面对严峻的宏观经济形势，2015 年底中央经济工作会议提出了推行供给侧结构性改革重大决策，并将"去产能"作为五大结构性改革任务之首。2016 年初，钢铁、煤炭行业被国务院认定为首批需集中治理的产能过剩行业，先后印发了《关于煤炭行业化解过剩产能实现脱困发展的意见》和《关于钢铁行业化解过剩产能实现脱困发展的意见》，当年即压减了 6500 万吨钢铁产能和 2.9 亿吨以上的煤炭产能。此后，国家又将产能过剩的治理延伸到电解铝、平板玻璃等领域。从理论而言，国家此次去产能举措的实质，是将包含矿产超额收益在内的已经不可能继续实现增殖的过剩资本强制退出生产领域，通过直接缩减社会总资本的存量规模来避免因资本过剩矛盾导致的更严重经济

问题的出现。"去产能"从表面来看是在做"减法",是对现有产能一次优胜劣汰的筛选和整合,但是事实上是在以此为手段恢复资本正常周转运动的能力。倘若去产能的同时并没有促使留存下来的资本更好地增殖,那么即使付出断腕的代价也未必能够实现经济发展形势的根本扭转,相反还会带来生产加速萧条的隐患。因此,要对矿产超额收益形成的存量过剩资本进行有效治理,除了在短期内要做好"减法",加快过剩产能行业淘汰落后产能、关停僵尸企业之外,还要在此过程中密切关注如下三方面的问题。

（一）债务负担和金融风险问题

从理论而言,"去产能"举措是将本来参与追求增殖的资本行为强行转化为终端消费行为,即当初资本为实现增殖所发生的购买原材料和劳动力等行为,现在均被视为是资本所有者的一种消费活动,资本所有者对生产资料和劳动力从价值增殖的需要转化为对其使用价值的需要。这种做法固然可以直接降低过剩资本的存量,但是要谨防由此对经济其他方面造成负面影响。一般来说,倘若资本所有者在生产活动之初只使用上一期自身积累而来的资本进行投入,那么资本增殖的失败可视为资本所有者将全部资本转化为消费,并退出资本增殖过程,不会对市场中的其他主体造成不利影响。但是倘若资本所有者进行扩大再生产所需要的货币资本不是来自自身的积累,而是来自信贷融资,那么资本增殖的失败带来的就不仅是资本所有者从生产领域的退出,而且还有信贷资本的坏账损失。坏账积累的规模越大,发生金融危机的概率就会越高。

自中国经济步入中等收入发展阶段以来,中国的资本积累主要集中在资本密集型行业进行,加速积累的内在需要产生了对银行信贷的巨大依赖。统计数据显示,自2000年以后,中国的银行业信贷规模出现了明显的快速上升走势,不过由于在2002～2007年中国经济处在高速增长阶段,高的信贷增长并没有马上表现为企业高的债务率,直到2008年次贷危机爆发,全球经济开始呈现颓势后,国内企业的高债务问题才日益显现,企业债务率从2008年的98%飙升到2015年131%,远高于80%的全球平均指标。[①] 而且,中国企业的债务率还存在结构性差异,资本密集型为主的国有企业债务率呈上升趋势,

---

① 徐云松:《中国企业债务率的表现特征、原因与对策》,载《金融理论与教学》2018年第4期,第13～19页。

而劳动密集型为主的非国有企业债务率则呈下降趋势。其中，煤炭、钢铁作为主要的产能过剩行业负债率的上涨幅度均超过全国规模工业平均水平，近十年涨幅均超过10个百分点（见图6-3）。在高负债率的情况下，煤炭、钢等产能过剩行业的去产能，不仅使信贷资本无法实现预期的收益，而且连本金都可能无法收回，倘若不在此过程中对金融风险加强防范，将不可避免地引发信用危机，进而导致整个金融系统的动荡。

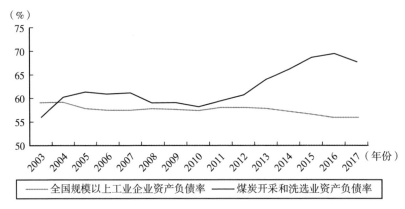

图6-3 2003~2017年全国规模以上工业企业与煤炭开采和洗选业资产负债率比较

资料来源：历年《中国统计年鉴》。

（二）产能的提质升级问题

自步入中等收入阶段以来，中国的扩大再生产活动虽然始终存在过剩资本的隐患，但在2012年之前并没有由此给宏观经济带来全局性、系统性的不利影响，主要原因即在于国际金融危机之前全球经济的高速增长为本国资本增殖提供了有利的外部市场空间，资本不断积累所蕴含的庞大价值量有相当一部分可以通过国外需求来消化。但自2008年国际金融危机后，美、欧、日等发达经济体受金融链断裂的连锁效应影响，使全球经济步入常态化的增速放缓期，原本对中国资本积累形成巨大支撑的外部需求急剧萎缩，国内在前期积累下的巨大产能在失去外部市场而只能面对国内有限需求时，必然呈现出相对过剩的状态。一般而言，在面临这种需求相对不足的问题时，一国政府只要采用凯恩斯主义的需求刺激政策，至少在短期可以达到推动经济增长，促进资本循环的效果。但是从 2008~2012 年的实践情况来看，无论是"四万亿"投资计划，还是大力度的基础设施投资、民生工程建设，都没有能够彻底解决过剩产能的消化问题，相反诸如煤炭、钢铁等行业的设备闲置率一直在提高。这充分说明，长期对接国际市场的国内生产结构与国内的需求结构已在一定程度上存在着脱节，在此情况下即使对过剩产能进行了清理，也不能保证留存下的产能能够顺利由国内需求消化。倘若在去产能的同时不能带动起新的需求的增长，不仅经济增长总量会因为资本存量的降低而出现增速下滑，而且留存产能还会因与需求不一致而再次显得过剩。

那么如何做到在去产能的同时还能带动新的需求呢？从 2008~2012 年实践的经验来看，中国新需求的创造还无法主要依靠终端消费，居民收入提升在消解过剩产能方面的能力有限，更大的需求空间还是在中间品领域。这是因为，中国自步入中等收入阶段以来一直在走"重积累、轻消费"的道路，社会创造的总价值中更大的比例分配在积累资金上，而分配在消费方面的比重相对较低，因而，从消费引起的终端需求和积累资金引起的中间品需求相比，后者提升需求的空间更大。问题的关键在于，中国的资本积累系统是否能够内生出这种不同以往的新的中间品需求。从原理而言，资本对这种中间品产生需求的唯一可能就是这种中间品的使用可以为资本增殖开辟新的通道。以中国当时的情况看，在创新能力短期无法迅速提升的情况下，要在已经饱和的产业体系内部催生出新的中间品需求难度很大，必须借助外力才能推进新中间品市场的形成。"去产能"作为政府推动的一项强制性举措，只要思路得当，可以成为催生新中间产品的重要外力，主要途径有二：一是使过剩产能在减量的同时还能做到优化升级，通过优化升级催生诸如高效能技术、设备的研发制造；二是通过强化去产能过程中的环境约束，通过环境约束催生绿色技术、绿色制造。总之，"去产能"不仅是在打破一个旧产业体系，更重要还要建设一个新产业体系，而构建这个新体系的关键，就是要借助产能优化升级和强化环境约束在去产能的过程中为资本增殖找到新的出路。

二、产能管理过程中防范和化解金融风险的政策安排

当前，我国因"去产能"而带来的金融风险主要集中在银行系统，因而金融风险防范的重点是控制银行不良资产的规模。从表面来看，当贷款企业

因受到国家产能限制而无法按自身意愿安排产量时，一定会对企业未来的现金流产生不利影响，银行出于风险的考虑，应该倾向于在业务上回避这类企业。然而事实并非如此，此次银行系统遭遇的信贷风险，虽然与企业产品一时没有销路导致无力还款有关，但也很大程度受到了"去产能"政策的影响。在政策所强行去除的产能中，有一部分属于所谓的"落后产能"，这部分产能主要存在于早已失去经营能力的"僵尸企业"或环境政策严重冲突的高污染、高排放、高能耗行业，如部分不符合国家环保政策和行业准入的煤炭、水泥、钢铁企业等；另一部分属于所谓的"闲置产能"，即在外部需求萎缩情况下，出现相对生产能力过剩而暂时停滞在生产资本状态，如光伏制造企业等。对于落后产能而言，国家要从摆脱数量扩张型经济增长方式的大局利益出发，必然会进行坚决的关停、清理，但是对银行而言，倘若也对这些存在过剩产能的企业落井下石，加速其破产倒闭，那么前期投入的信贷资金就会大概率转化为银行坏账和不良资产；对于闲置产能而言，国家的去产能政策虽然会对企业生产造成一定的不利影响，但是不存在强制关停的情况，只要未来经济形势有所好转或国内需求增加，企业还是会有重新盈利的可能。此时对银行而言，要最大限度避免坏账的发生，就是调整债务期限结构，延长还本付息的时间，以待企业在盈利之后有能力偿付债务。从上述分析可知，在"去产能"的特殊历史时期，银行对属于产能过剩行业的企业，无论何种情况，都不能急于了断彼此之间的债权债务关系。因而，政府在去产能对相关金融风险进行防范时，要从银行上述的现实处境出发，积极为其缓解债务问题提供制度保障和相关政策支撑。

（一）引导银行发展绿色金融业务，促进银行更多参与到产能置换和升级活动中来

在去产能的过程中，银行最大的信贷风险集中在那些不符合国家产业发展政策，不达到国家环境标准的被淘汰的落后产能企业和"僵尸企业"。这些企业由于成长于中国以数量扩张为主的工业化进程中，或者特定历史时期的体制安排下，都曾经与银行保持了十分密切的业务往来，在银行信贷资产中占据不小的比重。面对这些过去的传统客户如今纷纷被列入国家淘汰行列的情况下，银行明显处在进退两难的境地。政府在此情形下对银行如何处置风险有义务作出必要指导，在银行不能大规模将过剩产能企业的债权确定为

坏账和不良资产的情况下，要鼓励银行实行"不退反进"的应对策略，积极参与到落后产能的改造升级中，使其走出被淘汰、撤并和关停的状态，提升至闲置产能的行列，以便于银行可以通过延长债务期限等方式增强贷款回收的概率。鉴于我国当前绿色金融市场尚处在起步阶段，政府要有效引导银行将关注焦点乃至业务重心转移到环保因素，把与环保相关的回报、风险和成本融进业务中，积极参与落后产能的改造升级：一要制定并实施好"有收有放"的差异化信贷政策。在不对产能严重过剩行业新增产能项目和违规在建项目提供任何形式的新增授信支持的同时，制定引导银行加大对产能严重过剩行业企业兼并重组整合过剩产能、转型转产、产品结构调整、技术改造的信贷政策，对产能过剩行业区别先进和落后，科学设定信贷标准分类施策。将碳排放等环保类指标、安全生产等社会管理类指标、用地用电用水等资源消耗类指标以及行业技术标准等纳入信贷标准中。二要在金融业"营改增"税制改革中，对各类金融机构开展绿色金融业务的收入实行适当的所得税和增值税优惠。对银行在环保、节能领域的贷款项目予以一定额度的贷款贴息，利率差额由中央政府给予补贴，强化对金融机构开展绿色金融业务的激励和约束。三要在国家推进产能置换过程中，指导银行研究探索产能置换指标交易配套金融服务。四要建立绿色项目风险补偿基金制度，大力发展绿色担保机构，以及强制性的绿色保险制度，分担银行在绿色信贷方面的风险损失，最大限度减少银行支持产能改造的后顾之忧。

（二）提高政府的税收担保能力，以政府债务缓解弱化银行信贷风险

在中国快速工业化的历史进程中，政府投资一直在产业资本的快速增殖与积累上发挥着重要的作用，特别是市场化程度相对较低的中西部地区，政府投资甚至起到决定性和主导性的作用，很多国有性质的企业在项目建设初期都得到了政府方面的资金支持，而这部分资金有相当大的一部分来自银行贷款。这就意味着，对银行而言，政府也是一个重要的偿债主体。在去产能的过程中，政府有义务通过提高自身的偿债能力来减弱银行潜在的金融风险，原因有两点：其一，在快速工业化的实践历程中，很多在如今处在产能过剩状态的企业或者僵尸企业，都曾经受到过政府的投资引导，诸多上马的项目中不乏政府投资项目，因而银行在清缴这些企业的债务时，有相当一部分不可避免会关系到政府债务。其二，去产能是政府出于宏观经济运行风险防范

的需要在潜在危机爆发之前对个别行业所采取的强制性措施，对由此导致的企业无力偿还银行贷款本息、进而提高银行不良资产的后果理应承担相应的责任。然而从现实情况来看，地方政府因经济下滑导致财政收入减少，反而还在加大对银行贷款的依赖程度。有研究表明，自2016年全面启动去产能工作以来，尽管地方政府的显性债务较之前两年急剧膨胀的债务规模而言出现了稳步收缩，但是通过平台公司等方式增加的隐性债务还在不断增长，即使在实行带有明显直接融资性质的PPP融资模式时也难以杜绝"明股实债"的问题。① 因此，在银行因去产能在短期面临企业无力偿债的情况下，加强政府的债务管理，提高政府偿债能力，是缓解银行信贷风险的一条重要途径。可采取的政策措施有：其一，加快财税体制改革，继续改善地方财权与事权的不匹配，重点提高地方财政收入。在当前减税降费的大背景下，根据地方经济发展需要，动态调整和适度提高地方税收的分配比例和中央对地方转移支付比例，尤其对经济实力弱、基础设施建设落后的欠发达地区，适当调高地方税收分配比例。其二，盘活国有资产，增加国有资产的经营收入。加大行政事业单位、国有企业的闲置房产、土地等资源的盘活力度，提高国有资源的利用率和效益。其三，继续优化财政支出结构，压缩一般性支出和经常性支出。新增财政收入优先用于还本付息支出。其四，借鉴国外一些有效的偿债创新，例如意大利政府近年应对欧洲主权债务危机的"售后返租"方式，将政府的非经营类资产出售，以获取资金偿还债务，同时以租赁的方式继续使用售出资产。其五，加大政策性银行对政府偿债的支持力度，通过提供化解地方隐性债务专项贷款，由政府下属的资产管理公司金信资产作为承接主体，再以普通借款方式投放到政府各融资平台，进行债务置换，缓解政府还款付息压力。

（三）完善金融市场特别是直接融资市场，加快推进以资产证券化为主的金融创新活动

在国家去产能的过程中，因产能闲置而使银行面临不能如期收回本息的风险问题可通过延长信贷时间的方式进行缓解，但是存在闲置产能的企业究竟需要多长的时间才能从经营困境中走出来或者能否再次具备还款能力，具

---

① 王钠：《地方政府债务风险的成因与防控》，载《金融时报》2018年7月2日，第12版。

有很强的不确定性，这种风险倘若集中在银行自身，极易在银行系统产生连锁反应，引发信用危机，必须充分发挥金融市场的风险分担功能，将目前银行集中的债务风险通过金融创新转移和分散出去。资产证券化是将银行债权向市场其他投资转移，并转移风险的有效金融工具，恰好可以满足当前银行化解信贷风险的需求，是银行有效降低信贷风险的重要途径。但是，由于资产证券化对金融市场的要求较高，技术性很强，长期以来在国内的运用并不广泛，并且在制度和交易环境上还存在诸多不完善之处，诸如资产证券化的统一交易市场尚未形成，证券化产品的现金流评估缺乏科学的市场依据，难以做出客观合理的产品估值和定价等。因而，从防范银行不良资产风险的角度看，在未来金融市场的建设和完善过程中，要重点推进有利于资产证券化的体制机制建设，主要包括：构建整体统一、多层次的市场，完善包括登记、清算、托管、转托管及交易各环节的制度建设，努力构建协调统一的信息披露、风险管理机制。加快建立标准化的产品估值与定价机制、明确现金流评估机制和风险收益曲线等要素。针对商业银行不良资产证券化，建议监管部门及时总结前期试点经验，针对资产池组建、估值、存续期管理、信托清算等重要环节出台相关指导意见，促使各参与机构更规范地开展业务；适当调整金融资产管理公司资本管理办法中关于投资证券化次级产品的资本约束要求，使具有丰富不良资产处置和投资经验的国有金融资产管理公司更好地参与到不良资产证券化业务中；允许商业银行债转股实施机构按照公平交易、市场化原则以非自有资金投资本行发行的不良资产证券化各档证券。[①]

三、产能管理过程中推进产能升级与转移的政策安排

（一）加大对产能重组与升级的资金支持力度

在西方发达资本主义国家的发展历程中，产业的优化升级是依靠市场竞争内生而来的创新要素，而中国相对固化的资本积累模式难以在现有世界经济格局下通过市场自发行为实现质的跃迁，必须依靠政府外力推动。

正如上文分析所指出，"去产能"作为国家对产能过剩行业实行的强制

---

① 李峰：《银行视角下的资产证券化》，载《中国金融》2018年第22期，第65～67页。

性举措，可以以产能升级为突破口带动中间品需求的多样化，为资本开辟依靠科技、质量实现增殖的新路，有效化解过剩资本。这就需要政府在去产能的过程中，针对所在行业的情况制定出相对较高的产能标准，以此来激发现有企业为了达到生产要求而对技术含量更高的设备、技术产生需求，进而引导社会资源向提供这些新技术和设备的行业集中。2016 年，国家发展改革委首先在煤炭行业对什么是先进产能进行了明确的规定，并从工艺先进性、生产效率、资源利用率、安全保障能力、环境保护水平、单位产品能源消耗等方面提出了具体的评价标准。2017 年，工信部联合国家发展改革委、环保部等 15 个淘汰落后产能工作部际协调小组成员单位印发了《关于利用综合标准依法依规推动落后产能退出的指导意见》，从环保、能耗、质量、安全、技术等综合标准对落后产能进行了明确的界定。2019 年 3 月，国家发展改革委、国家能源局又联合发布《关于深入推进供给侧结构性改革进一步淘汰煤电落后产能促进煤电行业优化升级的意见》，再次对燃煤机组要达到的各项技术标准进行了明确的规定。诸如此类文件的出台无疑将促使煤、钢等产能过剩的行业在设备更新改造和工艺改进方面进行更大规模的投入，以此延伸出新的中间品需求，进而成为资本增殖过程中最大的瓶颈就是产能重组或升级过程中出现的资金短缺问题。国家通过制定严格的产能标准以先进产能替代落后产能，事实上是在用外力推动行业内部整合，促使行业内处在较好生产条件的企业兼并相对落后的企业，或者是用外力推进落后产能企业加速升级，但无论属于上述何种情况，都会存在不同程度的资金短缺问题。这是因为，产能重组的实质，是推动行业内有竞争力的资本去吞并相对劣势的资本，但是与典型市场竞争中的大鱼吃小鱼过程不同，此种情形下资本所谓的竞争力并不来自市场，而是来自国家的标准认定，拥有先进产能的资本只是因为达到了国家要求的技术标准得以在市场上留存下来，却并不一定具备比落后产能的资本更高的增殖能力，因而也不具备在短时间内将扩大再生产规模增大到完全替代落后产能的能力。产能升级与此相同，它并非来自资本本身的增殖需要，而是因国家政策所做的被迫之举，因而在资本尚未顺利周转实现增殖的情况下，难以依靠自身力量对生产设备进行更多的投入。总之，资金短缺是产能置换和升级过程中依靠市场和企业自身力量无法解决的瓶颈问题，政府应当为其提供必要的外部资金支持，具体来说，一是可考虑出资设立引导基金，以政府资金为基础构建资金池，并广泛吸引民间资本，为进行产能重组或升级的企业提供专项资金，基金以股本方式投入产能改造的企业并参与后期分红；二是要支持产能改造企业进行多渠道融资，在确保金融秩序稳定的前提下，对其进行私募股权融资、上市融资和债券融资等直接融资活动提供便利。

（二）加强国有资本收益管理推进先进产能走出去

当前以过剩产能为表现形态的过剩资本尚不具备直接从国内转移出去的能力，主要原因在于这部分资本还主要停留在生产资本的形态，对应的是机器设备等产能方面的实物，这些实物显然只能在国内进行生产活动，不可能直接转移到国外。因而要实现过剩资本走出去，首先要将资本从生产形态转化为货币形态。在"一带一路"倡议下，我国通过基础设施建设先行，为国内消化过剩产能、推进资本从生产形态向货币形态的回归开辟了一条有利的外部通道，政府要在已取得的成绩基础上加快过剩资本走出去的战略部署，重点推进如下两方面的工作：一是加快国企改革，使国有资本尽快从实物资产中脱离出来。当前，我国主要的产能过剩行业都是资本密集型行业，也是国有资本的集中地，过剩资本相当大的一部分存在于国有资本中，因而要让国有资本的过剩部分从国内走到国外，首先需要通过国企国资改革将国有资本从具体的实物形态中分离出来。因而在产能管理的过程中，国家要加紧进行过剩产能企业的产权改革，以推进混合所有制改革为重点，将国有资产置于公平开放的竞争市场环境中科学估价，对国有资本进行量化评估，并通过股权交易实现可自由流动，使国有资本从账面符号真正回归到货币资本的形态中来。二是加强对过剩产能行业中国有资本收益的管理。由基础设施建设所带来的外部市场需求并不是天然市场的产物，而是国家为引领历经千难万险和付出巨大代价开辟出来的。因此，当这些过剩产能因生产功能的再次发挥而实现收益时，国家有理由对这部分的收益进行支配。

第五节　微观层面：增强创新意愿与提高创新能力

矿产超额收益在以数量扩张为主的经济增长模式下，易造成再生产过程中的资本过剩，要除弊兴利，在根本上来说，只有改变经济增长模式，从依靠数量扩张转向依靠技术、人力资源等创造性活动中来，从过度的完全竞争状态转向基于垄断竞争的异质化生产，实现资本积累方式的跃迁。

从发达国家经济变迁历程来看，创新和异质化生产是摆脱数量扩张型经济增长，实现资本积累模式跃迁的根本途径。自中国经济步入新常态以来，随着数量型经济增长的空间日渐萎缩，以创新驱动为核心的动能转化问题成为关乎国民经济长远健康发展的首要问题。此情形与20世纪80～90年代同样遭遇困境的美国、英国、德国经济十分相似。因而，中国的创新驱动发展依然是又一经济强国即将崛起的历史重演，具有历史的必然性，关键是要认清规律，客观评判自身优劣势，找准转型瓶颈问题，寻求有效突破口。

从马克思主义政治经济学视角看，在国际垄断资本增殖规律的支配下，处在全球化浪潮中的中国企业难以具备走上创新驱动发展的环境和条件，无论是主观还是客观上都缺乏自主创新的意愿和能力。在此情形下，即使我国在宏观上为推动创新进行大规模的政府投入，在市场环境之外培育出具有创新能力的人才，或者在教育、科研的个别领域取得世界领先的成就，也极有可能在市场规律的作用下被发达国家虹吸过去，成为别国创新优势得以保持的有生力量。因而，中国要实现创新驱动发展，唯有以人为力量实现资本积累模式的跃迁，脱离现有国际垄断资本支配的全球资源配置方式，才能将创新变为中国经济增长之必需、企业发展之必备，从而在根本上消除中等收入阶段中国资本积累的基本矛盾，推进中国向高收入国家迈进。

从当今全球的创新体系构成来看，中国应强化合作共赢，以核心技术引入或合作研发为基础，以进军国际市场和本国需求升级为牵引，开展自主研发并打造核心竞争力，首先力争进入国际垄断资本所打造的价值链的中上游位置。具体路径可概括为如下两个方面：

第一，加快扶持和组建主要面向国际市场、参与国际竞争的跨国公司。一国要实现资本积累模式的跃迁，核心是要让价值创造的主体——劳动者具有从事创造性复杂劳动的能力，离开了劳动者劳动技能的提高和创造力的增强，即使带来表象上的技术进步和产品升级，也只不过是以实物资本为主体的传统资本积累模式的再次巩固。但要使资本愿意将投入转移到劳动者身上，而不是直接从国外购买现成的专利技术、核心部件、设备等，就必须让资本增殖建立在获取垄断利润而非平均利润上来。需要强调的是，这里的垄断利润，并不来自特许经营权获取的行政性垄断，而是基于创新形成的市场垄断。

对于当前的中国而言，由于14亿人口的庞大消费力还有进一步挖掘的空间，足以让追求数量扩张的资本在一段时间内仍有相当大的生存和发展空间，因而倘若企业仅立足本土市场，并非一定要走上靠获取垄断利润来实现增殖的道路，即使获取垄断利润，也可通过直接向国外购买来实现，无须在劳动者身上进行更大的投入。所以，中国要实现创新驱动发展，实现资本积累模式的跃迁，必须要让一部分资本暂时性地脱离原本广阔的本土市场，而转向以异质化竞争为主的国际市场，通过和世界同类尖端企业的竞争，意识到自主创新的重要性和培育创新型劳动者的紧迫性。在历史上，日本、韩国的企业无不是通过残酷的国际竞争而培育起松下、东芝、丰田、本田、三星、现代等世界一流的跨国公司，而这些巨头公司无不对本国经济结构调整和产业转型升级起到了关键性的引导作用。当前，中国拥有的世界500强企业已经超过美国，具有航空母舰型规模的特大型企业数量居全球之首，但是能够参与到国际市场的异质化竞争并取得优势的企业数量并不多，且主要集中在家电、计算机、手机等接近终端消费市场的行业，企业的技术研发、产品功能的升级等创新环节大部分在国外进行，而在本国只进行加工制造，显然这种国际化发展模式对于改变国内经济结构、推进资本积累模式跃迁的作用微乎其微。因此，国家应做好大型企业集团"走出去"的顶层设计，避免企业为了国际化而国际化，造成本国优势资本外流，并加剧本国经济增长模式固化的风险。

这里要重点解决的问题是：应重点扶植哪些企业走出去？从推进资本积累模式跃迁的角度来看，判定国家是否应扶植一个企业走出去，并不在于企业本身规模有多大、盈利能力有多强，而关键要看：首先，走出去的企业进入国际市场后，是否会处在异质化竞争的市场格局。即国际市场上既要存在与之生产同类产品，但又存在多样性差异的竞争对手。竞争的核心是品质、功能等质量型要素，而不是价格、成本等数量型要素。其次，走出去的企业竞争所依托的科技资源是否居于国际前沿。创新的实质是不断推陈出新，要保证中国企业摆脱对国际资本的技术依赖，获取他国企业难以取代的创新优势，必须紧跟全球科技革命浪潮，将全球创新核心圈最新的研发成果和技术，通过"引入—消化—吸收—再创造"，转化到自身产品、业态、模式的创新上来，真正做到"人无我有"。最后，走出去的企业在打造国际竞争力过程中与本国创新资源的培育是否能够一致。这些企业所拥有的研发团队虽然是国际化的，但核心成员一定要来自本国教育和科研机构培养的创新型人才，只有如此，方能克制发达国家对创新人才的虹吸效应，为国内持续培养本国产业发展所需的高端人才提供保障。

第二，加快国内产业兼并重组，弱化竞争、强化合作，形成对内联合、对外竞争的新市场格局。创新型经济具有明显的规模递增的网络效应，即使同类企业之间存在激烈的竞争，也会因多样化程度的提高而成倍增加市场容量，从而使彼此相互竞争的企业得以长期相安无事地共存于一个市场，在相互借力、相互支撑中共同发展，因而在一个创新经济体内部，同类企业之间并非一定是有你无我是残酷景象，激烈竞争的结果往往会使双方的市场规模均得以扩大，从而实现共赢的局面。反观中国当前的市场格局，基于产业间分工的企业之间保持着应有的合作关系，但是产业内却存在严重的同质竞争，甚至于恶性竞争，企业生产设备、工艺流程十分相似，企业产品之间存在高度的可替代性。这种以同质化竞争为主的市场结构从根源上来说，与以数量扩张为主的传统资本积累模式相一致，只要该模式在中国经济增长中仍有存在的空间，就难以依靠市场自身的力量改变现状。所以，为营造创新型经济所需要的市场结构，政府需要对现有的产业格局进行宏观调整，推进产业内的资源整合，兼并重组，减少内耗，形成一致对外的合力。

但是，减少行业内的企业数量只是推进市场结构转变的第一步，更重要的是要保证整合后留存下来的优势企业能够与走上国际市场的跨国公司形成内外联动关系，为参与国际竞争的本土跨国公司提供需要的产品、设备、技术和原材料，保障本土跨国公司在国际市场上拥有较为持久的竞争力。所以，产业内部优化整合的第二步，是要以跨国公司因发展需要而产生的大量国内订单需求为牵引，刺激整合后的优势企业为跨国公司提供个性化技术、产品和服务，进而推进产业内部形成基于创新的垄断竞争格局。可以看出，国内产业行业内的兼并重组要以能够与跨国公司形成上下游的合作关系为宗旨，形成以跨国公司为中心，国内产业为其提供从原料到产品、设备的相互协作的市场格局，以便将国际竞争的压力转化为国内企业创新的动力。

总之，在全球化依然是大势所趋的形势下，中国要继续利用好全球化带来的种种机遇，提升外循环水平，以国际化为抓手，与国际垄断资本形成高端对接，积极参与国际竞争，培育基于创新的核心竞争力，并以本国的跨国公司为龙头拉动国内产业结构的优化整合与升级，形成以垄断竞争为基础的竞合市场格局，优化内循环体系。当前，我国的"一带一路"建设已经为中国企业的国际化路线指出了明确的方向，只要将跨国公司的培育和国内市场格局的重整与丝路沿线国家和地区的开放融合发展密切结合在一起，中国微观主体便会逐渐具备创新驱动发展的意愿、动力和能力，资本积累模式也将从依托数量扩张转向创新驱动和质量提升上来。

参 考 文 献

［1］Aghion P，Howitt P. 内生增长理论［M］. 陶然，倪彬华，汪林，等译．北京：北京大学出版社，2004.

［2］巴曙松，余芽芳．当前去产能背景下的市场化并购与政策配合［J］. 税务研究，2013（11）：3 – 8.

［3］保罗·巴兰，保罗·斯威齐．垄断资本：论美国的经济和社会秩序［M］. 北京：商务印书馆，1977.

［4］白让让．供给侧结构性改革下国有中小企业退出与"去产能"问题研究［J］. 经济学动态，2016（7）：65 – 74.

［5］蔡昉．跨越"中等收入陷阱"唯有改革［J］. 红旗文稿，2016（7）：40.

［6］蔡昉．"中等收入陷阱"的理论、经验与针对性［J］. 经济学动态，2011（12）：4 – 9.

［7］蔡昉．中国经济如何跨越"低中等收入陷阱"？［J］. 中国社会科学院研究生院学报，2008（1）：13 – 18.

［8］蔡洪斌．社会流动性与中等收入陷阱［J］. 企业观察家，2011（3）：60 – 61.

［9］蔡洪滨．最可怕的不平等是什么［J］. 中国企业家，2011（Z1）：38 – 40.

［10］蔡宗朝，吴非，李华民．金融资产配置激励与企业创新［J］. 金融理论与实践，2018（11）：1 – 6.

［11］陈爱雪．基于国外经验的我国天然气市场化定价及其机制设计［J］. 税务与经济，2016（6）：53 – 58.

[12] 陈经伟, 姜能鹏. 马克思价值转形理论的生命力体现与实践品格: 来自中国产业结构转型的数据考量 [J]. 金融评论, 2018, 10 (6): 106 - 120, 124.

[13] 陈丽萍, 姜雅. 中国能源矿产收益分析 [J]. 国土资源情报, 2006 (3): 40 - 46.

[14] 陈良. 国有企业资本结构及其优化 [J]. 财贸研究, 2003 (1): 78 - 80.

[15] 陈亮. 中国跨越 "中等收入陷阱" 的开放创新: 从比较优势向竞争优势转变 [J]. 马克思主义研究, 2011 (3): 50 - 61.

[16] 陈茜茜. 资源收益管理: 国外案例的经验与启示 [J]. 生产力研究, 2011 (10): 148 - 150.

[17] 陈剩勇, 曾秋荷. 国有企业 "双轨制" 用工制度改革: 目标与策略 [J]. 学术界, 2012 (1): 5 - 25.

[18] 陈小洪. 中国企业 30 年创新: 机制、能力和战略 [J]. 管理学报, 2009 (11): 142 - 1429.

[19] 陈言, 郭琪. 融资约束影响企业行为的作用机制研究 [J]. 理论学刊, 2019 (2): 80 - 86.

[20] 陈彦斌, 刘哲希. 中国企业创新能力不足的核心原因与解决思路 [J]. 学习与探索, 2017 (10): 115 - 124, 176.

[21] 陈彦斌, 姚一旻, 陈小亮. 中国经济增长困境的形成机理与应对策略 [J]. 中国人民大学学报, 2013, 27 (4): 27 - 35.

[22] 陈祖海, 丁莹. 资源税费制度演进及绿色转型政策选择 [J]. 中南民族大学学报 (人文社会科学版), 2018, 38 (6): 134 - 138.

[23] 程恩富, 谭劲松. 创新是引领发展的第一动力 [J]. 马克思主义与现实, 2016 (1): 13 - 19.

[24] 程霖, 刘凝霜. 经济增长、制度变迁与 "民营经济" 概念的演生 [J]. 学术月刊, 2017, 49 (5): 59 - 73.

[25] 戴利研. 资源型主权财富基金运营模式研究: 以挪威和俄罗斯主权财富基金为例 [J]. 世界经济与政治论坛, 2012 (6): 35 - 44.

[26] 戴一鑫, 吕有金, 姜青克. 资本过度积累与中国经济动态效率: 基于土地财政视角的一个解释 [J]. 经济问题探索, 2018 (6): 11 - 20.

[27] 党晋华, 贾彩霞, 徐涛, 徐世柱. 山西省煤炭开采环境损失的经济核

算 [J]. 环境科学研究, 2007 (4): 155 – 160.

[28] 德步. 中国民营经济的发展历程 [J]. 行政管理改革, 2018 (9): 40 – 47.

[29] 邓雪琳. 改革开放以来中国政府职能转变的测量: 基于国务院政府工作报告 (1978—2015) 的文本分析 [J]. 中国行政管理, 2015 (8): 30 – 36.

[30] 丁肖逵. 从马克思扩大再生产公式来研究生产资料优先增长的原理, [J]. 经济研究, 1956 (4): 23 – 40.

[31] 杜彦其. 煤炭资源价值损耗与耗竭性补偿: 基于山西的实证研究 [J]. 生态经济, 2013 (10): 126 – 133.

[32] 樊纲. "发展悖论" 与 "发展要素": 发展经济学的基本原理与中国案例 [J]. 经济学动态, 2019 (6): 148 – 151.

[33] 樊纲, 张晓晶. "福利赶超" 与 "增长陷阱": 拉美的教训 [J]. 管理世界, 2008 (9): 12 – 24, 187.

[34] 樊丽明, 王东妮. 我国地方财政支出结构实证分析 [J]. 改革, 2001 (3): 71 – 80.

[35] 范振林, 马茁卉. 铁矿资源权益价值测度及评价 [J]. 中国人口·资源与环境, 2017, 27 (S1): 168 – 172.

[36] 冯飞, 石耀东, 梁仰椿, 来有为. 中国能源产业市场改革研究 [J]. 经济研究参考, 2004 (84): 33 – 40.

[37] 冯宗宪, 姜昕, 王青. 可耗竭资源价值理论与陕北能源价值补偿的实证研究 [J]. 资源科学, 2010, 32 (11): 2200 – 2209.

[38] 改变国富论: 衡量可持续发展的新千年方法 [R]. 世界银行, 2011.

[39] 干飞, 王玉芳. 完善矿产资源国家权益收益与分配管理制度 [J]. 当代经济, 2012 (13): 6 – 7.

[40] 高杰, 何平, 张锐. "中等收入陷阱" 理论述评 [J]. 经济学动态, 2012 (3): 83 – 89.

[41] 高梁. 浅析普京政府的经济改革政策 [J]. 当代经济研究, 2006 (8): 20 – 26.

[42] 高世辑, 卓贤. 发展中国家落入 "中等收入陷阱" 的原因分析与启示. 理论学刊, 2011 (12): 25 – 36.

[43] 谷亚光, 谷牧青. 论 "五大发展理念" 的思想创新、理论内涵与贯彻

重点［J］. 经济问题, 2016 (3)：1 – 6.

[44] 顾海良. 新发展理念的马克思主义政治经济学探讨［J］. 马克思主义与现实, 2016 (1)：1 – 7.

[45] 顾纪瑞. 界定中等收入群体的概念、方法和标准之比较［J］. 现代经济探讨, 2005 (10)：11 – 17.

[46] 顾夏铭, 陈勇民. 经济政策不确定性与创新：基于我国上市公司的实证分析［J］. 经济研究, 2018 (2)：109 – 123.

[47] 关雪凌, 张猛. 普京政治经济学解析［J］. 政治经济学评论, 2018, 9 (2)：143 – 170.

[48] 郭江山. 技术创新与"中等收入陷阱"：基于个人效用最大化的视角［M］. 北京：中国社会科学出版社, 2016.

[49] 郭晓琼. 俄罗斯联邦稳定基金的发展［J］. 俄罗斯中亚东欧市场, 2008 (1)：8 – 14.

[50] 郭玉清. 资本积累、技术变迁与总量生产函数：基于中国 1980—2005 年经验数据的分析［J］. 南开经济研究, 2006 (3)：79 – 89.

[51] 郭正模. "中等收入陷阱"：成因、理论解释与借鉴意义［J］. 社会科学研究, 2012 (6)：21 – 24.

[52] 国胜铁. 技术引进对我国产业结构升级的影响研究［J］. 经济纵横, 2016 (12)：91 – 95.

[53] 哈耶克. 物价与生产［M］. 滕维藻, 等译, 上海：上海人民出版社, 1958.

[54] 韩国高. 政策不确定性对企业投资的影响：理论与实证研究［J］. 经济管理, 2014 (12)：64 – 71.

[55] 郝威亚, 魏玮. 经济政策不确定性如何影响企业创新？：实物期权理论作用机制的视角［J］. 经济管理, 2016 (10)：40 – 54.

[56] 何东, 王红林. 利率双轨制与中国货币政策实施［J］. 金融研究, 2011 (12)：1 – 18.

[57] 何辉. 如何理解我国的企业社会责任现状：政府和企业关系的视角［J］. 中国社会科学院研究生院学报, 2013 (3)：139 – 144.

[58] 何祚庥, 罗劲柏. 马克思主义再生产理论的数学分析（三）在实现扩大再生产时第一部类和第二部类所必须满足的上升比例关系, 以及它

们的经济意义的分析 [J]. 清华政治经济学报, 2014, 2 (1): 177 - 202.

[59] 洪银兴. 准确认识供给侧结构性改革的目标和任务 [J]. 中国工业经济, 2016 (6): 14 - 21.

[60] 胡鞍钢. "中等收入陷阱" 逼近中国? [J]. 发展, 2011 (6): 19 - 20.

[61] 胡鞍钢. 中国如何跨越 "中等收入陷阱" [J]. 当代经济, 2010 (15): 7 - 8.

[62] 胡薇. 双轨制: 中国社会组织发展的现实路径分析 [J]. 中国行政管理, 2013 (6): 16 - 21.

[63] 胡艳红. 乘风破浪40年: 一本书读懂中国民营经济 [J]. 全国新书目, 2018 (10): 20 - 21.

[64] 黄健柏, 刘京星. "一带一路" 战略背景下金属产业国际产能合作研究 [J]. 中国人口·资源与环境, 2017, 27 (7): 1 - 7.

[65] 纪雯雯, 赖德胜. 人力资本结构与创新 [J]. 北京师范大学学报 (社会科学版), 2016 (5): 169 - 181.

[66] 季小立, 龚传洲. 区域创新体系构建中的人才集聚机制研究 [J]. 中国流通经济. 2010 (4): 73 - 76

[67] 江福秀. 关于建立和完善矿产资源收益分配制度的研究 [J]. 南方国土资源, 2007 (1): 19 - 22.

[68] 蒋健明, 汪应宏. 基于矿山地租理论演变视角下的矿产资源权益价值内涵研究 [J]. 金属矿山, 2017 (4): 12 - 14.

[69] 金雪军. 政策不确定性的宏观经济后果 [J]. 经济理论与经济管理, 2014 (2): 17 - 20.

[70] 靳庆鲁, 孔祥, 侯青川. 货币政策、民营企业投资效率与公司期权价值 [J]. 经济研究, 2012, 47 (5): 96 - 106.

[71] 景普秋, 范昊. 矿业收益管理与经济增长奇迹: 博茨瓦纳经验及对中国的启示 [J]. 中国地质大学学报 (社会科学版), 2013, 13 (2): 1 - 7, 140.

[72] 景普秋. 规避 "资源诅咒": 智利的矿业收益管理与经济多样化 [J]. 兰州商学院学报, 2015, 31 (4): 99 - 107.

[73] 景普秋. 基于矿产开发特殊性的收益分配机制研究 [J]. 中国工业经

济，2010（9）：15 - 25.

[74] 景普秋，张复明. 面向可持续发展的可耗竭资源管理 [J]. 管理世界，2007（7）：156 - 157.

[75] 景普秋. 资源收益分配机制及其对我国的启示：以矿产开发为例 [J]. 经济学动态，2015（1）：66 - 75.

[76] 景韬，王娟. 完善矿产资源税费体系的思考 [J]. 税务研究，2018（3）：99 - 104.

[77] 鞠晓生，卢获，虞义华. 融资约束、营运资本管理与企业创新可持续性 [J]. 经济研究，2013（1）：4 - 16.

[78] 瞿亦玮，张瑛. 经济发展进程中的需求结构变迁：中等收入阶段需求结构变化的跨经济体比较分析 [J]. 经济评论，2018（5）：160 - 170.

[79] 孔泾源. "中等收入陷阱"的国际背景、成因举证与中国对策 [J]. 改革，2011（10）：5 - 13.

[80] 黎文靖，胡玉明. 国企内部薪酬差距激励了谁？[J]. 经济研究，2012，47（12）：125 - 136.

[81] 黎永亮. 基于可持续发展理论的能源资源价值研究 [D]. 哈尔滨：哈尔滨工业大学，2006.

[82] 李凤羽，杨墨竹. 经济政策不确定性会抑制企业投资吗？：基于中国经济政策不确定指数的实证研究 [J]. 金融研究，2015（4）：115 - 129.

[83] 李刚. 基于资源租金的矿产资源权益金理论与计征方法研究 [D]. 北京：中国地质大学（北京），2016.

[84] 李刚. 基于资源租金实现效率的矿业权出让收益研究 [J]. 中国矿业，2017，26（3）：20 - 24.

[85] 李静，楠玉. 人力资本错配下的决策：优先创新驱动还是优先产业升级？[J]. 经济研究，2019（8）：152 - 166.

[86] 李林汉. 科技金融、人力资本与科技创新关系研究：来自中国省级面板数据的证据 [J]. 科技促进发展，2019（1）：26 - 35.

[87] 李敏波，王一鸣. 双轨制、价格市场化与总量投资分析 [J]. 经济学（季刊），2008（1）：93 - 110.

[88] 李停. 经济新常态下供给侧结构性改革的理论逻辑与路径选择 [J]. 现代经济探讨，2016（6）：20 - 24.

[89] 李晓莉,张宇,肖劲奔,樊春辉.我国矿产资源收益制度现状分析与对策建议 [J].中国矿业,2013,22 (10):44-47.

[90] 李晓敏,卢现祥.企业家才能、人才配置与经济增长 [J].贵州社会科学,2010 (9):75-80.

[91] 李晓西,胡必亮,林卫斌.中国能源改革战略:"两只手"协同作用 [J].经济研究参考,2013 (7):3-22.

[92] 李欣泽,陈言.资源错配变迁与工业经济增长:基于1980—2014年中国工业部门的研究 [J].山西财经大学学报,2017,39 (7):59-71.

[93] 李月,周密.跨越中等收入陷阱研究的文献综述 [J].经济理论与经济管理,2012 (9):64-72.

[94] 李振宇,黄格省,黄晟.推动我国能源消费革命的途径分析 [J].化工进展,2016,35 (1):1-9.

[95] 李致平.资本结构理论与国有企业债务负担 [J].经济理论与经济管理,1998 (2):8-13.

[96] 梁媛,杨勇,袁诚."两型"社会建设中政府、企业、公众的角色定位分析:以长株潭"两型"社会建设为例 [J].福建论坛(人文社会科学版),2009 (11):172-174.

[97] 林伯强,何晓萍.中国油气资源耗减成本及政策选择的宏观经济影响 [J].经济研究,2008 (5):94-104.

[98] 林伯强,刘希颖,邹楚沅,刘霞.资源税改革:以煤炭为例的资源经济学分析 [J].中国社会科学,2012 (2):58-78,206.

[99] 林毅夫.改革开放40年:我国经济和民营经济的发展 [J].经济导刊,2018 (6):30-33.

[100] 刘惠林,冯世则.马克思经济学中的最优增长理论 [J].中国社会科学,1986 (6):45-65.

[101] 刘尚希,朱长才,叶翠青,等.资源税、房产税改革及对地方财政影响分析 [J].经济研究参考,2013 (21):3-18.

[102] 刘卫华.中国经济增长路径的选择与实证分析 [J].统计与决策,2014 (5):125-127.

[103] 刘伟,蔡志洲.新世纪以来我国居民收入分配的变化 [J].北京大学学报(哲学社会科学版),2016,53 (5):92-105.

[104] 刘伟. 突破"中等收入陷阱"的关键在于转变发展方式 [J]. 上海行政学院学报, 2011, 12 (1): 4-11.

[105] 刘学武. 投资、消费、国际贸易与中国经济增长: 1989—1999 年经验分析 [J]. 世界经济, 2000 (9): 39-45.

[106] 刘易斯. 无限劳动供给下的经济发展 [J]. 曼彻斯特学报, 1954.

[107] 卢洪友, 杜亦譞, 祁毓. 中国财政支出结构与消费型环境污染: 理论模型与实证检验 [J]. 中国人口·资源与环境, 2015, 25 (10): 61-70.

[108] 芦思姮, 高庆波. 委内瑞拉: 资源诅咒与制度陷阱 [J]. 亚太经济, 2016 (5): 75-83.

[109] 陆庆春. 宏观经济不确定性与公司投资行为: 基于时期随机效应的实证研究 [J]. 河海大学学报, 2013 (11): 56-59.

[110] 吕冰洋. 中国资本积累的动态效率: 1978—2005 [J]. 经济学 (季刊), 2008 (2): 509-532.

[111] 吕志奎, 曾荣. 改革开放以来中国政府机构改革的创新路径 [J]. 社会主义研究, 2018 (5): 68-76.

[112] 马岩. 我国跨越中等收入陷阱的路径分析 [J]. 经济研究参考, 2009 (60): 31-32.

[113] 马岩. 我国面对中等收入陷阱的挑战及对策 [J]. 经济学动态, 2009 (7): 42-46.

[114] 马艳, 王琳, 杨培祥. "中国特色社会主义新时代"的资本积累的社会结构理论 [J]. 学术月刊, 2018, 50 (10): 58-68.

[115] 孟昊. 投资消费转换与中国经济增长的协整分析 [J]. 经济纵横, 2011 (9): 31-34.

[116] 聂丹. 霍太林定理拓展框架下的可耗竭品价格决定: 中国增长模式中经济产出与社会福利损失思考 [J]. 财经研究, 2009, 35 (12): 84-95.

[117] 齐传钧. 走出"中等收入陷阱": 智利道路探析 [J]. 经济社会体制比较, 2018 (4): 131-138.

[118] 渠敬东, 周飞舟, 应星. 从总体支配到技术治理: 基于中国 30 年改革经验的社会学分析 [J]. 中国社会科学, 2009 (6): 104-127, 207.

[119] 权衡．消除分配不公实现真正的中国经济奇迹 [J]．探索与争鸣，2010 (9)：3－6，2．

[120] 任泽平，张庆昌．供给侧改革去产能的挑战、应对、风险与机遇 [J]．发展研究，2016 (4)：7－13．

[121] 芮雪琴，李环耐．科技人才聚集与区域创新能力互动关系实证研究：基于2001－2010年省际面板数据 [J]．科技进步与对策，2014 (6)：23－28．

[122] 邵帅、齐中英，西部地区能源开发与经济增长：基于"资源诅咒"假说的实证分析 [J]．经济研究，2008 (4)：147－160．

[123] 申慧慧，于鹏，吴联生．国有股权、环境不确定性与投资效率 [J]．经济研究，2012，47 (7)：113－126．

[124] 沈坤荣，孙文杰．投资效率、资本形成与宏观经济波动：基于金融发展视角的实证研究 [J]．中国社会科学，2004 (6)：52－63，205．

[125] 沈毅．经济政策不确定性、高管过度自信与企业创新 [J]．经济问题探索，2019 (2)：39－50．

[126] 史丹．产业关联与能源工业市场化改革 [J]．中国工业经济，2005 (12)：14－21．

[127] 史晋川，郎金焕．中国的民营经济与区域经济发展 [J]．山东大学学报（哲学社会科学版），2018 (1)：7－17．

[128] 宋丽颖，王琰．公平视角下矿产资源开采收益分享制度研究 [J]．中国人口·资源与环境，2016，26 (1)：70－76．

[129] 宋迎法，吴晓兰．企业、政府与社会关系的研究：文献述评 [J]．理论月刊，2012 (6)：139－143．

[130] 宋宇，杨佩卿．中等收入陷阱的东亚式规避 [M]．北京：科学出版社，2014．

[131] 孙涛，张怡梦．从转变政府职能到绩效导向的服务型政府：基于改革开放以来机构改革文本的分析 [J]．南开学报（哲学社会科学版），2018 (6)：1－10．

[132] 孙永平，叶初升．自然资源丰裕与产业结构扭曲：影响机制与多维测度 [J]．南京社会科学，2012 (6)：1－8．

[133] 孙永平，张平，叶初升．资源收益、创新要素与创新能力 [J]．南京

社会科学，2016（11）：17－24.

[134] 谭旭红，谭明军，刘德路．关于我国矿产资源税费体系改革的思考
[J].煤炭经济研究，2006（6）：34－36.

[135] 探讨矿产资源收益管理的新制度：体现资源作为资本的属性[J].中
国国土资源经济，2010，23（7）：1.

[136] 唐清泉，卢博科，袁莹翔．工业行业的资源投入与创新效率：基于中
国大中型工业部门的研究[J].数量经济技术经济研究，2009，26
（2）：3－17.

[137] 唐任伍．五大发展理念塑造未来中国[J].红旗文稿，2016（1）：
14－17.

[138] 唐衍伟．中国煤炭资源消费状况与价格形成机制研究[J].资源科学，
2008（4）：554－559.

[139] 陶健，鲍身玉，于秀琴．生态资源价值认知及其核算体系构建：以雄
安新区整体性治理中的应用为例[J].行政论坛，2019，26（3）：
80－86.

[140] 田雪原．"中等收入陷阱"的人口城市化视角[J].甘肃理论学刊，
2011（7）：40－41.

[141] 童亮，张洪潮，煤炭主体功能区视域下的市场集中度优化研究[J].
商业研究，2013（4）：90－96.

[142] 王保忠，黄解宇，王保庆．科学的煤炭资源价格机制：富煤省份发展
循环经济的基本前提：以山西省为例[J].资源科学，2009，31
（6）：1069－1080.

[143] 王成进．构建以人的需求为中心的经济增长分析框架：基于马克思需
求理论的探讨[J].南方金融，2018（11）：3－11.

[144] 王迪，张言方，殷琴，聂锐．中国煤价波动成因及其价格发现能力研
究[J].资源科学，2013，35（8）：1643－1650.

[145] 王刚．地方政府职能转变的运作机制探析：国家治理现代化的语境
[J].技术经济与管理研究，2018（6）：98－103.

[146] 王健，袁瀚坤．政府补贴、融资约束与民营企业创新：来自中国A股
上市公司的经验证据[J].金融与经济，2019（3）：47－52.

[147] 王娟，苗韧，周伏秋．"十三五"能源与煤炭市场化改革与发展[J].

煤炭经济研究，2015，35（1）：9 - 13.

[148] 王小鲁，樊纲，刘鹏. 中国经济增长方式转换和增长可持续性 [J].
经济研究，2009（1）：4 - 16.

[149] 王雪婷，王金洲. 国内外矿产资源收益分配制度比较研究 [J]. 科技
创业月刊，2012，25（8）：37 - 38.

[150] 王雪婷，王金洲. 矿产资源所有者收益分配制度研究 [J]. 科技创业
月刊，2012，25（9）：70 - 71，74.

[151] 王亚男. 混合所有制经济中政府职能转型研究 [J]. 江淮论坛，2018
（6）：68 - 73.

[152] 王艺明，刘一鸣. 马克思主义两大部类经济增长模型的理论与实证研
究 [J]. 经济研究，2018，53（9）：37 - 51.

[153] 维托·坦茨. 政府与市场：变革中的政府职能 [M]. 王宇，译. 北
京：商务印书馆，2014.

[154] 魏枫. 资本积累、技术进步与中国经济增长路径转换 [J]. 中国软科
学，2009（3）：39 - 45，88.

[155] 魏敬淼，郑皓辉，李显冬. 中国矿产资源收益体系的反思与重构 [J].
中国国土资源经济，2013，26（9）：8 - 11.

[156] 魏晓平，王新宇. 矿产资源最适耗竭经济分析 [J]. 中国管理科学，
2002（5）：79 - 82.

[157] 温铁军，罗士轩，董筱丹，刘亚慧. 乡村振兴背景下生态资源价值实
现形式的创新 [J]. 中国软科学，2018（12）：1 - 7.

[158] 文博杰，陈毓川，王高尚，代涛. 2035 年中国能源与矿产资源需求展
望 [J]. 中国工程科学，2019，21（1）：68 - 73.

[159] 文雁兵. 发展型政府的阵痛：名义攫取之手与资源诅咒效应 [J]. 经
济社会体制比较，2018（5）：116 - 126.

[160] 翁非. 我国能源价格市场化改革成效研究：基于煤、电、油价格数据
面板协整关系的检验 [J]. 煤炭经济研究，2012，32（1）：51 - 56.

[161] 吴建新. 技术、效率、资本积累与中国地区发展差异 [J]. 数量经济
技术经济研究，2009，26（11）：28 - 38，62.

[162] 吴建新. 资本积累，全要素生产率与中国地区发展差异：基于动态分
布方法的研究 [J]. 统计研究，2008（11）：18 - 23.

[163] 吴敬琏. 实现经济发展模式的转变 [J]. 中国改革, 2008 (11): 111 - 112.

[164] 吴帅. 利益竞争下的政府间事权划分: 冲突与化解 [J]. 政法论坛, 2018, 36 (4): 134 - 142.

[165] 吴雁飞. 中国能源产业市场化改革 (1978—2012): 基于国际视角的分析 [J]. 中国与世界, 2015 (0): 116 - 130.

[166] 吴义刚. 马克思经济增长理论的内涵及其拓展 [J]. 江苏工业学院学报 (社会科学版), 2008 (2): 48 - 51.

[167] 解维敏, 方红星. 金融发展、融资约束与企业研发投入 [J]. 金融研究, 2011 (5): 171 - 183.

[168] 邢志平, 靳来群. 政府干预的金融资源错配效应研究: 以中国国有经济部门与民营经济部门为例的分析 [J]. 上海经济研究, 2016 (4): 23 - 31, 68.

[169] 熊艾伦, 蒲勇健, 张勇. "一带一路" 与过剩产能转移 [J]. 求索, 2015 (12): 75 - 79.

[170] 熊彼特. 经济发展理论 [M]. 何畏, 易家详, 译. 北京: 商务印书馆, 1990.

[171] 徐康宁, 王剑. 自然资源丰裕程度与经济发展水平关系的研究 [J]. 经济研究, 2006 (1): 78 - 89.

[172] 徐士元, 陈军. 市场化改革对我国能源利用效率的影响 [J]. 统计与决策, 2009 (23): 64 - 66.

[173] 徐维祥, 汪彩君, 唐根年. 中国制造业资本积累动态效率变迁及其与空间集聚关系研究 [J]. 中国工业经济, 2011 (3): 78 - 87.

[174] 徐晓华, 高昊. 中国煤炭价格对 GDP 价格总水平和相关产业价格影响的实证研究 [J]. 中国人口·资源与环境, 2014, 24 (S1): 155 - 158.

[175] 徐永慧, 李月. 跨越中等收入陷阱中全要素生产率的作用及比较 [J]. 世界经济研究, 2017 (2): 88 - 98, 136 - 137.

[176] 许大纯. 我国矿产资源税费制度改革与发展的历程与经验 [J]. 中国矿业, 2010, 19 (4): 1 - 3, 7.

[177] 严立冬, 李平衡, 邓远建, 屈志光. 自然资源资本化价值诠释: 基于

自然资源经济学文献的思考 [J]. 干旱区资源与环境, 2018, 32 (10): 1-9.

[178] 杨雷. 从霍多尔科夫斯基案件看俄罗斯私营石油资本与政府的关系 [J]. 俄罗斯中亚东欧市场, 2005 (11): 24-27.

[179] 杨庆舟, 汪达慧. 当前我国能源产业市场化改革的难点分析及政策建议 [J]. 煤炭经济研究, 2006 (2): 18-22.

[180] 杨源源. 财政支出结构、通货膨胀与非李嘉图制度: 基于 DSGE 模型的分析 [J]. 财政研究, 2017 (1): 64-76, 88.

[181] 杨云母. 出口产业结构与外贸经济效益 [J]. 吉林财贸学院学报, 1991 (4): 46-50.

[182] 杨再斌, 匡霞. 资本市场发展与经济增长均衡关系协整检验 [J]. 同济大学学报 (自然科学版), 2005 (6): 848-852.

[183] 姚丽. 中国劳动报酬占国内生产总值比重偏低的成因及对策分析 [J]. 商, 2016 (17): 63.

[184] 姚毓春, 袁礼, 董直庆. 劳动力与资本错配效应: 来自十九个行业的经验证据 [J]. 经济学动态, 2014 (6): 69-77.

[185] 义博. 财政支出及其结构的经济效应: 国外研究评述 [J]. 经济评论, 2012 (2): 139-145, 160.

[186] 易兰, 杨历, 李朝鹏, 任凤涛. 欧盟碳价影响因素研究及其对中国的启示 [J]. 中国人口·资源与环境, 2017, 27 (6): 42-48.

[187] 印德尔米特·吉尔, 霍米·卡拉斯. 东亚复兴: 关于经济增长的观点 [M]. 黄志强, 译. 北京: 中信出版社, 2008.

[188] 于津平. 中国经济增长模式转型路径探究 [J]. 社会科学战线, 2010 (7): 35-41.

[189] 于立宏, 郁义鸿. 纵向结构特性与电煤价格形成机制 [J]. 中国工业经济, 2010 (3): 65-75.

[190] 于立, 刘劲松. 中国煤、电关系的产业组织学分析 [J]. 中国工业经济, 2004 (9): 50-56.

[191] 余明桂, 钟慧洁, 范蕊. 民营化、融资约束与企业创新: 来自中国工业企业的证据 [J]. 金融研究, 2019 (4): 75-91.

[192] 喻坤, 李治国, 张晓蓉, 等. 企业投资效率之谜: 融资约束假说与货

币政策冲击 [J]. 经济研究, 2014, 49 (5): 106 – 120.

[193] 岳嵩. 新时代政府职能转变的四个向度 [J]. 人民论坛, 2019 (11): 50 – 51.

[194] 臧旭恒, 张继海. 收入分配对中国城镇居民消费需求影响的实证分析 [J]. 经济理论与经济管理, 2005 (6): 5 – 10.

[195] 张德荣. "中等收入陷阱" 发生机理与中国经济增长的阶段性动力 [J]. 经济研究, 2013, 48 (9): 17 – 29.

[196] 张复明, 景普秋. 资源型经济的形成: 自强机制与个案研究 [J]. 中国社会科学, 2008 (5): 117 – 130.

[197] 张华新, 刘海莺. 基于安全的能源市场化改革研究 [J]. 当代经济管理, 2007 (6): 1 – 3.

[198] 张建华, 程文. 服务业供给侧结构性改革与跨越中等收入陷阱 [J]. 中国社会科学, 2019 (3): 39 – 61, 205.

[199] 张建英. 我国煤炭价格影响因素的 VAR 模型分析 [J]. 经济问题, 2016 (1): 108 – 112.

[200] 张军, 资本形成、投资效率与中国的经济增长 [M]. 北京: 清华大学出版社, 2006.

[201] 张丽华, 王睿, 田振中. 基于 VAR 模型的动力煤价格波动性分析 [J]. 经济问题, 2016 (12): 52 – 56.

[202] 张利爽. "资源诅咒" 视角下委内瑞拉经济发展研究 [J]. 商, 2015 (17): 285.

[203] 张琳, 郭雨娜, 王亚辉. 中国轻、重工业企业集约用地影响因素比较研究 [J]. 工业技术经济, 2015, 34 (8): 50 – 58.

[204] 张美云. 产品空间理论及其对 "中等收入陷阱" 解释研究新进展 [J]. 区域经济评论, 2016 (6): 133 – 140.

[205] 张其仔, 伍业君, 王磊. 经济复杂度、地区专业化与经济增长: 基于中国省级面板数据的经验分析 [J]. 经济管理, 2012, 34 (6): 1 – 9.

[206] 张奇. 电力行业进一步市场化改革研究 [J]. 财经问题研究, 2014 (S2): 24 – 27.

[207] 张述存. 境外资源开发与国际产能合作转型升级研究: 基于全球产业

链的视角 [J]. 山东社会科学, 2016 (7): 135 –141.

[208] 张同斌. 从数量型"人口红利"到质量型"人力资本红利": 兼论中国经济增长的动力转换机制 [J]. 经济科学, 2016 (5): 5 –17.

[209] 张翔. 改革进程中的政府部门间协调机制 [M]. 北京: 社会科学文献出版社, 2014.

[210] 张晓婉, 刘莉. 中国投资消费结构失衡研究 [J]. 经济研究导刊, 2014 (20): 4 –5.

[211] 张晓, 郑玉歆, 裴兰思. 生产率研究中的资本投入替代度量 [J]. 数量经济技术经济研究, 1995 (3): 26 –34.

[212] 张秀文. 论转型期我国外资经济的发展 [J]. 中国外资, 2012 (8): 207.

[213] 张璇, 刘贝贝. 信贷寻租、融资约束与企业创新 [J]. 经济研究. 2017 (5): 161 –174.

[214] 张艳芳. 矿产资源开发收益合理共享机制研究: 基于 Shapley 值修正算法的分析 [J]. 资源科学, 2018, 40 (3): 645 –653.

[215] 张玉明, 刘德胜. 企业文化、人力资源与中小型科技企业成长关系研究 [J]. 科技进步与对策, 2010 (5): 82 –89.

[216] 张卓元. 中国国有企业改革三十年: 重大进展、基本经验和攻坚展望 [J]. 经济与管理研究, 2008 (10): 5 –19.

[217] 赵峰, 李彬. 马克思两部类模型视角下的中国省域经济结构分析 [J]. 马克思主义研究, 2017 (4): 61 –68.

[218] 赵志泉, 杨云. 劳动报酬占比"U"型变化倒逼中国制造业管理创新研究 [J]. 创新科技, 2016 (1): 14 –16.

[219] 赵志耘, 吕冰洋, 郭庆旺, 等. 资本积累与技术进步的动态融合: 中国经济增长的一个典型事实 [J]. 经济研究, 2007 (11): 18 –31.

[220] 赵志耘, 吕冰洋. 中国经济增长过程中的资本积累趋势与地区差异 [J]. 中国人民大学学报, 2005 (4): 63 –70.

[221] 郑秉文. 拉美"过度城市化"与中国"浅度城市化"的比较 [J]. 中国党政干部论坛, 2011 (7): 42 –45.

[222] 郑秉文. "中等收入陷阱"与中国发展道路: 基于国际经验教训的视角 [J]. 中国人口科学, 2011 (1): 2 –15, 111.

[223] 郑毓盛，曾澍基，陈文鸿．中国农业生产在双轨制下的价格反应［J］．经济研究，1993（1）：16-25.

[224] 中国经济增长前沿课题组，张平，刘霞辉，袁富华，陈昌兵．突破经济增长减速的新要素供给理论、体制与政策选择［J］．经济研究，2015，50（11）：4-19.

[225] 周民良．"一带一路"跨国产能合作既要注重又要慎重［J］．中国发展观察，2015（12）：15-18.

[226] 周伟，武康平．个税免征额、税率与拉弗曲线［J］．经济家，2011（10）：68-76.

[227] 周文．经济学发展趋势与中国经济学的新建构［C］//外国经济学说与中国研究报告（2014）．中华外国经济学说研究会，2015：12.

[228] 周学．经济大循环理论：破解中等收入陷阱和内需不足的对策［J］．经济学动态，2010（3）：48-57.

[229] 周煜皓．我国企业创新融资约束结构性特征的表现、成因及治理研究［J］．管理世界，2017（4）：184-185.

[230] 周志忍，徐艳晴．基于变革管理视角对三十年来机构改革的审视［J］．中国社会科学，2014（7）：66-86.

[231] 朱解放．马克思经济效益与经济发展理论探析［J］．湖南社会科学，2018（4）：159-163.

[232] 朱启荣，言英杰．中国外贸增长质量的评价指标构建与实证研究［J］．财贸经济，2012（12）：87-93.

[233] 朱稳根，李文军．我国财政支出结构的演进与优化对策［J］．经济纵横，2013（3）：41-44.

[234] 朱永明，贾明娥．市场化进程、融资约束与企业技术创新：基于中国高新技术企业2010—2014年数据的分析［J］．商业研究，2017（1）：49-56.

[235] 邹绍辉，张金锁．我国煤炭价格变动模型实证研究［J］．煤炭学报，2010，35（3）：525-528.

[236] Agenor P R. Middle-Income Growth Traps［J］. Research in Economics, 2015, 69（4）：641-660.

[237] Agenor P R. Optimal Fiscal Management of Commodity Price Shocks［J］.

Journal of Development Economics, 2016, 122 (4): 183 – 196.

[238] Aizenman J, Marion N. Volatility and Investment: Interpreting Evidence from Developing Countries [J]. Economica, 1999, 66 (262): 157 – 179.

[239] Amany E A, Kamiar M, Nugent J B. Oil, Volatility and Institutions: Cross-Country Evidence from Major Oil Producers [J]. Federal Reserve Bank of Dallas, Globalization and Monetary Policy Institute Working Papers, 2017 (310).

[240] Amiri H, Samadian F, Yahoo M, et al. Natural Resource Abundance, Institutional Quality and Manufacturing Development: Evidence from Resource-Rich Countries [J]. Resources Policy, 2019, 62: 550 – 560.

[241] Araujo J D, Li B G, Poplawski-Ribeiro M, et al. Current Account Norms in Natural Resource Rich and Capital Scarce Economies [J]. Journal of Development Economics, 2016, 120: 144 – 156.

[242] Arezki R, Frederick V D P. Trade policies, Institutions and the Natural Resource Curse [J]. Applied Economics Letters, 2010, 17 (15): 1443 – 1451.

[243] Auty R M. Resource Abundance and Economic Development [M]. Oxford: Oxford University Press, 2001.

[244] Auty R M. Resource-Based Industrialization: Sowing the Oil in Eight Developing Countries [M]. New York: Oxford University Press, 1990.

[245] Auty R M. Sustaining Development in Mineral Economies: The Resource Curse Thesis [M]. London: Routledge, 1993.

[246] Auty R M. The Political Economy of Resource-Driven Growth [J]. European Economic Review, 2001, 45 (4): 839 – 846.

[247] Badeeb R A, Lean H H, Clark J. The Evolution of the Natural Resource Curse Thesis: A Critical Literature Survey [J]. Resources Policy, 2017, 51: 123 – 134.

[248] Barnett S A, Ossowski R. Operational Aspects of Fiscal Policy in Oil-Producing Countries [R]. IMF Working Papers, 2002.

[249] Basdevant O. Are Diamonds Forever? Using The Permanent Income Hypoth-

esis to Analyze Botswana's Reliance on Diamond Revenue [R]. IMF Working Papers, 2008.

[250] Beard R. The Inclusion of Natural Resource Wealth in the Index of Economic Well-Being: Results for OECD Countries, 1980–2013 [R]. CSLS Research Reports, 2017.

[251] Bems R, Filho I D C. The Current Account and Precautionary Savings for Exporters of Exhaustible Resources [J]. Journal of International Economics, 2011, 84 (1): 1–64.

[252] Berg A, Portillo R, Yang S-C, Zanna L-F. Government Investment in Resource Abundant Low-Income Countries [R]. Mimeo, Washington, D. C: International Monetary Fund, 2001.

[253] Berg A, Portillo R, Yang S C S, et al. Public Investment in Resource-Abundant Developing Countries [J]. IMF Economic Review, 2013, 61 (1): 92–129.

[254] Bhattacharyya S, Collier P. Public Capital in Resource Rich Econmies: Is There a Curse? [J]. Oxford Economic Papers, 2014, 66 (1): 1–24.

[255] Boschini A D, Pettersson J, Roine J. Resource Curse or Not: A Question of Appropriability [J]. Scandinavian Journal of Economics, 2007, 109 (3): 593–617.

[256] Bravo-Ortega C, De Gregorio J. The Relative Richness of the Poor? Natural Resources, Human Capital, and Economic Growth [M]. Social Science Electronic Publishing, 2005.

[257] Bretschger L, Smulders S. Sustainability and Substitution of Exhaustible Natural Resources How Structural Change Affects Long-Term R&D-Investments [J]. Journal of Economic Dynamics & Control, 2012, 36 (4): 536–549.

[258] Brower M. Entrepreneur Ship and Uncertainty: Innovation and Competition Among the Many [J]. Small Business Economics, 2000, 15 (2): 149–160.

[259] Chambers D, Munemo J. Natural Resource Dependency and Entrepreneurship: Are Nations with High Resource Rents Cursed? [J]. Journal of Inter-

national Development, 2018.

[260] Cherif R, Hasanov F. Oil Exporters' Dilemma: How Much to Save and How Much to Invest [J]. World Development, 2013, 52: 120 – 131.

[261] Cohen B J. Sovereign Wealth Funds and National Security: The Great Tradeoff [J]. International Affairs, 2010, 85 (4): 713 – 731.

[262] Collier P, Goderis B. Commodity Prices, Growth, and the Natural Resource Curse: Reconciling A Conundrum [R]. MPRA Paper, 2008.

[263] Collier P, Goderis B. Does Aid Mitigate External Shocks? [J]. Review of Development Economics, 2009, 13 (3): 429 – 451.

[264] Collier P, Goderis B. Prospects for Commodity Exporters: Hunky Dory or Humpty Dumpty? [M]. Social Science Electronic Publishing, 2007.

[265] Collier P, Hoeffler A. Testing The Neocon Agenda: Democracy in Resource-Rich Societies [J]. European Economic Review, 2009, 53 (3): 1 – 308.

[266] Collier P, Rick V D P, Spence M, et al. Managing Resource Revenues in Developing Economies [J]. Oxcarre Working Papers, 2010, 57 (1): 84 – 118.

[267] Collier P, Venables A J, Venables T. Public Saving and Private Spending. In Plundered Nations? Successes and Failures In Natural Resource Extraction [Z]. 2011.

[268] Collier P, Venables A J. Managing Resource Revenues: Lessons for Low Income Countries [R]. Oxcarre Working Papers, 2008.

[269] Collier P, Venables A. Managing The Exploitation of Natural Assets: Lessons for Low Income Countries [R]. OxCarre Working Papers, 2008.

[270] Collier P. Growth Strategies for Africa [R]. World Bank Publications, The World Bank, 2008.

[271] Corden W M, Neary J P. Booming Sector and De-Industrialisation in a Small Open Economy [J]. Economic Journal, 1982, 92 (368): 825 – 848.

[272] Corden W M. Boom Sector and Dutch Disease Economics: Survey and Consolidation [J]. Oxford Economic Papers, 1984, 36 (3): 359 – 380.

[273] Coulibaly S. . Impact of Natural Resource Wealth on Non-Resource Tax Revenue Mobilization in Africa: Do Institutions and Economic Diversification Matter? [R]. Working Papers, 2019.

[274] Davis J, Ossowski R, Daniel J, Stabilization and Savings Funds for Non-Renewable Resources: Experience and Fiscal Policy Implications [R]. IMF Occasional Paper No. 205, Washington, D. C: International Monetary Fund, 2001.

[275] Delechat C C, Jr J W C, Kabedimbuyi M, et al. Harnessing Resource Wealth for Inclusive Growth in Fragile States [J]. Social Science Electronic Publishing, 2015, 15 (25): 256 –293.

[276] Eifert B, Gelb A, Tallroth N B. The Political Economy of Fiscal Policy and Economic Management in Oil Exporting Countries [M]. Social Science Electronic Publishing, 2002.

[277] Fagerberg J, Mowery D, Verspagen B. Innovation, Path Dependency, and Policy [M]. Oxford: Oxford University Press, 2009.

[278] Gilberthorpe E, Papyrakis E. The Extractive Industries and Development: The Resource Curse at the Micro, Meso and Macro Levels [J]. The Extractive Industries and Society, 2015, 2 (2): 381 –390.

[279] Glawe L, Wagner H. The Middle-Income Trap-Definitions, Theories and Countries Concerned: A Literature Survey [M]. Social Science Electronic Publishing, 2016.

[280] Growitsch C, Hecking H, Panke T. Supply Disruptions and Regional Price Effects in a Spatial Oligopoly: An Application to the Global Gas Market [J]. Review of International Economics, 2014, 22 (5): 944 –975.

[281] Gunton T. Energy Rent and Public Policy: An Analysis of the Canadian Coal Industry [J]. Energy Policy, 2004, 32 (2): 151 –163.

[282] Hall R E, Jones C I. Why Do Some Countries Produce So Much More Output Per Worker Than Others [J]. Quarterly Journal of Economics, 1999, 114 (1): 83 –116.

[283] Harding T, Van der Ploeg F. Official Forecasts and Management of Oil Windfalls [J]. Discussion Papers, 2012, 20 (5): 827 –866.

[284] Harding T, Venables A J. The Implications of Natural Resource Exports for Nonresource Trade [J]. IMF Economic Review, 2016, 64 (2): 268 – 302.

[285] Harding T. Venables A J. Foreign Exchange Windfalls, Imports and Exports [M]. Unpublished University of Oxford, 2010.

[286] Hartwell C A. The Institutional Basis of Efficiency in Resource-Rich Countries [J]. Economic Systems, 2016, 40 (4).

[287] Havranek T, Horvath R, Zeynalov A. Natural Resources and Economic Growth: A Meta-Analysis [J]. World Development, 2016, S0305750X15 313000.

[288] Hook S, Law, Maryam, et al. Financial Development and Oil Resource Abundance Growth Relations: Evidence from Panel Data [J]. Environ. Sci. Pollut. Res, 2017, 24, 22458 – 22475.

[289] Hotelling H. The Economics of Exhaustible Resources [J]. Bulletin of Mathematical Biology, 1991, 53 (1 – 2): 281 – 312

[290] Huppmann D. Crude Oil Market Power: A Shift in Recent Years? [J]. Energy Journal, 2012, 33 (4): 1 – 22.

[291] Ismail K. The Structural Manifestation of the Dutch Disease: The Case of Oil Exporting Countries [R]. IMF Working Papers, 2010.

[292] Kumah-Abiwu F. Democratic Institutions, Natural Resource Governance, and Ghana's Oil Wealth [J]. Social Sciences, 2017, 6 (1): 21 – 35.

[293] Marcus A A. Policy Uncertainty and Technological Innovation [J]. Academy of Management Review, 1981, 6 (3): 443 – 448.

[294] Mehlum H, Moene K, Torvik R. Institutions and the Resource Curse [J]. The Economic Journal, 2006, 116 (508): 1 – 20.

[295] Mendoza R U, MacArthur H J, Lopez A B O. Mendoza "Devil's Excrement or Manna from Heaven? A Survey of Strategies In Natural Resource Wealth Management [J]. International Journal of Development Issues, 2015 (14): 2 – 25.

[296] Neary J P, Corden W M. Booming Sector and De Industrialization in a Small Open Economy [J]. The Economic Journal, 1982, 92 (368): 825 – 848.

[297] Olters J P, Leigh D. Natural-Resource Depletion, Habit formation, and Sustainable Fiscal Policy; Lessons from Gabon [R]. IMF Working Papers, 2006.

[298] Olters J P. Old Curses, New Approaches? Fiscal Benchmarks for Oil-Producing Countries in Sub-Saharan Africa [R]. IMF Working Papers, 2007.

[299] Paulus T M. Market Structure Scenarios in International Steam Coal Trade [J]. The Energy Journal, 2012, 33 (3): 91 – 123.

[300] Peretto P F, Valente S. Resources, Innovation and Growth in the Global Economy [J]. Journal of Monetary Economics, 2011, 58 (4): 387 – 399.

[301] Persson T, Tabellini G, Trebbi F. Electoral Rules and Corruption [J]. Journal of the European Economic Association, 2011, 1 (4): 958 – 989.

[302] Poelhekke S, Van der Ploeg F. Do Natural Resources Attract Nonresource FDI? [J]. Review of Economics and Statistics, 2013, 95 (3): 1047 – 1065.

[303] Richmond C J, Yackovlev I, Yang M S S. investing Volatile Oil Revenues in Capital-Scarce Economies: An Application to Angola [R]. IMF Working Papers, 2013.

[304] Rose A K, Spiegel M M. International Financial Remoteness and Macroeconomic Volatility [M]. Social Science Electronic Publishing, 2007.

[305] Rustad S A. Plundered Nations?: Successes and Failures in Natural Resource Extraction [M]. Palgrave Macmillan, 2011.

[306] Sachs, J D, Warner A M. Fundamental Sources of Long-Run Growth [J]. American Economic Review, 1997, 8: 184 – 188.

[307] Sachs J D, Warner A M. Natural Resource Abundance and Economic Growth [R]. Cambridge, MA: National Bureau of Economic Research, 1995.

[308] Sachs J D, Warner A M. The Curse of Natural Resources [J]. European Economic Review, 2001, 45 (4 – 6): 827 – 838.

[309] Saether B, Isaksen A, Karlsen A. Innovation by Co-evolution in Natural Resource Industries: The Norwegian Experience [J]. Geoforum, 2011, 42 (3): 373 – 381.

[310] Sala-I-Martin X, Subramanian A. Addressing The Natural Resource Curse: An Illustration from Nigeria [J]. Journal of African Economies, 2013, 22 (4): 570 – 615.

[311] Shahbaz M, Naeem M, Ahad M, et al. Is Natural Resource Abundance a Stimulus for Financial Development in The USA? [R]. MPRA Paper, 2017.

[312] Sinner J, Scherzer J. The Public Interest in Resource Rent [J]. New Zealand Journal of Environmental Law, 2007: 279 – 95.

[313] Solow R M. Intergenerational Equity and Exhaustible Resources [J]. Review of Economic Studies, 1974, 41: 29 – 45.

[314] Spence M. Internationalisation of Entrepreneurship in Kazakhstan [J]. International Journal of Globalisation and Small Business, 2009, 3 (3): 252.

[315] Stijns J P. Natural Resource Abundance and Human Capital Accumulation [J]. World Development, 2006, 34 (6): 1060 – 1083.

[316] Teixeira A A C, Queirós A S S. Economic Growth, Human Capital and Structural Change: A Dynamic Panel Data Analysis [J]. Research Policy, 2016 (8): 1636 – 1648.

[317] Ton V, Rick V, Wills S. The Elephant in The Ground: Managing Oil and Sovereign Wealth [J]. European Economic Review, 2 016, 82: 113 – 131.

[318] Tornell A, Lane P R. The Voracity Effect [J]. American Economic Review, 1999, 89 (1): 22 – 46.

[319] Torres-Fuchslocher C. Understanding the Development of Technology-Intensive Suppliers in Resource-Based Developing Economies [J]. Research Policy, 2010, 39 (2): 268 – 277.

[320] Van den Bremer T S, Van der Ploeg F. Managing and Harnessing Volatile Oil Windfalls [J]. IMF Economic Review, 2013, 61 (1): 130 – 167.

[321] Van der Ploeg F, Poelhekke S. The Impact of Natural Resources: Survey of Recent Quantitative Evidence [J]. Journal of Development Studies, 2017, 53 (2): 1 – 12.

[322] Van der Ploeg F, Poelhekke S. The Volatility Curse: Revisiting the Paradox of Plenty [J]. DNB Working Papers, 2009, 86 (4): 178 – 184.

[323] Van der Ploeg F, Poelhekke S. Volatility and the Natural Resource Curse [J]. Oxford Economic Papers, 2009, 61 (4): 727 – 760.

[324] Van der Ploeg F, Venables A J. Absorbing A Windfall of Foreign Exchange: Dutch Disease Dynamics [J]. Journal of Development Economics, 2013, 103: 229 – 243.

[325] Van der Ploeg F, Venables A J. Harnessing Windfall Revenues: Optimal Policies for Resource-Rich Developing Economies [J]. Comparative Economic & Social Systems, 2011, 121 (551): 1 – 30.

[326] Van der Ploeg F, Venables A J. Harnessing Windfall Revenues: Optimal Policies for Resource-Rich Developing Economies [J]. Economic Journal, 2011, 121 (551): 1 – 30.

[327] Van der Ploeg F, Venables A J. Natural Resource Wealth: The Challenge of Managing A Windfall [J]. Annual Review of Economics, 2011, 4 (1): 315.

[328] Van der Ploeg F, Venables A J. Natural Resource Wealth: The Challenge of Managing a Windfall [J]. Oxcarre Working Papers, 2012, 4 (1): 315.

[329] Van der Ploeg F, Withagen C. Too Much Coal, Too Little Oil Revised [R]. OxCarre Working Papers, 2011.

[330] Van der Ploeg F. Bottlenecks in Ramping up Public Investment [R]. OxCarre Working Papers, 2012.

[331] Van der Ploeg F. Breakthrough Renewables and the Green Paradox [R]. OxCarre Working Papers, 2012.

[332] Van der Ploeg F. Fiscal Policy and Dutch Disease [J]. International Economics & Economic Policy, 2011, 8 (2): 121 – 138.

[333] Van der Ploeg F. Macro Policy Responses to Natural Resource Windfalls and The Crash in Commodity Prices [J]. Journal of International Money and Finance, 2017: S0261560617301250.

[334] Van der Ploeg F. Natural Resources: Curse or Blessing? [J]. Journal of

Economic Literature, 2011, 49 (2): 366 – 420.

[335] Van der Ploeg F. Rapacious Resource Depletion, Excessive Investment and Insecure Property Rights [J]. Cesifo Working Paper, 2010, 48 (1): 105 – 128.

[336] Venables A J, Wills S E. Resource Funds: Stabilizing, Parking, and Inter-Generational Transfer [R]. OxCarre Working Papers, 2016.

[337] Venables A J. Depletion and Development: Natural Resource Supply with Endogenous Field Opening [J]. Journal of the Association of Environmental and Resource Economists, 2014, 1 (3): 313 – 336.

[338] Venables A J. Using Natural Resources for Development: Why Has It Proven so Difficult? [J]. Journal of Economic Perspectives, 2016, 30 (1): 161 – 184.

[339] Weisbrod B A. Collective-Consumption Services of Individual Consumption Goods [J]. Quarterly Journal of Economics, 1964, 78 (3): 471 – 477.

[340] Wills S. Leave The Volatility Fund Alone: Principles for Man Aging Oil Wealth [J]. Journal of Macroeconomics, 2018, 55: 332 – 352.

[341] Wu Y. Productivity, Econmic Growth and Middle Income Traps: Implications for China [J]. Front. Econ. China, 1993, 9 (3): 460 – 483.

[342] Yuxiang K, Chen Z. Resource Abundance and Financial Development: Evidence from China [J]. Resources Policy, 2011, 36 (1): 72 – 79.

后　记

习近平总书记在 2015 年主持中共中央政治局第二十八次集体学习时曾强调指出："学习马克思主义政治经济学基本原理和方法论，有利于我们掌握科学的经济分析方法，认识经济运动过程，把握社会经济发展规律，提高驾驭社会主义市场经济能力，更好回答我国经济发展的理论和实践问题。"在研究过程中，我们深切感受到马克思主义政治经济学在认识和解释中国社会主义经济发展上的强大生命力。运用《资本论》的概念体系，不仅可以对工业化进程的历史分期进行清晰的内涵界定，揭示不同发展阶段经济运行的内在规律和基本矛盾，而且可以通过对商品、资本等相关概念的继承和改造，在社会主义条件下赋予新的本质规定，构建与中国特色社会主义市场经济实践相一致的理论体系，为新时代的重大发展战略制定提供理论依据和决策引导。

本书将矿产收益置于中国总体资本积累进程中予以研究，立足中等收入阶段中国经济发展的基本矛盾，侧重研究矿产收益对资本积累和宏观经济的影响，充分考虑了社会主义市场经济体制特点，提出了与中国国情相一致的矿产收益宏观治理框架，是运用马克思主义经济学理论认识和解释典型中国现实问题的一次尝试，希望能够以此带动更多的政治经济学研究工作者投入《资本论》当代价值的挖掘上来，基于中国问题开展原创性自主研究，讲好中国故事，总结中国经验，指导中国的建设和发展，加快构建中国特色社会主义政治经济学话语体系。

本研究作为国家社会科学基金青年项目"中等收入阶段矿产资源收

益的国家治理研究"的结项成果和国家社会科学基金项目"黄河流域能源富集区绿色发展机制及政策研究"的阶段性成果,得到山西大学绿色发展研究中心、山西省《资本论》研究中心的大力支持,在此一并表示感谢!